ようこそ 일본어문법

ようこそ 일본어문법

일본어 초보자의 눈높이에 맞춰
체계적으로 서술한 일본어 문법서

박 선 옥

JR21
JAPAN RESEARCH 21

책을 내면서..

　세계에서 일본어를 가장 많이 배우고 있는 나라는 바로 우리나라입니다. 이것은 우리나라가 일본어를 가장 필요로 하는 나라라는 의미도 됩니다. 당연한 일이지만 시내의 서점에는 다양한 종류의 일본어 교재가 진열되어 있습니다. 일본어 문법책도 많이 출간되고 있습니다. 그러나 일본어를 처음 배우는 학습자에게 꼭 필요한 문법책은 의외로 많지 않습니다. 특히 문법을 하나도 빠짐없이 체계적으로 배열하면서도 첫걸음부터, 단계적으로, 알기 쉽게 설명한 책은 찾아보기 힘듭니다.

　근년 필자는 대학에서 일본어 기초문법을 1년 과정으로 가르치는 「초급일본어문법1·2」 교과목을 담당하고 있습니다. 그동안 한국에서 출간된 초급 일본어 문법책 중에서 일본어를 처음 배우는 수강자들에게 적합한 교재를 찾기 위해 노력했습니다. 하지만 필자의 마음에 드는 교재를 손에 넣지 못했습니다. 할 수 없이 필자는 매번 강의노트를 작성해서 수업은 했습니다.

　필자는 「일본어교재연구지도법」이라는 과목도 강의하고 있는데, 학생들이 모의수업을 실시할 때 문법상 올바르지 못한 예를 제시하는 경우를 자주 볼 수 있었습니다. 그 때마다 일본어 교사를 꿈꾸고 있는 수강자들을 위해서 제대로 된 문법책을 집필해야 되겠다고 생각했습니다. 일본어 교육을 담당하는 사람으로서 책임감과 의무감을 느끼지 않을 수 없었습니다.

　이 책은 필자가 그동안 작성한 강의노트를 기본으로 집필하였습니다. 일본어 초급자들이 문법을 기초부터 체계적으로 학습할 수 있도록 내용을 구성하였습니다. 기존의 문법책은 기초일본어를 이미 공부한 사람을 대상으로 하고 있고, 또 문법이 품사별로 정리되어 있는 경우가 대부분입니다. 그래서 초급자들이 공부하기 어려웠던 것이 사실입니다. 이 책은 그러한 문제점을 해결한 것이라고 할 수 있습니다.

　모든 일은 순서가 중요합니다. 일본어 학습에서도 어떤 순서로 공부하느냐에 따라 학습 효과는 달라집니다. 이 책은 일본어 초급자의 눈높이에서 단계적으로 내용을 구성했다는 특징이 있습니다. 책에 배열된 순서에 따라 공부하다보면, 자기도 모르는 사이에 일본어 문법이 여러분의 머릿속에 체계적으로 정리되어 있을 것입니다.

　또 이 책은 학습의 효과를 높이기 위해 실생활에 필요한 예문을 제시하였고, 문법의 구조를 한 눈에 파악할 수 있도록 공식화, 도표화했습니다. 학습자의 이해를 돕기 위해 가능한 많은 그림을 활용했습니다. 그리고 문법서임에도 불구하고 숙지한 어법을 회화나 문장 독해에도 응용할 수 있도록 「회화 및 독해 연습」 파트도 마련하였습니다.

　필자는 이 책이 내용면에서나 편집면에서 기존의 문법책과 차별된다고 자부하고 있습니다. 학습자들이 열정을 갖고 이 책을 끝까지 학습한다면, 여러분은 어느덧 문법에 막힘이 없는 능력자가 되어 있을 것입니다. 말문이 트이는 것은 물론 독해에도 자신감이 붙을 것입니다. 아무쪼록 이 책이 일본어 초급자들에게 최적의 길라잡이가 되기를 기원합니다.

　끝으로 이 책이 출간되는데 많은 도움을 주신 강미진 선생님과 재팬리서치21 관계자 여러분에게 진심으로 감사드립니다.

2013년 2월
박선옥

일러두기

『ようこそ 일본어문법책』에는 다음과 같은 기호와 용어들이 사용되었습니다.

예문 앞이나 뒤에 쓰인 「?, ○, ×」

- ? 문법적으로 틀렸다고는 볼 수 없으나 표현상 어색한 문장
- ○ 문법적으로 올바른 문장
- × 문법적으로 올바르지 못한 문장

문장 끝에 붙인 「↗」

문말을 올려서 발음한다는 뜻

단어나 문장 앞의 Cf

해당문법 사항에서 예외적인 단어나 문장

 Tip

학습자들이 기본적으로 알아야할 문법사항 이외에 보충 설명이나 좀 더 심도 깊은 내용을 첨부한 것을 나타냅니다.

 주의

해당 문법사항에서 착각하여 틀리기 쉬운 내용을 담았습니다.

vs

서로 상대적인 용법이나 단어의 비교임을 뜻합니다.

Contents

✿ 책을 내면서 … i
✿ 일러두기 … iii
✿ 일상생활 인사말 … ix
✿ 「회화 및 독해연습」에 등장하는 인물 소개 … xiv

Chapter 1 일본어의 문자　　1
1. 일본어의 문자 … 2
2. 오십음도 … 4
3. 가나 연습 … 6

Chapter 2 일본어의 발음　　15
1. 일본어 발음의 종류 … 16
2. 청음(清音) … 17
3. 청음(清音) 이외의 음 … 18
4. 일본어 발음의 중요 요소 … 22

Chapter 3 명사　　27
1. 명사 … 28
2. 명사 정중체 … 29
3. 명사 중지형 … 34
4. 정중체 +「が」… 35
5. 회화 및 독해 연습 … 36

Chapter 4 대명사　　39
1. 대명사 … 40
2. 인칭대명사 … 41
3. 지시대명사 … 42
4. 「こ・そ・あ・ど」… 44
5. 가족호칭 … 47
6. 「の」의 용법 … 49
7. 회화 및 독해 연습 … 51

Chapter 5 수사　　　　　　　　　　55

1. 수사 … 56
2. 숫자 세기 … 57
3. 가격 말하기 … 59
4. 날짜 말하기 … 61
5. 시간 말하기 … 63
6. 기타 조수사 … 65
7. 회화 및 독해 연습 … 66

Chapter 6 ィ형용사　　　　　　　69

1. 형용사(形容詞) … 70
2. ィ형용사 … 71
3. ィ형용사의 정중체 … 72
4. ィ형용사의 중지형 … 78
5. ィ형용사의 명사 수식형 … 79
6. 회화 및 독해 연습 … 80

Chapter 7 ナ형용사　　　　　　　83

1. ナ형용사 … 84
2. ナ형용사의 정중체 … 85
3. ナ형용사의 중지형 … 92
4. ナ형용사의 명사 수식형 … 93
5. 비교문 … 94
6. 회화 및 독해 연습 … 96

Chapter 8 동사1　　　　　　　　99

1. 동사 … 100
2. 동사의「ます형」… 102
3. 「ます」의 부정형 … 104
4. 「ます」의 과거형과 과거부정형 … 105
5. 「ます」의 의문형 … 105
6. 동사「ます형」에 접속되는 문형 … 106
7. 회화 및 독해 연습 … 108

Chapter 9 동사2　　　　　　　　111

1. 동사의「て형」… 112
2. 동사의「て형」만들기 … 113
3. 「て」의 용법 … 118
4. 동사「て형」에 접속되는 주요 문형 … 119
5. 회화 및 독해 연습 … 123

Chapter 10 동사3　　　　　　　127

1. 동사의「た형」… 128
2. 동사의「た형」만들기 … 128
3. 「た」의 용법 … 134
4. 동사「た형」에 접속되는 주요 문형 … 135
5. 회화 및 독해 연습 … 138

Chapter 11 동사4　　　　　　　143

1. 동사의「ない형」… 144
2. 동사의「ない형」만들기 … 144
3. 조동사「ない」의 과거형 … 147
4. 동사의 부정 중지법 … 147
5. 동사「ない형」에 접속되는 주요 문형 … 148
6. 회화 및 독해 연습 … 151

Chapter 12 동사5　　　　　　　155

1. 동사의 의지형 … 156
2. 동사의 가정형 … 160
3. 동사의 명령형 … 164
4. 회화 및 독해연습 … 168

Chapter 13 존재 표현 173

1. 존재동사 … 174
2. 존재동사의 활용 … 174
3. 존재문 … 175
4. 장소 및 위치를 나타내는 말 … 177
5. 존재문의 문답 … 179
6. 何か / 誰か … 179
7. 「いる・ある」의 존재 이외의 용법 … 180
8. 회화 및 독해 연습 … 181

Chapter 14 보통체 표현 185

1. 정중체와 보통체 … 186
2. 명사문의 보통체 … 187
3. な형용사문의 보통체 … 189
4. い형용사문의 보통체 … 191
5. 동사문의 보통체 … 193
6. 보통체에 접속되는 주요 문형 … 196
7. 회화 및 독해 연습 … 199

Chapter 15 자동사와 타동사 203

1. 자동사와 타동사의 정의 … 204
2. 자동사와 타동사의 구분 … 204
3. 기본적인 자동사와 타동사의 예 … 206
4. 자동사와 타동사의 관계 … 207
5. 공통된 어근을 갖는 자·타동사의 형태적 특징 … 209
6. 자동사문과 타동사문의 특징 … 211
7. 회화 및 독해 연습 … 212

Chapter 16 「~ている」와 「~てある」의 표현 217

1. 「~ている」와 「~てある」의 기능 … 218
2. 「~ている」와 「~てある」 앞에 오는 동사 … 218
3. 동사의 분류 … 219
4. 「~ている」의 의미 … 222
5. 「~てある」의 의미 … 224
6. 결과 상태를 나타내는 「~ている」와 「~てある」의 차이 … 225
7. 「~ている」의 파생적 의미 … 226
8. 회화 및 독해 연습 … 230

Chapter 17 수수 표현 235

1. 수수 표현 … 236
2. 사물의 수수 표현 … 237
3. 동작의 수수 표현 … 241
4. 「~てもらう」와 「~てくれる」의 비교 … 245
5. 회화 및 독해연습 … 246

Chapter 18 가능 표현 249

1. 가능 표현 … 250
2. 동사의 가능형 … 251
3. 「동사의 기본형 + ことができる」 … 255
4. 가능형과 「~ことができる」의 비교 … 256
5. 가능 표현의 의미 … 257
6. ら抜きことば … 257
7. 회화 및 독해 연습 … 259

Chapter 19 추측 표현 　　　　263

1. 추측 표현의 종류 … 264
2. 「~だろう/~でしょう」… 264
3. 「~かもしれない」… 266
4. 「~そうだ」… 267
5. 「~ようだ/~みたいだ」… 271
6. 「~らしい」… 273
7. 추측 표현의 비교 … 274
8. 회화 및 독해 연습 … 276

Chapter 20 수동 표현 　　　　281

1. 수동 표현 … 282
2. 수동형 만들기 … 282
3. 수동문의 종류 … 285
4. 수동문의 동작주와 조사 … 289
5. 회화 및 독해연습 … 291

Chapter 21 사역 표현 　　　　295

1. 사역 표현 … 296
2. 사역형 만들기 … 297
3. 사역문의 종류 … 299
4. 사역문의 의미 … 302
5. 사역을 사용한 기타 표현 … 303
6. 회화 및 독해 연습 … 309

Chapter 22 조건 표현 　　　　313

1. 조건 표현 … 314
2. 「~と」… 315
3. 「~ば」… 317
4. 「~たら」… 320
5. 「~なら」… 322
6. 회화 및 독해 연습 … 325

Chapter 23 조사 　　　　329

1. 조사의 특징과 종류 … 330
2. 격조사 … 331
3. 접속조사 … 336
4. 부조사 … 341
5. 종조사 … 347
6. 회화 및 독해 연습 … 351

Chapter 24 경어 표현 　　　　355

1. 경어 … 356
2. 존경어(尊敬語) … 357
3. 겸양어(謙譲語) … 364
4. 정중어(丁寧語) … 369
5. 회화 및 독해연습 … 372

✿ 부록 - 「회화 및 독해연습」의 본문 해석 … 378

✿ 부록 - Check-Up Test 의 해답 … 389

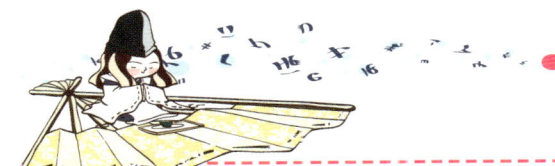

일상생활의 인사말

1. 만났을 때

❀ 아침 인사

おはようございます。 안녕하세요?
오하요-고자이마스

おはよう。 안녕?
오하요-

❀ 낮 인사

こんにちは。 안녕하세요?
곤 니치와

こんにちは。 안녕?
곤 니치와

✿ 밤 인사

こんばんは。 안녕하세요?
곰 방 와

こんばんは。 안녕?
곰 방 와

2. 헤어질 때

さようなら。 안녕히 계세요(가세요).
사요-나라

さようなら。 안녕(잘 가/ 잘 있어)
사요-나라

ではまた。 그럼, 또 (봅시다)
데 와 마타

じゃあね。 그럼..
자 네

おさきに しつれいします。
오사키니 시츠레시마스
먼저 실례하겠습니다
おつかれさまでした。 수고하셨습니다
오츠카레사마데시타

おさきに~! 먼저 갈게
오사키니
おつかれ~!。 수고~!
오츠카레

3. 사과할 때

もうしわけございません。 죄송합니다.
모-시와케고자이마셍

すみません。 미안해요.
스미마셍

ごめん。 미안
고멩

4. 감사할 때

ありがとうございます。 고맙습니다.
아리가토- 고자이마스

どういたしまして。 천만에요.
도- 이타시마시테

ありがとう。 고마워.
아리가토-

いいよ。 いいよ。 천만에
이-요 이-요

5. 식사할 때

いただきます。 잘 먹겠습니다.
이타다키마스

ごちそうさま(でした)。 잘 먹었습니다.
고치소- 사마 데시타

6. 외출할 때

いってきます。 다녀오겠습니다.
잇 테 키 마 스
いってらっしゃい。 다녀오세요.
잇 테 랏 샤 이

7. 귀가했을 때

ただいま。 다녀왔습니다.
타 다 이 마
おかえり(なさい)。 어서 와(요).
오 카 에 리 나 사 이

8. 잠자리에 들 때

おやすみ(なさい)。 잘자(요)
오 야 스 미 나 사 이

회화 및 독해연습에 등장하는 인물 소개

✿ **주요 등장인물**

박혜성
(朴ヘソン)
우주대학교 일본학과 2학년

데사카 나미코
(手坂なみこ)
우주대학교 국문과 1학년. 일본인 유학생

기요무라 사토미
(清村さとみ)
우주대학교 경영학과 2학년 일본인 유학생

야스다 아야코
(安田あやこ)
우주대학교 경영학과 2학년 일본인 유학생
박혜성의 일본인 친구

스에히로 요시노
(末広佳乃)
우주대학교 사회학과 교환학생(와세다대학 국제교양학부 2학년)

다나카 유사쿠
(田中祐作)
와세다대학 사회과학부 2학년
末広佳乃의 친구

✿ **기타 등장인물**

- 엄마(母親, 52살) 와 아들(息子, 21살)
- 나카무라(中村) : 박 혜성의 일본 교환학생 시절 지도교수님의 사모님
- 요시다(吉田, 남자 평사원)   • 부장(部長, 여자)
- 경찰관(警察官, 남자)   • 손님(お客, 중년 남자)과 종업원(従業員, 20대 여자)
- 의사(医者, 여자)와 환자(患者, 남자)

Chapter 1

일본어의 문자

학습목표

- 일본어에서 사용되는 문자의 종류를 설명할 수 있다.
- 오십음도(히라가나, 가타카나)에 대해 이해하고 읽고 쓸 수 있다.

학습포인트

- 일본어의 문자(히라가나, 가타카나, 한자)
- 오십음도
- 가나 연습

Chapter 1
일본어의 문자

1. 일본어의 문자

일본어 문자에는 히라가나(ひらがな), 가타가나(カタカナ), 한자(漢字)가 있고, 일반 글에서는 이 세 가지를 병용해서 사용합니다. 히라가나와 가타가나를 통틀어 가나(仮名)라 부릅니다.

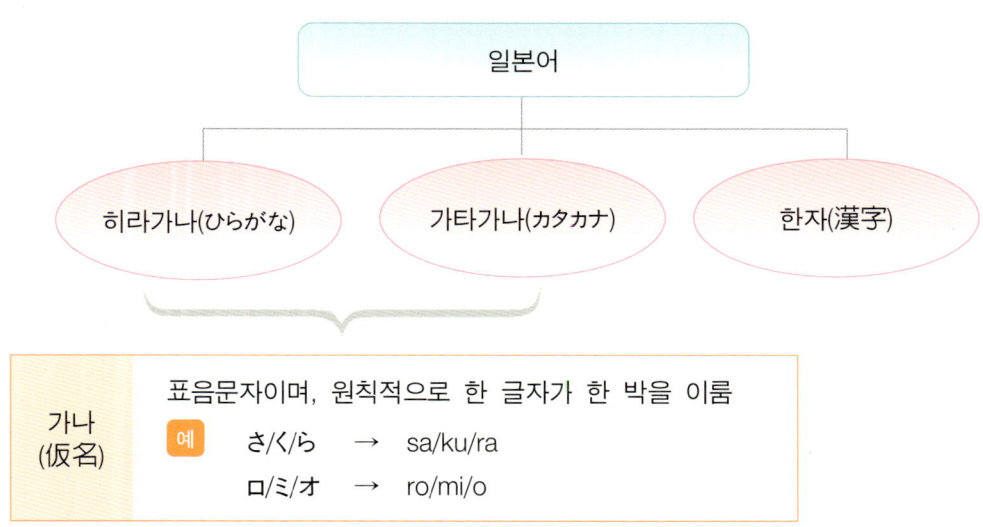

1) 히라가나

- 한자의 초서체가 변형되어 만들어진 글자이며, 글자의 모양이 부드러운 곡선으로 이루어져 있습니다.

  예 安 → 安 → あ
  　　　 加 → か → か

- 9세기 후반 무렵부터 사용되었는데, 처음에는 주로 궁중의 여성들에 의해 수필이나 서간문에 사용되었습니다.
- 현재는 한자와 더불어 현대 일본어를 표현하는 가장 기본이 되는 문자이며, 기본 문자는 46자입니다.
- 주로 동사의 활용어미, 조사, 조동사, 부사 등 한자로 쓰기 곤란한 보조적인 부분의 표기에 쓰입니다. 그리고 일본 고유어로서 해당 한자가 없는 단어, 또는 해당하는 한자가 잘 쓰이지 않는 어려운 글자일 경우에도 쓰입니다.

  예 今日から 日本語を 習う。(오늘부터 일본어를 배운다.)

2) 가타카나

- 한자 자획의 일부를 따서 사용한 것에서 유래하며, 글자의 모양이 직선적이고, 각을 이루는 글자가 많습니다.

  예 阿 → 阿 → ア
  　　　 加 → 加 → カ

- 헤이안시대(平安時代 : 794년~1185년) 초기에 승려들이 불경의 읽는 법을 표시하기 시작하면서 생겨난 문자입니다.
- 히라가나와 마찬가지로 기본 문자는 46자이고, 발음도 동일합니다.
- 주로 외래어 표기나 의성어, 의태어, 전보문, 동식물명 등의 표기에 사용됩니다. 그리고 광고나 만화 등에서 특별히 강조하고 싶은 부분에 사용됩니다.

3) 한자

- 일본어 문장은 가나가 발명되기 전에는 한자를 사용하여 표기하였으나, 현대에는 주로 히라가나와 한자를 병용해서 사용합니다.
- 일본에서는 1,945자의 상용한자를 제정하여 일상생활 한자사용의 기준으로 삼고 있었는데, 최근에 개정되어 2,136자로 늘어났습니다.
- 한자 중에는 형체가 간략화 된 약자가 사용되기도 합니다.

> 예 國 → 国
>   讀 → 読

- 중국에서가 아닌 일본에서 만들어진 한자도 있습니다.

> 예 辻(십자로, 사거리) 峠(고개, 절정기) 鮭(연어)

- 일본어에서는 한자 읽기가 아주 중요한데, 보통 하나의 한자에는 두 가지 이상의 읽는 법이 있습니다.
  훈독---한자의 뜻을 새겨서 읽는 법.
  음독---중국의 음(音)을 따라서 소리 나는 대로 읽는 법.

> 예 川(천): kawa → 훈독
>   河川(하천) : kasen → 음독

2. 오십음도

일본어는 한 글자가 한 박(拍)을 이루는 음절문자인데, 일본어의 기본적인 음절을 열거하여 표시한 것이 바로 오십음도(五十音図)입니다. 이것은 모음에 의거하여 세로로 5자, 자음에 의거하여 가로로 10자씩 나열되었습니다. 같은 자음끼리 세로로 배열한 줄을 행(行)이라 하고, 같은 모음끼리 가로로 배열한 줄을 단(段)이라고 합니다.

1) 히라가나 오십음도

단＼행	a행	ka행	sa행	ta행	na행	ha행	ma행	ya행	ra행	wa行	
a단	あ (a)	か (ka)	さ (sa)	た (ta)	な (na)	は (ha)	ま (ma)	や (ya)	ら (ra)	わ (wa)	ん (n)
i단	い (i)	き (ki)	し (shi)	ち (chi)	に (ni)	ひ (hi)	み (mi)	(い) (i)	り (ri)	(ゐ) (i)	
u단	う (u)	く (ku)	す (su)	つ (tsu)	ぬ (nu)	ふ (hu)	む (mu)	ゆ (yu)	る (ru)	(う) (u)	
e단	え (e)	け (ke)	せ (se)	て (te)	ね (ne)	へ (he)	め (me)	(え) (e)	れ (re)	(ゑ) (e)	
o단	お (o)	こ (ko)	そ (so)	と (to)	の (no)	ほ (ho)	も (mo)	よ (yo)	ろ (ro)	を (o)	

※ 1946년 일본에 현대가나사용법(現代仮名使い)이 도입된 후로는 빗금 친 부분은 일반적으로 빈 공간으로 둡니다.

2) 가타카나 오십음도

단＼행	a행	ka행	sa행	ta행	na행	ha행	ma행	ya행	ra행	wa行	
a단	ア (a)	カ (ka)	サ (sa)	タ (ta)	ナ (na)	ハ (ha)	マ (ma)	ヤ (ya)	ラ (ra)	ワ (wa)	ン (n)
i단	イ (i)	キ (ki)	シ (shi)	チ (chi)	ニ (ni)	ヒ (hi)	ミ (mi)	(イ) (i)	リ (ri)	(ヰ) (i)	
u단	ウ (u)	ク (ku)	ス (su)	ツ (tsu)	ヌ (nu)	フ (hu)	ム (mu)	ユ (yu)	ル (ru)	(ウ) (u)	
e단	エ (e)	ケ (ke)	セ (se)	テ (te)	ネ (ne)	ヘ (he)	メ (me)	(エ) (e)	レ (re)	(ヱ) (e)	
o단	オ (o)	コ (ko)	ソ (so)	ト (to)	ノ (no)	ホ (ho)	モ (mo)	ヨ (yo)	ロ (ro)	ヲ (o)	

※ 가타카나의 경우도 마찬가지로 1946년 일본에 현대가나사용법(現代仮名使い)이 도입된 후로는 빗금 친 부분은 일반적으로 빈 공간으로 둡니다.

3. 가나 연습

1) 히라가나 쓰기 연습

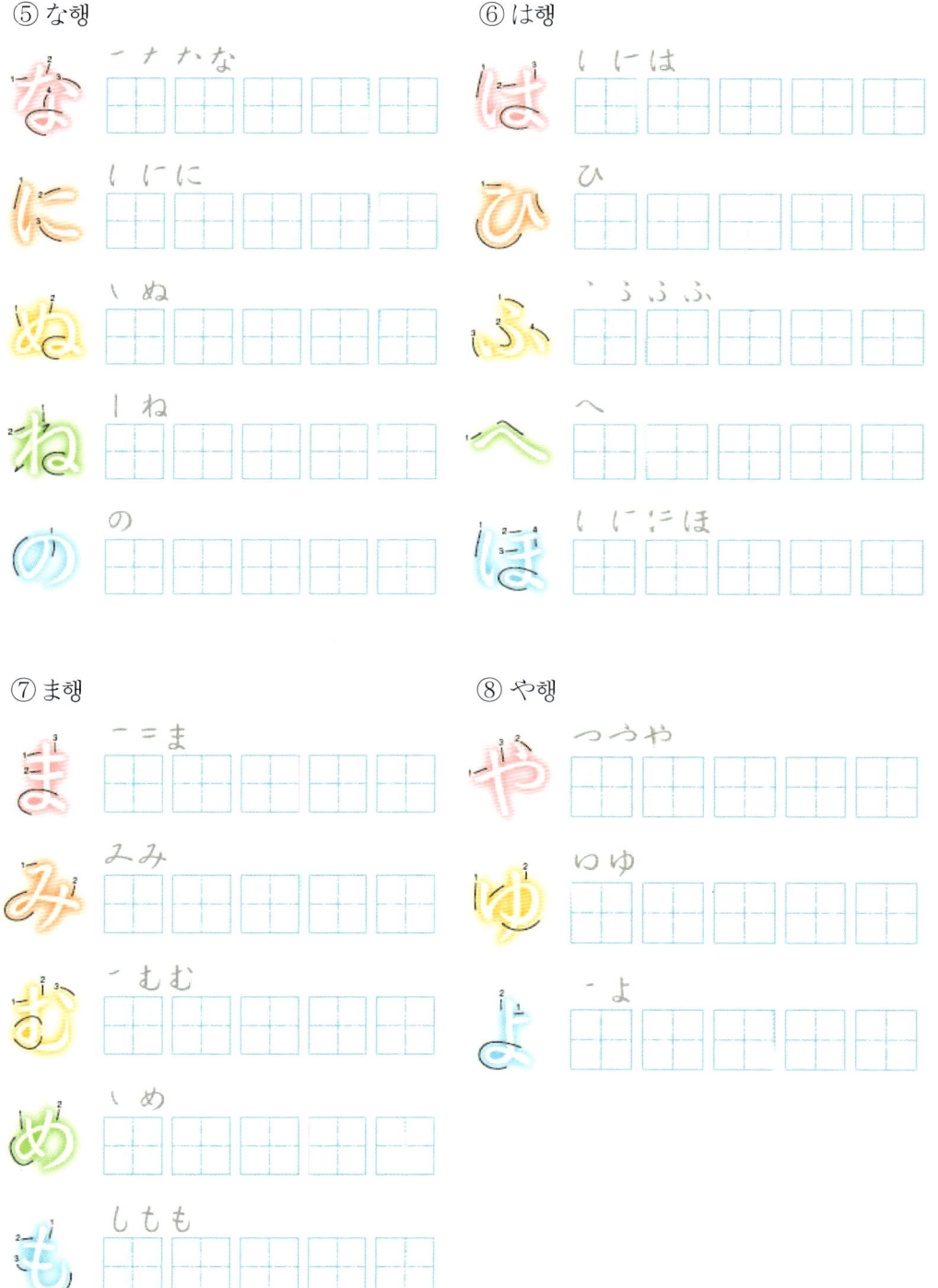

Chapter1_일본어의 문자

다음 히라가나를 읽어 봅시다!

あ행	あき 가을	いか 오징어	うみ 바다	えき 역	おなら 방귀
か행	かえる 개구리	きく 국화	くつ 구두	けいと 털실	こま 팽이
さ행	さくら 벚꽃	しか 사슴	すいか 수박	せみ 매미	そら 하늘
た행	たこ 문어	ちから 힘	つくえ 책상	てら 절	とり 새
な행	なつ 여름	にわとり 닭	ぬま 늪	ねこ 고양이	のり 김
は행	はる 봄	ひよこ 병아리	ふゆ 겨울	へや 방	ほし 별
ま행	まくら 베개	みそ 된장	むすこ 아들	めす 암컷	もも 복숭아
や행	やま 산	やすみ 휴일	ゆき 눈	ゆめ 꿈	よる 밤
ら행	らいひん 내빈	りす 다람쥐	るす 부재중	れきし 역사	ろくおん 녹음
わ행/ん	わたし 나	わに 악어	わたしを 나를	かわ 하천, 강	しわ 주름

2) 가타카나 쓰기 연습

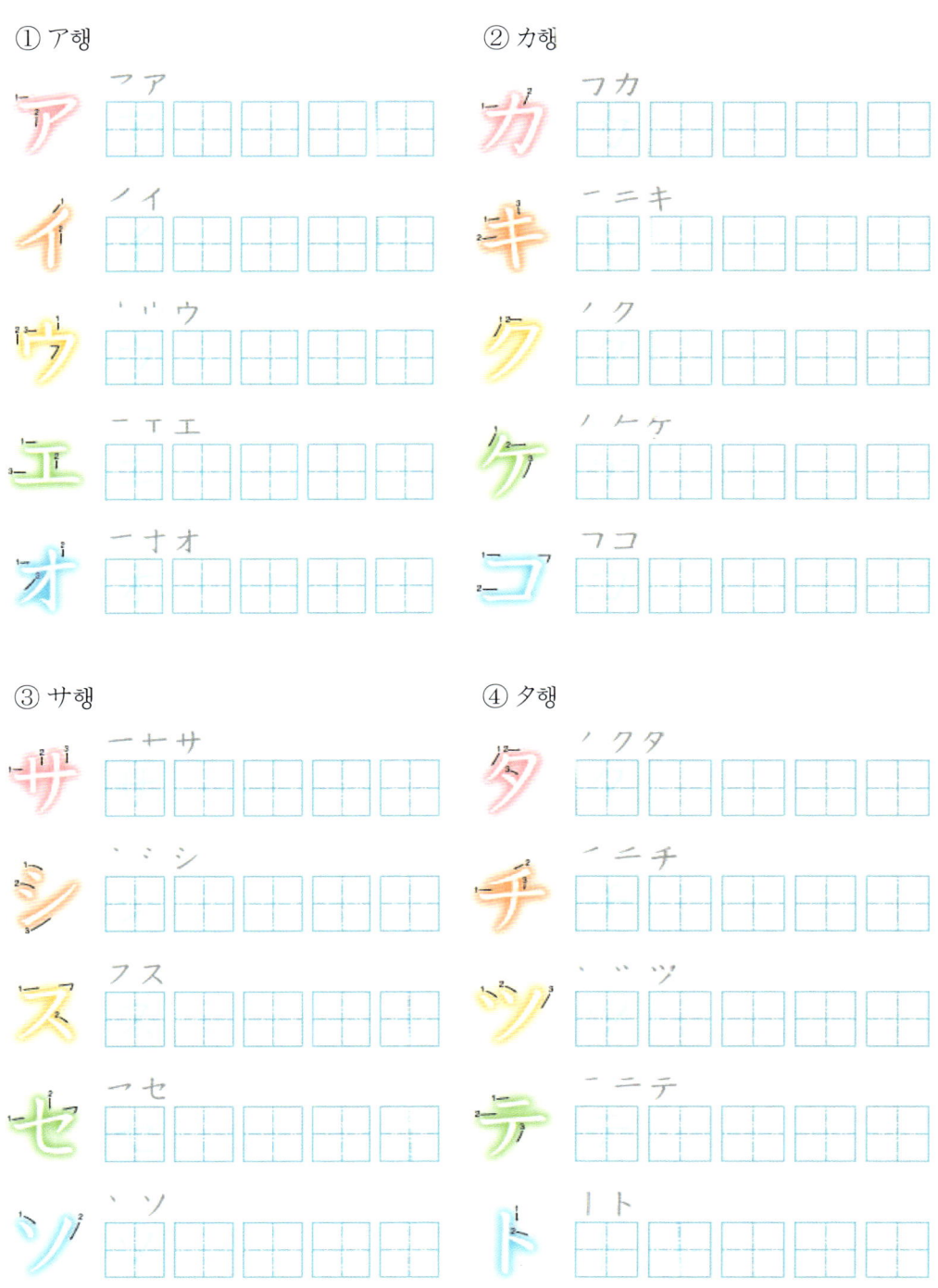

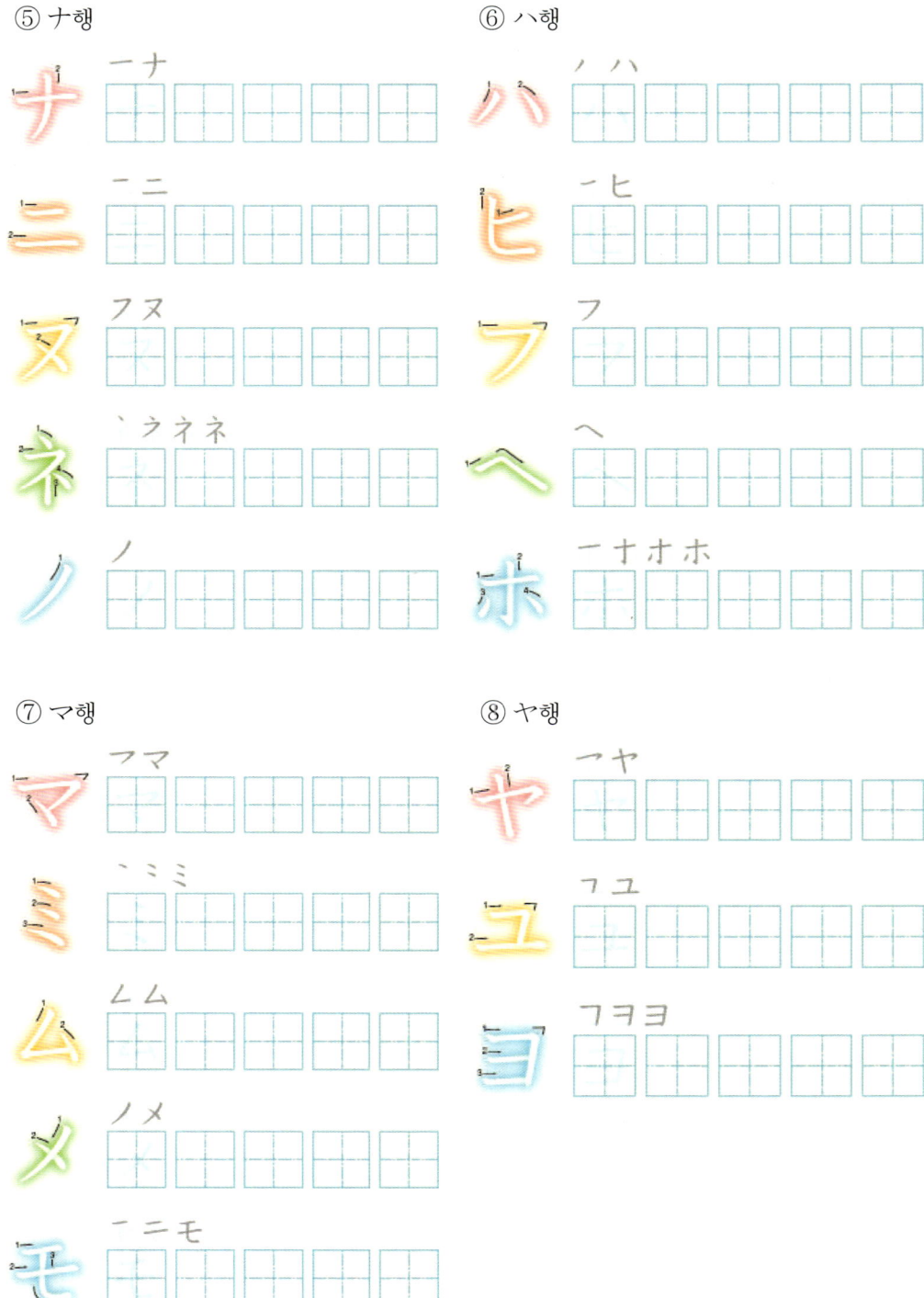

⑨ ラ행　　　　　　　　　　　　　⑩ ワ행, ン

 **다음 가타카나를 읽어 봅시다!**

「ー」은 앞 글자를 한 박자 분 길게 읽습니다.

ア행	アロエ 알로에	イルカ 돌고래	ソウル 서울	エア 공기	オイル 기름
カ행	カメラ 카메라	キウイ 키위	クラス 학급	ケーキ 케이크	コアラ 코알라
サ행	サウナ 사우나	シネマ 영화	スイス 스위스	セロリ 셀러리	ソフト 소프트
タ행	タイヤ 타이어	チキン 치킨	ツナ 참치	テスト 테스트	トマト 토마토
ナ행	ナイフ 나이프	テニス 테니스	アイヌ 아이누	ネオン 네온	ノート 노트
ハ행	ハム 햄	ヒス 히스테리	フライ 튀김	ヘルス 건강	ホテル 호텔
マ행	マイク 마이크	ミルク 우유	タイム 시간	メロン 멜론	モラル 도덕
ヤ행	ヤクルト 야쿠르트	ユネスコ 유네스코	ユニホーム 유니폼	ユリ 백합	トヨタ 토요타
ラ행	ライオン 사자	アメリカ 미국	フイルム 필름	レタス 양상추	ロシア 러시아
ワ행/ン	ワイン 와인	ワイフ 아내	ハワイ 하와이	ワルツ 왈츠	レモン 레몬

Check-Up Test (§1)

Q1. 다음 물음에 답하시오.

1) 일본에서 주로 사용되는 문자의 종류를 말하시오.

2) 히라가나 「あ(a)단」 글자를 쓰시오.

3) 히라가나 「さ(sa)행」 글자를 쓰시오.

4) 가타카나 「サ(sa)행」 글자를 쓰시오.

Q2. 다음 로마자로 표기된 단어를 히라가나로 바꾸어 쓰시오.

1) niwa [   ]   2) kuruma [   ]

3) hachi [   ]   4) anata [   ]

Q3. 다음 로마자로 된 단어를 가타카나로 바꾸어 쓰시오.

1) sumairu [   ]   2) taimu [   ]

3) kasutera [   ]   4) ahurika [   ]

Q4. 다음 단어를 히라가나로 써 보시오.

1) 2) 3)

[   ]   [   ]   [   ]

Q5. 다음 단어를 가타카나로 써 보시오.

1) 2) 3)

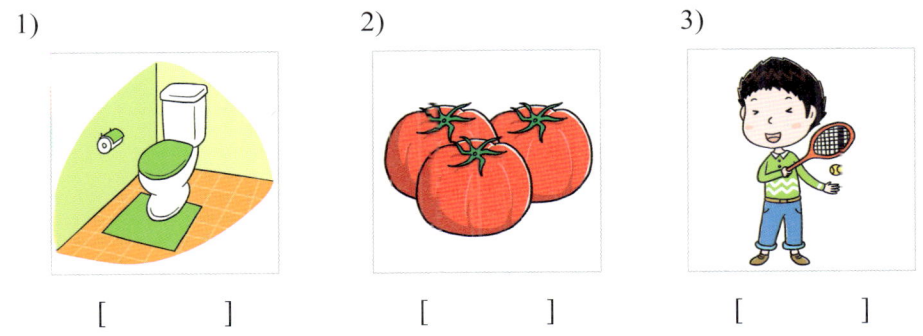

[   ]   [   ]   [   ]

Chapter 2
일본어의 발음

학습목표

- 일본어 발음의 종류 및 발음의 중요 요소를 설명할 수 있다.

학습포인트

- 일본어 발음의 종류
- 청음(清音)
- 청음 이외의 음(탁음/반탁음/요음/촉음/발음/장음)
- 일본어 발음의 중요 요소(박/악센트/무성음화)

Chapter 2
일본어의 발음

1. 일본어 발음의 종류

일본어의 발음은 크게 청음(清音)과 청음 이외의 음으로 나눌 수 있습니다. 청음이란 원래「맑은 소리」란 뜻으로 오십음도에서「ん」을 제외한 모든 음을 말합니다. 청음 이외의 음에는 탁음(濁音), 반탁음(半濁音), 요음(拗音)이 있고, 특수 음절(박)인 촉음(促音), 발음(撥音), 장음(長音)이 있습니다.

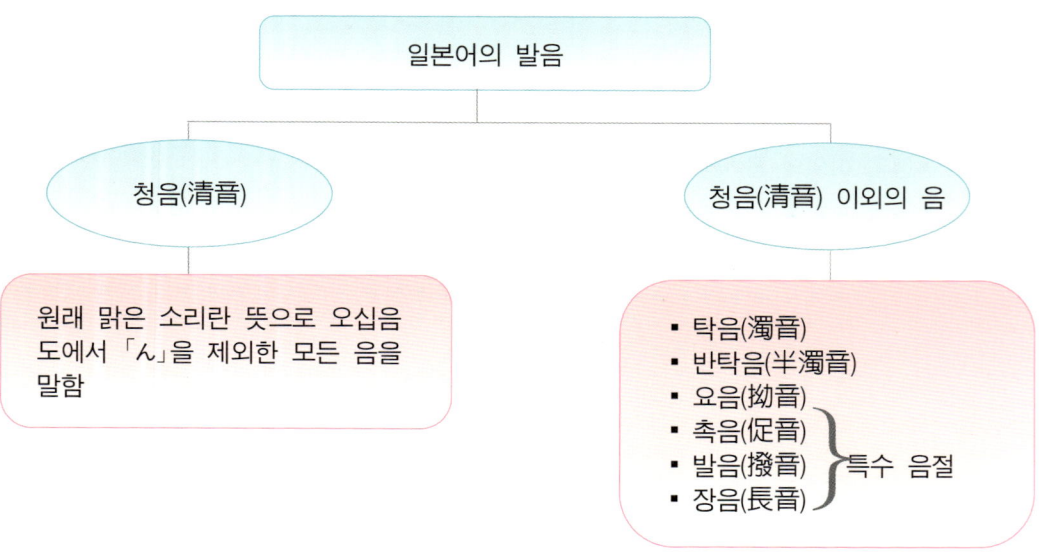

2. 청음(清音)

청음(せいおん)은 원래 「ん」을 제외한 아래의 오십음 모두를 나타내는데, 현대 일본어에서는 わ行의 「を」는 あ行의 「お」와 발음이 중복되기 때문에 독립된 청음에 포함시키지 않는 경우가 있습니다.

단\행	a행	ka행	sa행	ta행	na행	ha행	ma행	ya행	ra행	wa행	
a단	あ	か	さ	た	な	は	ま	や	ら	わ	ん
i단	い	き	し	ち	に	ひ	み	(い)	り	(ゐ)	
u단	う	く	す	つ	ぬ	ふ	む	ゆ	る	(う)	
e단	え	け	せ	て	ね	へ	め	(え)	れ	(ゑ)	
o단	お	こ	そ	と	の	ほ	も	よ	ろ	を	

※ 빗금 쳐진 글자는 현재는 사용되지 않는 것임

청음은 일본어 음 가나표기의 기본이 되며, 그것들은 다음과 같이 분류할 수 있습니다.

단\행	a행	ka행	sa행	ta행	na행	ha행	ma행	ya행	ra행	wa行	
a단	あ (a)	か (ka)	さ (sa)	た (ta)	な (na)	は (ha)	ま (ma)	や (ya)	ら (ra)	わ (wa)	ん (n)
i단	い (i)	き (ki)	し (shi)	ち (chi)	に (ni)	ひ (hi)	み (mi)		り (ri)		
u단	う (u)	く (ku)	す (su)	つ (tsu)	ぬ (nu)	ふ (hu)	む (mu)	ゆ (yu)	る (ru)		
e단	え (e)	け (ke)	せ (se)	て (te)	ね (ne)	へ (he)	め (me)		れ (re)		
o단	お (o)	こ (ko)	そ (so)	と (to)	の (no)	ほ (ho)	も (mo)	よ (yo)	ろ (ro)	を (o)	

- 🟨 모음만으로 이루어진 음절
- 🟦 자음 하나와 모음 하나로 이루어진 음절
- 🟩 반모음 하나와 모음 하나로 이루어진 음절

3. 청음(清音) 이외의 음

1) 탁음(濁音)과 반탁음(半濁音)

　탁음(だくおん)이란 「か, さ, た, は」행의 오른 쪽 상단에 탁점(゛)이 붙은 글자를 말하고, 반탁음(はんだくおん)이란 「は」행의 오른 쪽 상단에 반탁점(゜)이 붙은 글자를 말합니다.

탁 음				반 탁 음
ga행	za행	da행	ba행	pa행
が(ga)	ざ(za)	だ(da)	ば(ba)	ぱ[pa]
ぎ(gi)	じ(ji)	ぢ(ji)	び(bi)	ぴ[pi]
ぐ(gu)	ず(zu)	づ(zu)	ぶ(bu)	ぷ[pu]
げ(ge)	ぜ(ze)	で(de)	べ(be)	ぺ[pe]
ご(go)	ぞ(zo)	ど(do)	ぼ(bo)	ぽ[po]

다음은 탁음과 반탁음이 포함된 단어들입니다. 소리 내어 읽어봅시다!

탁 음				반 탁 음
ga행	za행	da행	ba행	pa행
がいこく(외국)	ざる(소쿠리)	だれ(누구)	ばら(장미)	ぱん(빵)
ぎむ(의무)	ひじ(팔꿈치)	はなぢ(코피)	くび(목)	ぴかぴか(반짝반짝)
ぐあい(형편)	おかず(반찬)	こづつみ(소포)	ぶた(돼지)	ぷかぷか(뻐끔뻐끔)
げた(나막신)	ぜひ(꼭)	そで(소매)	かべ(벽)	ぺろり(날름)
ごみ(쓰레기)	ぞう(코끼리)	どこ(어디)	つぼみ(꽃봉오리)	ぽかぽか(후끈후끈)

2) 요음(拗音)

　요음(ようおん)이란 모음「い」를 제외한 い단음「き・し・ち・に・ひ・み・り・ぎ・じ・び・ぴ」에「や・ゆ・よ」를 작게 써서 표기한 글자를 말합니다. 이것은 두 글자를 조합하여 한 글자로 한 것이므로 한 음절로 발음해야 합니다.

청음 + や・ゆ・よ							탁음・반탁음 + や・ゆ・よ			
きゃ (kya)	しゃ (sha)	ちゃ (cha)	にゃ (nya)	ひゃ (hya)	みゃ (mya)	りゃ (rya)	ぎゃ (gya)	じゃ (ja)	びゃ (bya)	ぴゃ (pya)
きゅ (kyu)	しゅ (shu)	ちゅ (chu)	にゅ (nyu)	ひゅ (hyu)	みゅ (myu)	りゅ (ryu)	ぎゅ (gyu)	じゅ (ju)	びゅ (byu)	ぴゅ (pyu)
きょ (kyo)	しょ (sho)	ちょ (cho)	にょ (nyo)	ひょ (hyo)	みょ (myo)	りょ (ryo)	ぎょ (gyo)	じょ (jo)	びょ (byo)	ぴょ (pyo)

다음은 요음이 포함된 단어들입니다. 소리 내어 읽어봅시다!

い단 + や	い단 + ゆ	い단 + よ
きゃく(손님)	キュア(치료)	きょり(거리)
かいしゃ(회사)	しゅみ(취미)	しょるい(서류)
おちゃ(차(茶))	チュチュ(튀튀)	ちょきん(저금)
りゃくじ(약자)	ニュアンス(뉘앙스)	りょひ(여비)
ぎゃく(반대)	りゅうがく(유학)	じょげん(조언)
じゃま(방해)	しんじゅ(진주)	びょうにん(병자)

3) 촉음(促音)

촉음(そくおん)이란 후두(喉頭)가 긴장하면서 자음이 겹치는 음을 말하며, 「つまるおん」이라고도 합니다. 이것은 청음「つ」를 앞 글자보다 작게 써서 나타내고, 뒤에 오는 음에 따라 [k], [p], [t], [s]로 발음됩니다. 또, 이것은 우리말의 받침과 같은 역할을 하는 것이지만, 우리말과 달리 한 박자로 발음해야 하는 특수 음절입니다.

01 「っ」 + か(ka)행 → [k]

- いっかい(1층) → [ikkai]
- いっく(일구(一句)) → [ikkɯ]
- いっこ(1개) → [ikko]
- にっき(일기) → [ɲikki]
- せっけい(설계) → [sekke:]

02 「っ」 + ぱ(pa)행 → [p]

- いっぱい(가득) → [ippai]
- きっぷ(표) → [kippɯ]
- いっぽ(일보(一歩)) → [ippo]
- いっぴき(한 마리) → [ippiki]
- がっぺい(합병) → [gappe:]

03 「っ」 + た(ta)행 → [t]

- いったい(도대체) → [ittai]
- いっつう(1통) → [ittsɯ:]
- なっとく(납득) → [nattokɯ]
- いっち(일치) → [ittʃi]
- とって(손잡이) → [totte]

04 「っ」 + さ(sa)행 → [s]

- あっさり(산뜻함, 시원함) → [assari]
- かっすい(갈수(渇水)) → [kassɯi]
- いっそく(한 켤레(一足)) → [issokɯ]
- じっし(실시) → [dʑisʃi]
- けっせき(결석) → [kesseki]

4) 발음(撥音)

발음(はつおん)이란 「ん」의 음을 말하며, 「はねるおん」이라고도 합니다. 이것은 뒤에 이어지는 음에 따라서 [m], [n], [ŋ], [N]으로 발음됩니다. 또, 이것은 우리말의 받침과 같이 쓰이나, 우리말과는 달리 독립된 음절로서 한 박자 길이로 발음하는 특수음절입니다.

01 「ん」 + ま행, ば행, ぱ행 → [m]

- さんま(꽁치) → [samma]
- かんぱい(건배) → [kampai]
- はんばい(판매) → [hambai]
- えんぴつ(연필) → [empitsɯ]

02 「ん」 + さ행, ざ행, た행, だ행, な행, ら행 → [n]

- かんさい(관서(関西)) → [kansai]
- ぐんたい(군대) → [gɯntai]
- おんな(여자) → [onna]
- せんざい(세제) → [senzai]
- もんだい(문제) → [mondai]
- しんらい(신뢰) → [ʃinrai]

03 「ん」 + か行, が行 → [ŋ]

- さんかい(3회(三回)) → [saŋkai]
- おんがく(음악) → [oŋgakɯ]
- ぶらんこ(그네) → [bɯraŋko]
- りんご(사과) → [riŋgo]

04 문말(어말), 「ん」 + あ행, や행, わ행, は행 → [N]

※ [N]은 [n]과 [ŋ]의 중간발음으로 비음처럼 들림

- にほん(일본) → [nihoN]
- ほんや(서점) → [hoɲja]
- ほんを(책을) → [hoNo]
- れんあい(연애) → [reNai]
- でんわ(전화) → [deNɰa]
- にほんへ(일본에) → [ɲihoNe]

5) 장음(長音)

장음(ちょうおん)은「ひくおん(引く音)」이라고도 불리며, 한 음절의 소리를 길게 늘여 두 음절분의 길이로 발음하는 것입니다. 같은 모음이 연속하는 경우, 뒤에 오는 모음이 장음에 해당됩니다. 모음의 장단(長短)에 따라 의미의 차이도 생기므로 주의해야 합니다. 히라가나 단어에서는 장음을「あ, い, う, え, お」의 모음으로 표기하지만, 가타카나 단어에서는「ー」으로 표기합니다.

01 あ段 + あ → [a:]

- おばあさん(할머니) → [oba:saN] (vs おばさん(아주머니) → [obasaN])
- スカート(스커트) → [sɯka:to]

| **02** | い段 + い → [iː] |

- おじいさん(할아버지) → [ojiːsaɴ] (vs おじさん(아저씨) → [ojisaɴ])
- スキー(스키) → [sɯkiː]

| **03** | う段 + う → [ɯː] |

- くうき(공기) → [kɯːki] (vs くき(줄기) → [kɯki])
- ルーム(룸) → [rɯːmɯ]

| **04** | え段 + い, え → [eː] |

- えいご(영어) → [eːgo]
- せんせい(선생님) → [seɴseː]
- おねえさん(누나, 언니) → [oneːsaɴ]
- ケーキ(케이크) → [keːki]

| **05** | お段 + う, お → [oː] |

- おとうと(남동생) → [otoːto]
- きょういく(교육) → [kjoːikɯ]
- こおり(얼음) → [koːri] (vs こり((어깨 등의)결림) → [kori])
- ロープ(로프) → [roːpɯ]

4. 일본어 발음의 중요 요소

1) 박(拍)

　박(はく)이란 박자와 같은 개념으로 일본어를 발음할 때 글자 하나하나에 주어지는 일정한 시간적 단위를 뜻합니다. 일본어의 모든 가나는 원칙적으로 한 박(拍)의 길이를 가집니다. 촉음(っ), 발음(ん), 장음도 각각 한 박(拍)의 길이를 가집니다. 단, 요음은 두 글자를 한 박(拍)으로 칩니다.

※ 밑줄 친 부분은 각각 한 박을 나타냄

1박	て(손), しゅ(朱)(주홍색, 붉은 글자)
2박	りす(다람쥐), きょう(오늘)
3박	つくえ(책상), きって(우표), しゃしん(사진)
4박	だいがく(대학), オレンジ(오렌지), ぎんこう(은행)

2) 악센트(アクセント)

 일본어는 같은 단어라도 악센트에 따라 뜻이 달라지는 경우가 많습니다. 때문에 악센트는 매우 중요하며, 그 특징을 살펴보면 다음과 같습니다.

일본어 악센트의 특징

1. 고저(高低) 악센트입니다.
2. 음절과 음절의 경계에서 높낮이가 변합니다.
3. 제1음절과 제2음절에서는 반드시 높낮이가 변합니다.
4. 한 단어 안에서 악센트의 높은 부분은 한 곳밖에 없습니다.

일본어 악센트 형태

평판형 (平板型)	제1음절이 낮으며, 이후 후속하는 조사를 포함해 모두 높아집니다. にほんご(が) (일본어가) ともだち(が) (친구가)
미고형 (尾高型)	제1음절이 낮으며, 이후 높으나 후속하는 조사는 낮아집니다. おとこ(が) (남자가) いもうと(が) (여동생이)
중고형 (中高型)	제1음절이 낮으며, 이후 높으나 단어가 끝나기 전에 낮아집니다. こころ(が) (마음이) みずうみ(が) (호수가)
두고형 (頭高型)	제1음절이 높고, 이후 음절은 낮아집니다. あめ(が) (비가) いのち(が) (목숨이)

3) 무성음화(無聲音化)

무성음화란 모음 [i]나 [ɯ]가 무성자음(無聲子音 = p, ɸ, ç, h, k, t, ts, tʃ, s, ʃ)과 무성자음 사이에 끼게 되면 전후의 무성자음의 영향으로 무성음으로 변하는 현상을 말합니다. 원래 모음은 유성음으로 성대의 울림이 있으나 무성자음 사이에 낀 모음 [i]나 [ɯ]는 성대가 울리지 않아 아주 작은 소리로 소곤거릴 때와 같은 소리가 됩니다.

> 예 がくせい [gakɯ̥se:] (학생)   きしゃ [kiʃa] (기차)

또한 무성자음에 이어지는 어말이나 문말의 모음 [i]나 [ɯ]도 무성음화를 관찰할 수 있습니다.

> 예 です [desɯ̥] (…입니다)   ます [masɯ̥] (…합니다)

Check-Up Test (§2)

Q1. 다음 밑줄 친 촉음(っ)의 발음 중 다르게 발음되는 것을 하나 고르시오.

① が<u>っ</u>こう　　② す<u>っ</u>きり　　③ あ<u>っ</u>さり　　④ い<u>っ</u>かい

Q2. 다음 밑줄 친 발음(ん)의 발음 중 다르게 발음되는 것을 하나 고르시오.

① ぎ<u>ん</u>こう　　② イ<u>ン</u>ド　　③ お<u>ん</u>ち　　④ あ<u>ん</u>ない

Q3. 일본어에서 장음의 종류는 몇 가지인지 다음에서 고르시오.

① 2종류　　② 3종류　　③ 4종류　　④ 5종류

Q4. 다음은 일본어 악센트의 특징을 설명한 것이다. 잘못 설명한 것은 어느 것인지 하나만 고르시오.

① 음절과 음절의 경계에서 높낮이가 변한다.
② 강약(強弱) 악센트이다.
③ 제1음절과 제2음절에서는 반드시 높낮이가 변한다.
④ 한 단어 안에서 악센트의 높은 부분은 한 곳밖에 없다.

Q5. 발음의 길이(박자)가 짧은 것부터 순서대로 바르게 배열한것은?

a. しんぶん(新聞)　　b. じしょ(辞書)　　c. じゅぎょう(授業)

① a-b-c　　② a-c-b　　③ b-a-c　　④ b-c-a

Q6. 다음은 요음(拗音)을 설명한 것이다. (　)안에 들어갈 적절한 말을 아래에서 고르시오.

> 요음이란 모음 い을 뺀 (　　)에 중모음 「や・ゆ・よ」를 작게 써서 표기한 것이다.

① お단음　　② い단음　　③ う단음　　④ え단음

Q7. 다음 단어 중에서 무성음화(無声音化)가 일어나지 않는 것을 하나만 고르시오.

① あした[aʃita]　　② がくせい[gakɯse:]
③ たくさん[takɯsaɴ]　　④ かさ[kasa]

Chapter 3
명사

학습목표

- 명사문 정중체 표현을 익혀 간단한 자기소개를 할 수 있다.

학습포인트

- 명사의 정의, 특징, 종류
- 명사 정중체
- 명사 중지형
- 정중체 +「が」
- 명사문 정중체를 활용한 회화 및 독해 연습

Chapter 3
명사

1. 명사

1) 명사의 정의

| 명사 | 사람이나 사물의 이름을 나타내는 말입니다. |

2) 명사의 특징

1. 자립어이며, 활용을 하지 않습니다.
2. 단독으로 주어가 될 수 있으며, 조사 「が(이/가)」「は(은/는)」등을 동반해서 주어 문절 (文節)을 만들 수 있습니다.
3. 명사는 체언이라고도 불립니다.

3) 명사의 종류

1. 보통명사: 일반적인 사물의 명칭이나 호칭을 나타내는 말입니다.

    예 いぬ(犬)(개)   むし(虫)(벌레)   さかな(魚)(생선)
        やま(山)(산)   かみ(紙)(종이)   こころ(心)(마음)

2. 고유명사: 지명, 인명, 서명, 산 이름, 강 이름 등과 같은 고유한 사물의 이름을 나타냅니다.

    예 きょうと(京都)(교토)   むらかみはるき(村上春樹)(무라카미 하루키)
        ふじさん(富士山)(후지산)   えどがわ(江戸川)(에도강)

3. 대명사: 사물의 이름을 말하는 대신에 화자와 청자의 관계에 의거하여 직접 사물을 가리키는 말입니다.

> 예　わたし(私)(나, 저)　あなた(당신)　かれ(彼)(그)　これ(이것)
> 　　それ(그것)　　　　どれ(어느 것)　どこ(어디)　どちら(어느 쪽)

4. 수사: 사람 혹은 사물의 수량이나 순서 등을 나타내는 말입니다.

> 예　ひとつ(하나)　　　　よにん(四人)(네 사람)
> 　　しちじ(七時)(일곱 시)　きゅうまい(九枚)(아홉 장)
> 　　じゅうえん(十円)(십 엔)

5. 복합명사: 둘 이상의 단어가 결합하여 하나의 단어가 된 명사를 말합니다.

> 예　やまみち(山道)(산길) ← やま(山) + みち(道)
> 　　ほんばこ(本箱)(책장) ← ほん(本) + はこ(箱)
> 　　つきみ(月見)(달구경) ← つき(月) + みる(見る)
> 　　とおやま(遠山)(먼 산) ← とおい(遠い) + やま(山)

6. 형식명사(또는 불완전명사): 단독으로는 사용되지 않으며, 형식적인 의미를 나타내는 말입니다.

> 예　こと(것, 일)　つもり(작정, 생각)　ところ(바, 점)　はず(것)

2. 명사 정중체

　일본어는 한국어와 마찬가지로 경어가 발달된 언어입니다. 따라서 말을 할 때에는 상대방과 장소에 따라서 적절한 말투를 골라 써야 합니다. 일본어의 말투는 아래와 같이 분류할 수 있습니다.

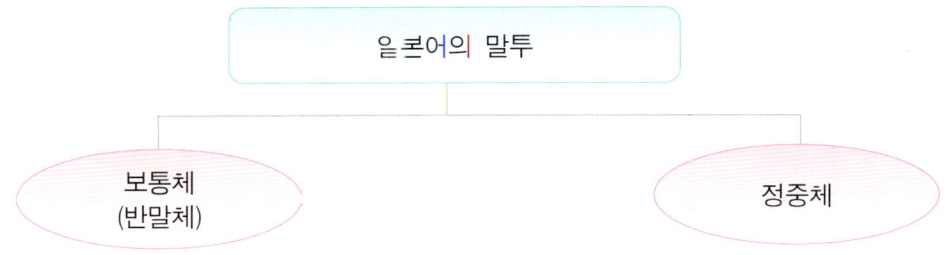

보통체는 가족이나 친구 등 친밀한 사이에 사용하고, 정중체는 타인이나 첫 대면 등 격식을 차려서 말해야하는 경우에 사용합니다. 일본어는 보통체보다 정중체 말이 더 간단하므로 제2외국어 학습자에게는 정중체부터 학습하는 것이 효과적입니다. 그러므로 우리도 정중체부터 먼저 공부하겠습니다.

명사 정중체에 대해서는 비과거시제(현재·미래)와 과거시제로 나누어 각각 긍정문, 부정문, 의문문의 순으로 공부해 나가겠습니다.

1) 비과거시제

① 긍정문

공 식	명사 + です

명사를 술어로 쓸 경우, 정중체 긍정문은 명사 뒤에 「です」를 붙여서 표현하는데, 이것은 우리말 「입니다, 이에요」에 해당하는 말입니다.

문장연습 1

- 私は 学生です。(저/나는 학생입니다.)
- 私は 留学生です。(저/나는 유학생입니다.)
- 専攻は 日本語です。(전공은 일본어입니다.)
- 手坂さんは 日本人です。(데사카 씨는 일본인입니다.)
- 朴さんは 韓国人です。(박 씨는 한국인입니다.)
- 周さんは 中国人です。(슈 씨는 중국인입니다.)

위의 예문에서 「は」는 주제를 나타내는 조사(助詞)입니다. 한국어의 「~은/는」에 해당하고, 읽을 때는 「wa」로 발음합니다. 「~です」는 제시된 주제를 단정해서 해설하는 부분입니다. 품사는 보통 정중한 의미를 나타내는 조동사(助動詞)라고 부릅니다.

② 부정문

| 공 식 | 명사 + では ありません |

명사를 부정문으로 만들 때에는 명사 뒤에「では ありません」을 붙여 나타냅니다. 이것은 우리말「~이/가 아닙니다(아니에요)」에 해당합니다. 여기서「は」는 생략할 수 있으며,「あります」대신「ないです」가 사용되기도 합니다.「ないです」는「ありません」보다 정중도가 조금 더 낮은 표현입니다. 일본어는 대체로 같은 의미의 말일 경우 단어가 더 길수록 정중도가 더 높다고 보면 됩니다. 그리고「では」는 회화체에서 주로「じゃ」라고 표현합니다.

문장연습 2

- 私は 留学生では ありません。(저/나는 유학생이 아닙니다.)
- 周さんは 日本人では ありません。(슈 씨는 일본인이 아닙니다.)
- 朴さんは 中国人では ありません。(박 씨는 중국인이 아닙니다.)
- 手坂さんは 韓国人じゃ ありません。(데사카 씨는 한국인이 아닙니다.)
- 手坂さんは 韓国人じゃ ないです。(데사카 씨는 한국인이 아니에요.)

③ 의문문

| 공 식 | 명사 + ですか |

명사를 의문문으로 만들 때에는 명사 뒤에「ですか」를 붙이면 됩니다. 이것은 정중한 말투를 만드는「です」에 의문을 나타내는 조사「か」가 결합된 것으로 우리말「~입니까」에 해당합니다. 주의하실 점은 일본어에서는 의문문이라도 기본적으로 문장 끝에 물음표(?)를 사용하지 않고, 한국어의 마침표에 해당하는「。」을 붙여 표현합니다.

문장연습 3

- A: 手坂さんは 日本人ですか。(데사카 씨는 일본인입니까?)
  B: はい、日本人です。(네, 일본인입니다.)
- A: 周さんは 韓国人ですか。(슈 씨는 한국인입니까?)
  B: いいえ、韓国人では ありません。(아니오, 한국인이 아닙니다.)

의문문에 대답할 때는 다음과 같이「はい、そうです」「いいえ、ちがいます」라고 말할 수도 있습니다. 잘 모를 경우에는「わかりません」이라고 답하면 됩니다.

문장연습 4

- A: 手坂さんは 日本人ですか。(데사카 씨는 일본인입니까?)
  B: はい、そうです。(네, 그렇습니다.)
- A: 周さんは 韓国人ですか。(슈 씨는 한국인입니까?)
  B: いいえ、ちがいます。(아니오, 아닙니다.)
- A: 周さんは 日本人ですか。(슈 씨는 일본인입니까?)
  B: わかりません。(모르겠습니다.)

2) 과거시제

① 긍정문

공 식	명사 + でした

명사 과거시제 긍정문은 명사 뒤에「でした(이었습니다)」를 붙여 나타냅니다.「でした」는 정중체를 나타내는 요소「です」가 어미 변화한 형태「でし」에 과거를 나타내는 요소「た」가 결합된 것입니다.

문장연습 5

- 手坂さんは 日本人でした。 (데사카 씨는 일본인이었습니다.)
- 朴さんは 韓国人でした。 (박 씨는 한국인이었습니다.)
- 周さんは 中国人でした。 (슈 씨는 중국인이었습니다.)

② 부정문

공식 ● 명사 + では ありませんでした

명사 과거시제 부정문은 현재시제 부정형인 「では ありません」에 「でした」가 결합된 「では ありませんでした」를 명사 뒤에 붙여 표현합니다. 역시 「は」는 생략할 수 있으며, 「ありませんでした」 대신 「なかったです」가 사용되기도 합니다. 회화체에서는 「では」 대신 「じゃ」를 일반적으로 사용합니다.

문장연습 6

- 周さんは 日本人では ありませんでした。 (슈 씨는 일본인이 아니었습니다.)
- 朴さんは 中国人で(は) ありませんでした。 (박 씨는 중국인이 아니었습니다.)
- 手坂さんは 韓国人じゃ ありませんでした。 (데사카 씨는 한극인이 아니었습니다.)
- 手坂さんは 韓国人じゃ なかったです。 (데사카 씨는 한국인이 아니었어요.)

③ 의문문

공식 ● 명사 + でしたか

명사의 과거시제 의문문은 명사 뒤어 「でしたか」를 붙이면 됩니다. 이것은 과거시제를 나타내는 표현 「でした」에 의문을 나타내는 조사 「か」가 결합한 것으로 우리말 「~이었습니까?」라는 뜻을 나타냅니다.

문장연습 7

- A: 手坂さんは 先生(せんせい)でしたか。(데사카 씨는 선생님이었습니까?)
  B: はい、先生でした。(네, 선생님이었습니다.)
- A: 周さんは 昔(むかし) 公務員(こうむいん)でしたか。(슈 씨는 옛날에 공무원이었습니까?)
  B: いいえ、公務員では ありませんでした。(아니오, 공무원이 아니었습니다.)
- A: 朴さんは 昔 医者(いしゃ)でしたか。(박 씨는 옛날에 의사였습니까?)
  B: わかりません。(모르겠습니다.)

3. 명사 중지형

공 식	명사 + で

위의 「で」는 조동사 「だ(이다)」가 어미 변화한 형태로 우리말 「이고, 이며」에 해당합니다. 문장을 중간에서 잠시 끊을 때나 두 문장을 연결할 때 사용되므로 중지형 혹은 연결형(접속형)이라고 불립니다.

문장연습 8

- 吉田(よしだ)さんは 日本人です。(요시다 씨는 일본인입니다.)
  吉田さんは 医者です。(요시다 씨는 의사입니다.)
  → 吉田さんは 日本人で、医者です。
  (요시다 씨는 일본인이며, 의사입니다.)

- 吉田さんは 医者です。(요시다 씨는 의사입니다.)
  スミスさんは 銀行員です。(스미스 씨는 은행원입니다.)
  → 吉田さんは 医者で、スミスさんは 銀行員です。
  (요시다 씨는 의사이고, 스미스 씨는 은행원입니다.)

4. 정중체 +「が」

「が」는 명사 뒤에 쓰이면 우리말「이/가」에 해당하는 주격조사의 기능을 하지만, 정중체 (「です(입니다)」,「ます(습니다)」) 뒤에 쓰이면 서로 반대되는 사실을 연결하는 접속조사의 기능을 하며, 우리말로는「(이)지만」의 뜻으로 사용됩니다.

문장연습 9

- ソウルは 雨です。(서울은 비입니다.⇒서울은 비가 내립니다.)
 プサンは 天気です。(부산은 맑은 날씨입니다.)
 → ソウルは 雨ですが、プサンは 天気です。
 (서울은 비가 내립니다만, 부산은 맑습니다.)

- キムさんは 先生です。(김 씨는 선생님입니다.)
 ヤンさんは 学生です。(양 씨는 학생입니다.)
 → キムさんは 先生ですが、ヤンさんは 学生です。
 (김 씨는 선생님이지만, 양 씨는 학생입니다.)

- パクさんは 大学生です。(박 씨는 대학생입니다.)
 田中さんは 大学生ではありません。(다나카 씨는 대학생이 아닙니다.)
 → パクさんは 大学生ですが、田中さんは 大学生ではありません。
 (박 씨는 대학생입니다만, 다나카 씨는 대학생이 아닙니다.)

회화 및 독해연습

私は 手坂なみこです

手坂 ： あの、すみません。朴ヘソンさんですか。
朴 ： はい、そうです。朴です。
手坂 ： はじめまして。私は 手坂なみこです。
　　　　どうぞ よろしく。
朴 ： こちらこそ、どうぞ よろしく おねがいします。
手坂 ： 朴さん、今日は どうも すみません。
朴 ： いいえ、どういたしまして。
　　　　手坂さん、韓国は はじめてですか。
手坂 ： いいえ、はじめてでは ありません。

(공항 밖으로 나와 물기 있는 땅을 보며)

手坂 ： 朴さん、韓国は 昨日 雨でしたか。
朴 ： いいえ、雨ではありませんでした。
　　　　雪でした。
手坂 ： ああ、そうでしたか。

❀ 상황

　　우주대학교 일본학과 2학년 박혜성이 한국에 유학 온 데사카 나미코(일본인)를 공항으로 마중 나가서 나누는 대화입니다.

낱말과 표현

- はじめまして 처음 뵙겠습니다
- よろしく 잘
- おねがいします 부탁합니다
- どうも すみません 매우 미안합니다
- 昨日(きのう) 어제
- 雨(あめ) 비
- どうぞ 아무쪼록, 부디
- こちらこそ 저야말로
- 今日(きょう) 오늘
- はじめて 처음
- 雪(ゆき) 눈
- か <종조사> 뜻밖의 사태에 대한 놀라움을 나타냄, …구나, …야(나).

Check-Up Test (§3)

Q1. 다음 보기에서 빈칸에 들어갈 알맞은 표현을 고르시오.

| か | で | が | た | に | は |

1) 手坂さん　　　　　日本人です。
2) 吉田さんは 銀行員です　　　　　。
3) 周さんは 中国人　　　　　、李さんは 韓国人です。
4) ヤンさんは 学生です　　　　　、キムさんは 会社員です。

Q2. 다음은 같은 의미의 단어끼리 연결해 보시오.

1) きのう　　　　　(a) 雨
2) きょう　　　　　(b) 昨日
3) あめ　　　　　(c) 医者.
4) いしゃ　　　　　(d) 専攻
5) せんこう　　　　　(e) 今日

Q3. 다음 문장을 보기와 같이 부정문으로 고쳐보시오.

> スミスさんは 日本人です。　→　スミスさんは 日本人では ありません。
> スミスさんは 先生でした。→　スミスさんは 先生では ありませんでした。

1) ヘユンさんは 医者です。　→
2) 周さんは 中国人です。　→
3) プサンは 雨です。　→
4) なみこさんは 公務員でした。　→

Chapter 4

대명사

학습목표

- 인칭대명사 및 지시어, 가족호칭 등을 익혀 이를 활용한 명사문을 자유롭게 표현할 수 있다.

학습포인트

- 대명사의 정의 및 종류
- 지시대명사
- 가족호칭
- 대명사를 활용한 회화 및 독해 연습
- 인칭대명사
- 「こ·そ·あ·ど」
- 「の」의 용법

Chapter 4
대명사

1. 대명사

1) 대명사의 정의

| 대명사 | 바로 사람이나 사물의 이름을 말하지 않고, 그 대신에 화자와 청자의 관계에 의하여 직접 그것을 가리키는 말을 일컫습니다. |

2) 대명사의 종류

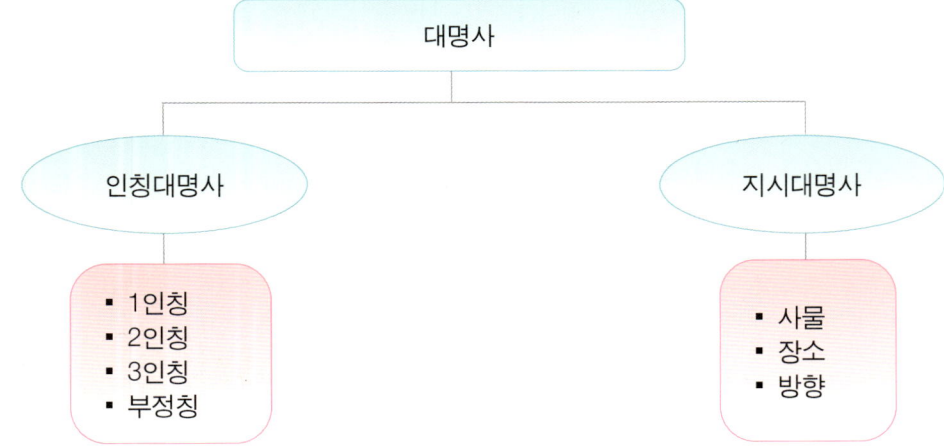

2. 인칭대명사

1) 1인칭 대명사

예
- わたし(私)(나, 저) : 남녀노소에 관계없이 남 앞에서 자기를 나타낼 때 가장 일반적이고 무리 없이 누구에게나 사용할 수 있습니다.
- わたくし(私)(저) : 「わたし」보다 더 정중한 말로 성인이 공식적인 자리나 예의를 갖추어야 할 상대에게 자신을 말할 때 사용합니다.
- ぼく(僕)(나) : 남성이 동년배나 손아랫사람에게 자기 자신을 가리킬 때 사용하는 말입니다만, 요즘에는 남성이 상대의 상하에 관계없이 친밀감 있고, 허물없이 자기 자신을 가리킬 때 사용합니다.
- おれ(나) : 남성이 동년배나 손아랫사람에게 자기 자신을 가리킬 때 사용하는 말로「ぼく」보다 약간 거친 말투입니다.

2) 2인칭 대명사

예
- あなた(당신) : 동년배 이하의 사람에게 격식을 차려서 사용하는 말입니다. 여성들이 친한 사이의 상대를 부를 때도 사용되고, 부부가 서로를 부르는 말로도 쓰이지만, 아내가 남편을 부르는 경우가 많습니다.
- きみ(君)(너, 자네) : 동년배 또는 친밀한 사이의 손아랫사람에게 쓰는 말입니다. 「あなた」보다 경의가 낮고, 「おまえ」보다 경의가 높으며, 주로 남성이 사용합니다.
- おまえ(너) : 주로 남성이 동년배나 손아랫사람을 가리키는 말입니다. ↔ おれ(나)

3) 3인칭 대명사

예
- かれ(彼)(그, 그 남자) : 3인칭의 남자를 가리키는 대명사입니다만, 여자가 남자 친구를 가리킬 때 사용하기도 합니다.
- かのじょ(彼女)(그녀, 그 여자) : 3인칭의 여자를 가리키는 대명사입니다만, 남자가 자신의 여자 친구를 가리킬 때도 사용합니다.

4) 부정칭 대명사

예
- だれ(誰)(누구) : 사람을 가리키는 대표적인 부정칭 대명사입니다.
- どなた(어느 분) : 「だれ(誰)」의 높임말입니다.

3. 지시대명사

1) 사물의 지시대명사

근칭	중칭	원칭	부정칭
これ (이것)	それ (그것)	あれ (저것)	どれ (어느 것)
화자에게 가까이에 있는 사물을 지칭할 때	상대방에게 가까이에 있는 사물을 지칭할 때	화자나 상대방 모두에게 멀리 있는 사물을 지칭할 때	불명확한 사물을 지칭할 때

　사물을 나타내는 지시대명사가 사용된 대화문에서는 일정한 규칙에 의해 문답이 이루어지는데, 일반적으로 「これ~?」에 대해서는 「それ~。」, 「それ~?」에 대해서는 「これ~。」, 「あれ~?」에 대해서는 「あれ~。」라고 대답합니다.

> **문장연습 1**
>
> ・A: これは 何(なん)ですか。(이것은 무엇입니까?)
>   B: それは テレビです。(그것은 TV입니다.)
> ・A: それは 何ですか。(그것은 무엇입니까?)
>   B: これは 電子辞書(でんしじしょ)です。(이것은 전자사전입니다.)
> ・A: あれは 何ですか。(저것은 무엇입니까?)
>   B: あれは ゴミ箱(ばこ)です。(저것은 쓰레기통입니다.)
> ・A: 冷蔵庫(れいぞうこ)は どれですか。(냉장고는 어느 것입니까?)
>   B: あれです。(저것입니다.)

2) 장소의 지시대명사

근칭	중칭	원칭	부정칭
ここ (여기, 이곳)	そこ (거기, 그곳)	あそこ (저기, 저곳)	どこ (어디, 어느 곳)
화자에게 가까운 곳을 지칭할 때	상대방에게 가까운 곳을 지칭할 때	화자와 상대방 모두에게 먼 곳을 지칭할 때	불명확한 장소를 지칭할 때

> 문장연습 2

- ここは コンビニです。(여기는 편의점입니다.)
- そこは 駐車場です。(거기는 주차장입니다.)
- あそこは 食堂です。(저기는 식당입니다.)
- トイレは どこですか。(화장실은 어디입니까?)

장소를 나타내는 지시대명사의 경우, 같은 장소에서 대화를 나눌 때는 「ここ」로 물으면 「ここ」로 답변합니다. 건물이 상대방 쪽에 가깝다고 하여 「そこ」를 사용하지는 않습니다.

> 문장연습 3

- A : ここは どこですか。(여기는 어디입니까?)
  B : ここは スーパーです。(여기는 슈퍼입니다.)

그러나 전화로 대화를 나눌 경우에는 다음과 같이 대화가 이루어집니다.

> 문장연습 4

- A : そこは どこですか。(거기는 어디입니까?)
  B : ここは デパートです。(여기는 백화점입니다.)

3) 방향의 지시대명사

※ ( )안의 것은 격식을 차리지 않고, 편하게 말할 때 쓰는 표현입니다.

근칭	중칭	원칭	부정칭
こちら(こっち) (이쪽)	そちら(そっち) (그쪽)	あちら(あっち) (저쪽)	どちら(どっち) (어느 쪽)
화자 쪽의 방향을 지칭할 때	상대방 쪽의 방향을 지칭할 때	화자와 상대방 모두에게 먼 방향을 지칭할 때	불명확한 방향을 지칭할 때

> 문장연습 5

・A : こちらは 雨です。そちらは。(이쪽은 비입니다. 그쪽은요?)
　B : こちらは 雨じゃ ありません。(이쪽은 비 아닙니다(비가 내리지 않습니다).)
・A : スーパーは どちらですか。(슈퍼는 어느 쪽입니까?)
　B : スーパーは あちらです。(슈퍼는 저쪽입니다.)

「こちら・そちら・あちら・どちら」는 기본적으로 방향을 나타내지만, 다음과 같이 사람, 장소 등을 정중하게 표현할 때도 쓰입니다.

> 문장연습 6

・こちらは 吉田永弘さんです。(이 분은 요시다 나가히로 씨 입니다.)
　[사람 ⇒ この方]

・こちらは 郵便局では ありません。(여기는 우체국이 아닙니다.)
　[장소 ⇒ ここ]

・お国は どちらですか。(국적(고국)은 어디십니까?)
　[장소 ⇒ どこ]

4.「こ・そ・あ・ど」

1)「こ・そ・あ・ど」의 정의

| こ・そ・あ・ど | 사람, 사물, 장소, 방향, 방법 등 무언가를 지시하는 말의 총칭으로 「지시어」라고도 합니다. |

2) 「こ・そ・あ・ど」의 체계

	지시대명사(명사)			연체사		부사
	사물	장소	방향	명사수식	명사수식	방법
こ계열	これ (이것)	ここ (여기)	こちら(こっち) (이쪽)	この (이)	こんな (이런)	こう (이렇게)
そ계열	それ (그것)	そこ (거기)	そちら(そっち) (그쪽)	その (그)	そんな (그런)	そう (그렇게)
あ계열	あれ (저것)	あそこ (저기)	あちら(あっち) (저쪽)	あの (저)	あんな (저런)	ああ (저렇게)
ど계열	どれ (어느 것)	どこ (어디)	どちら(どっち) (어느 쪽)	どの (어느)	どんな (어떤)	どう (어떻게)

3) 「こ・そ・あ・ど」의 특성

① 「こ・そ・あ・ど」는 무언가를 지시한다는 점에서는 공통적이지만, 품사가 서로 다르므로 주의가 필요합니다.

② 지시대명사「あそこ, ああ」를 제외하면「こ・そ・あ・ど」라는 음절이 기본이 되어 거기에「れ・こ・ちら・の・んな・う」등이 붙어 말이 성립되었음을 알 수 있습니다.

4) 「こ・そ・あ・ど」의 공식

こ계열	화자 쪽에 가까울 때
そ계열	상대편에 가까울 때
あ계열	화자와 상대 모두로부터 멀 때
ど계열	불명확한 것을 지칭할 때

5)「こ・そ・あ・ど」의 용법

① 명사 용법

사물, 장소, 방향을 나타내는 지시대명사는 명사의 이름을 대신하여 사용합니다.

> 문장연습 7

- これは 雑誌です。<사물> (이것은 잡지입니다.)
- そこは 銀行でした。<장소> (거기는 은행이었습니다.)
- あちらは 富士山ですか。<방향> (저쪽은 후지산입니까?)

② 명사 수식 용법

품사가 연체사인「この・その・あの・どの」와「こんな・そんな・あんな・どんな」등의 지시어는 단독으로는 사용되지 않으며, 항상 명사 앞에 위치하여 명사를 수식하는 역할을 합니다.

> 문장연습 8

- A: この 花は 何ですか。(이 꽃은 무엇입니까?)
  B: その 花は バラです。(그 꽃은 장미입니다.)
- A: あの 人は だれですか。(저 사람은 누구입니까?)
  B: あの 人は 浅川さんです。(저 사람은 아사카와 씨입니다.)
- A: どの 花が ユリですか。(어느 꽃이 백합입니까?)
  B: これです。(이것입니다.)
- こんな 雪は はじめてです。(이런 눈은 처음입니다.)
- もう そんな 時間ですか。(벌써 그런 시간입니까?)
- A: どんな 帽子ですか。(어떤 모자입니까?)
  B: あんな 帽子です。(저런 모자입니다.)

③ 부사용법

사건의 모양 등을 가리키는 부사로 사용됩니다.

> 문장연습 9

- クリームソースは こう つくります。(크림소스는 이렇게 만듭니다.)
- 私も そう します。(저도 그렇게 하겠습니다.)
- ああ しなさい。(저렇게 하시오.)
- A : 日本語は どう ですか。(일본어는 어떻습니까?)
  B : おもしろいです。(재미있습니다.)

5. 가족호칭

일본어는 우리말과는 달리, 자기 가족을 지칭할 때와 타인의 가족을 지칭할 때의 표현이 다릅니다. 자기 가족에 대해서 타인에게 말할 때는 겸양어를 쓰고, 타인의 가족에 대해서 말할 때는 존경어를 씁니다. 한편, 직접 자신의 가족을 부를 때는 손윗사람의 경우, 존경어를 씁니다.

	자기 가족을 부를 때	자기 가족을 타인에게 말할 때	남의 가족을 말할 때
할아버지	お祖父(じい)さん	祖父(そふ)	お祖父(じい)さん
할머니	お祖母(ばあ)さん	祖母(そぼ)	お祖母(ばあ)さん
아버지	お父(とう)さん	父(ちち)	お父(とう)さん
어머니	お母(かあ)さん	母(はは)	お母(かあ)さん
형/오빠	お兄(にい)さん	兄(あに)	お兄(にい)さん
누나/언니	お姉(ねえ)さん	姉(あね)	お姉(ねえ)さん
남동생	이름	弟(おとうと)	弟(おとうと)さん
여동생	이름	妹(いもうと)	妹(いもうと)さん
남편	あなた	主人(しゅじん)/夫(おっと)	ご主人(しゅじん)

	자기 가족을 부를 때	자기 가족을 타인에게 말할 때	남의 가족을 말할 때
아내	이름	家内(かない)/妻(つま)	奥(おく)さん
형제	이름	兄弟(きょうだい)	ご兄弟(きょうだい)
아이	이름	子供(こども)/子(こ)	子供(こども)さん/お子(こ)さん
아들	이름	息子(むすこ)	息子(むすこ)さん
딸	이름	娘(むすめ)	娘(むすめ)さん

Tip

상대방을 부를 때 사용하는 접미어

~さん

인명이나 직명에 붙여 경의를 나타냅니다.

예 村山(むらやま)さん(무라야마 씨)   刑事(けいじ)さん(형사님)

~さま(様)

인명이나 사람을 나타내는 명사 등에 붙여 그 사람에 대한 존경을 나타냅니다.

예 奈良明美(ならあけみ)さま(나라 아케미 님)   仏(ほとけ)さま(부처님)

~ちゃん

인명이나 명사에 붙여 친밀감을 나타냅니다.

예 志保(しほ)ちゃん(시호 야)   おばあちゃん(할머니)

~くん(君)

동년배나 손아랫사람의 이름에 붙여 가벼운 경의를 나타냅니다.

예 南(みなみ)くん(미나미 군)   山田(やまだ)くん(야마다 군)

문장연습 10

- 私(わたし)は 大学生(だいがくせい)です。(나는 대학생입니다.)
- 父(ちち)は 銀行員(ぎんこういん)です。(아버지는 은행원입니다.)
- 母(はは)は 公務員(こうむいん)です。(어머니는 공무원입니다.)
- 妹(いもうと)は 中学生(ちゅうがくせい)です。(여동생은 중학생입니다.)
- 弟(おとうと)は 小学生(しょうがくせい)です。(남동생은 초등학생입니다.)

문장연습 11

- A: すみませんが、中村(なかむら)さんですか。(실례합니다만, 나카무라 씨입니까?)
  B: はい、中村です。(예, 나카무라입니다.)
- A: 中村さん、お兄(にい)さんは 大学生ですか。(나카무라 씨, 형님은 대학생입니까?)
  B: いいえ、兄(あに)は 大学生では ありません。(아니오, 형은 대학생이 아닙니다.)

6. 「の」의 용법

1) 명사와 명사를 연결

일본어에서는 명사와 명사를 연결할 때, 반드시 두 명사 사이에 조사 「の」가 삽입되는데, 그 의미는 매우 다양하게 쓰입니다.

① 소유

友達(ともだち)のかばん(친구(의) 가방)

村山(むらやま)先生の机(つくえ)(무라야마 선생님(의) 책상)

② 동격

留学生の李ヘユンさん(유학생인 이 혜윤 씨)

サッカー選手の香川さん(축구선수인 가가와 씨)

③ 존재 장소

ソウルの大学(서울의(에 있는) 대학)

大阪の公園(오사카의(에 있는) 공원)

④ 소속

東京大学の学生(동경대학의 학생)

サムスンの社員(삼성의 사원)

2) 명사 대용

조사「の」는 이미 앞에서 언급된 명사의 중복을 피하기 위하여 사용하기도 합니다. 이때의 우리말 해석은「~의 것」이라고 하며, 바로 뒤에「~です」나「조사」가 오는 경우가 많습니다.

- A: このカメラはだれのですか。(이 카메라는 누구 것입니까?)
  B: それは田中さんのです。(그것은 다나카 씨 것입니다.)
- 先生のはこれです。(선생님 것은 이것입니다.)

회화 및 독해연습

これは 何ですか。

手坂 : 朴さん、これは 何ですか。
朴　 : それは 筆箱です。
手坂 : これは 誰の 筆箱ですか。
朴　 : それは 金さんのです。
手坂 : あれも 金さんのですか。
朴　 : いいえ、あれは 金さんのでは ありません。
　　　 私のです。
手坂 : ところで、あの 人は 誰ですか。
朴　 : 経営学部の 呉ナラさんです。

❀ 상황

박 혜성과 데사카 나미코가 교실에서 대화를 나눕니다. 그 때 경영학부 학생 오 나라(여학생)가 복도에 보입니다.

낱말과 표현

- 筆箱 필통
- 誰 누구
- ~も ~도
- 人 사람
- ところで 그런데
- 経営学部 경영학부

Check-Up Test (§4)

Q1. 다음 밑줄 친 「の」의 용법이 다른 하나를 고르시오.

① これは 私のかばんです。
② それは 張さんのです。
③ だれの帽子ですか。
④ 彼女は 中村さんの妹さんです。

Q2. 주로 남성이 사용하는 2인칭 대명사로 「あなた」보다 경의가 낮고, 「おまえ」보다 경의가 높은 대명사를 다음에서 고르시오.

① おれ　　② 僕　　③ 私　　④ 君

Q3. 다음 문장을 보기와 같이 대답해 보시오.

> それは　日本の　くつですか。　→ はい、これは　日本の　くつです。
> 　　　　　　　　　　　　　　　　→ いいえ、これは　日本の　くつでは　ありません。

1) これは あなたの 電子辞書ですか。
　　→ はい、_____。

2) それは 手坂さんの カメラですか。
　　→ いいえ、_____。

3) あれは 先生の 筆箱ですか。
　　→ いいえ、_____。

Q4. 다음 문장을 일본어로 작문해 보시오.

1) 공원은 어느 쪽입니까?

2) 할아버지는 은행원이었습니다.

3) 아드님은 대학생입니까?

4) 그 모자는 내 것입니다.

5) 여기는 우체국이 아닙니다.

Chapter 5

수사

학습목표

- 한자어 수와 고유어 수를 익혀 가격, 날짜, 시간을 말할 수 있고, 그 외에도 여러 가지 물건을 셀 수 있다.

학습포인트

- 수사의 정의 및 구조
- 숫자 세기(한자어 수, 고유어 수)
- 가격 말하기
- 날짜 말하기
- 시간 말하기
- 기타 조수사
- 수사를 활용한 회화 및 독해 연습

Chapter 5
수사

1. 수사

수사(数詞)의 정의

수사란 수의 개념을 나타낸 말로 수에 의해 순서나 등급을 나타내는 명사입니다.

> 예
> - 一人(ひとり) (한 명)
> - 二つ(ふた) (둘, 두 개)
> - 三グラム(さん) (3그램)
> - 四日(よっか) (4일)
> - 第五(だいご) (제5)
> - 六号(ろくごう) (6호)
> - 七つ目(なな め) (일곱 번째, 일곱 개째)

수사의 구조

본수사	수만을 나타내는 말(밑줄 친 부분)
조수사	숫자에 접속하여 단위를 나타내는 말(「˚」 부분)

> 예
> - 五匹(ごひき)(5마리)
> - 三冊(さんさつ)(3권)
> - 四枚(よんまい)(4장)

2. 숫자 세기

숫자를 세는 방법은 우리말과 마찬가지로 「일, 이, 삼...」에 해당하는 한자어 수와 「하나, 둘, 셋...」에 해당하는 고유어 수로 세는 것이 있습니다.

1) 한자어 수

우리말의 「일, 이, 삼 …」에 해당합니다.

0~10

0(零)	1(一)	2(二)	3(三)	4(四)	5(五)
れい/ぜろ	いち	に	さん	し/よん	ご
6(六)	7(七)	8(八)	9(九)	10(十)	
ろく	しち/なな	はち	きゅう/く	じゅう	

11~20

11(十一)	12(十二)	13(十三)	14(十四)	15(十五)
じゅういち	じゅうに	じゅうさん	じゅうし/よん	じゅうご
16(十六)	17(十七)	18(十八)	19(十九)	20(二十)
じゅうろく	じゅうしち/なな	じゅうはち	じゅうく/きゅう	にじゅう

10~100

10(十)	20(二十)	30(三十)	40(四十)	50(五十)
じゅう	にじゅう	さんじゅう	よんじゅう	ごじゅう
60(六十)	70(七十)	80(八十)	90(九十)	100(百)
ろくじゅう	ななじゅう	はちじゅう	きゅうじゅう	ひゃく

100~1,000

100(百)	200(二百)	300(三百)	400(四百)	500(五百)
ひゃく	にひゃく	さんびゃく	よんひゃく	ごひゃく
600(六百)	700(七百)	800(八百)	900(九百)	1,000(千)
ろっぴゃく	ななひゃく	はっぴゃく	きゅうひゃく	せん

1,000~10,000

1,000(千)	2,000(二千)	3,000(三千)	4,000(四千)	5,000(五千)
せん	にせん	さんぜん	よんせん	ごせん
6,000(六千)	7,000(七千)	8,000(八千)	9,000(九千)	10,000(一万)
ろくせん	ななせん	はっせん	きゅうせん	いちまん

※ 기타
- 10만(十万) : じゅうまん
- 100만(百万) : ひゃくまん
- 1,000만(一千万) : いっせんまん
- 1억(一億) : いちおく

2) 고유어 수

우리말의「하나, 둘, 셋 …」에 해당하는 고유어 숫자인데, 하나에서 열까지만 사용하고, 그 이상은 한자어 숫자로 사용합니다. 주로 물건의 개수를 셀 때 쓰이는데 어린아이의 나이를 말할 때도 사용됩니다.

하나	둘	셋	넷	다섯
一つ	二つ	三つ	四つ	五つ
ひとつ	ふたつ	みっつ	よっつ	いつつ
여섯	일곱	여덟	아홉	열
六つ	七つ	八つ	九つ	十
むっつ	ななつ	やっつ	ここのつ	とお

문장연습 1

- このケーキを ひとつ ください。(이 케이크를 하나 주세요.)
- りんごを いつつ ください。(사과를 다섯 개 주세요.)
- A : かばんは いくつ ありますか。(가방은 몇 개 있어요.)
  B : ふたつ あります。(두 개 있어요.)
- A : ぼく、いくつ(おいくつ)？(애야, 몇 살?)
  B : みっつ。(세 살)

3. 가격 말하기

가격을 말할 때는 우리나라 「일, 이, 삼 …」에 해당하는 한자어 숫자에 일본의 화폐단위인 「えん(円)」을 붙여 말합니다.

一円	二円	三円	四円	五円
いちえん	にえん	さんえん	よえん	ごえん
六円	七円	八円	九円	十円
ろくえん	ななえん	はちえん	きゅうえん	じゅうえん

 가격 말하기 연습

いくらですか(얼마입니까?)。

다음 물건의 가격을 히라가나로 써 봅시다!

	いちご(딸기) ¥350		みかん(귤) ¥99
	なし(배) ¥290		メロン(멜론) ¥3,000
	パイナップル(파인애플) ¥600		ぶどう(포도) ¥900
	すいか(수박) ¥1,800		りんご(사과) ¥400

	セーター(스웨터) ￥12,600		スーツ(정장) ￥63,000
	ズボン(바지) ￥79,000		コート(코트) ￥39,800
	スカート(스커트) ￥24,000		ネクタイ(넥타이) ￥34,900
	めがね(안경) ￥45,000		ネックレス(목걸이) ￥158,000

문장연습 2

店員 : いらっしゃいませ。(어서오세요.)

キム : すみません。(실례합니다)
この梨はいくらですか。(이 배는 얼마예요?)

店員 : 一つ、290円です。(한 개 290엔입니다.)

キム : 苺は一パックいくらですか。(딸기는 한 팩 얼마예요?)

店員 : 苺は一パック350円です。(딸기는 한 팩 350엔입니다.)

キム : じゃ、梨 三つと苺 二パックください。(그럼, 배 3개와 딸기 2팩 주세요.)

店員 : はい、全部で1,570円です。(예, 전부해서 1,570엔입니다.)

4. 날짜 말하기

1) 연(年)

　연을 나타내는 조수사「~年」은「~ねん」이라고 발음하고, 몇 년은「なんねん(何年)」이라고 합니다. 연의 경우는 4년 읽기에 주의합시다.

一年	いちねん	六年	ろくねん
二年	にねん	七年	ななねん / しちねん
三年	さんねん	八年	はちねん
四年	よねん	九年	きゅうねん / くねん
五年	ごねん	十年	じゅうねん

문장연습 3

・李：朴さんは 何年(なんねん)生(う)まれですか。(박 씨는 몇 년 생이에요?)

　朴：1994年生(う)まれです。(1994년생이에요.)

2) 월(月)

　「월(月)」을 나타내는 경우에는「がつ」라고 발음하고, 몇 월은「何月(なんがつ)」라고 합니다.
　월을 말할 때는 4월, 7월, 9월을 주의합시다.

一月	二月	三月	四月	五月	六月
いちがつ	にがつ	さんがつ	しがつ	ごがつ	ろくがつ
七月	八月	九月	十月	十一月	十二月
しちがつ	はちがつ	くがつ	じゅうがつ	じゅういちがつ	じゅうにがつ

문장연습 4

- A : お誕生日は 何月ですか。(생일은 몇 월입니까?)

  B : 4月です。(4월입니다.)

  Cf お月さま(달님), 月曜日(월요일)

3) 일(日)

날을 나타내는 조수사 「日」은 「1일」을 제외하고, 「にち」 또는 「か」라고 읽습니다. 1~10일, 20일을 지칭할 때는 고유일본어로 표현하고, 11일부터 31일까지는 한자어로 표현하는데, 그 중 14일과 24일은 예외적이므로 주의해야 합니다. 며칠은 「なんにち(何日)」라고 합니다.

一日	ついたち	十一日	じゅういちにち	二十一日	にじゅういちにち
二日	ふつか	十二日	じゅうににち	二十二日	にじゅうににち
三日	みっか	十三日	じゅうさんにち	二十三日	にじゅうさんにち
四日	よっか	十四日	じゅうよっか	二十四日	にじゅうよっか
五日	いつか	十五日	じゅうごにち	二十五日	にじゅうごにち
六日	むいか	十六日	じゅうろくにち	二十六日	にじゅうろくにち
七日	なのか	十七日	じゅうしちにち	二十七日	にじゅうしちにち
八日	ようか	十八日	じゅうはちにち	二十八日	にじゅうはちにち
九日	ここのか	十九日	じゅうくにち	二十九日	にじゅうくにち
十日	とおか	二十日	はつか	三十日	さんじゅうにち

문장연습 5

- A : お誕生日はいつですか。(생일은 언제입니까?)

  B : 9月 26日です。(9월 26일입니다.)

- A : 子供の日は 何月 何日ですか。(어린이날은 몇 월 며칠입니까?)

  B : 五月 五日です。(5월 5일입니다.)

 **Tip**

요일 말하기

月曜日 げつようび	火曜日 かようび	水曜日 すいようび	木曜日 もくようび	金曜日 きんようび	土曜日 どようび	日曜日 にちようび	何曜日 なんようび
월요일	화요일	수요일	목요일	금요일	토요일	일요일	무슨요일

문장연습 6

- A : 今日は 何曜日ですか。(오늘은 무슨 요일입니까?)
  B : 木曜日です。(목요일입니다.)
- A : 昨日は 何曜日でしたか。(어제는 무슨 요일이었습니까?)
  B : 水曜日でした。(수요일이었습니다.)

5. 시간 말하기

1) 시(時)

「時」는「じ」라고 읽으며, 4시와 9시 읽는 법에 주의합시다. 몇 시는「なんじ(何時)」라고 합니다.

一時	二時	三時	四時	五時	六時
いちじ	にじ	さんじ	よじ	ごじ	ろくじ
七時	八時	九時	十時	十一時	十二時
しちじ	はちじ	くじ	じゅうじ	じゅういちじ	じゅうにじ

2) 분(分)

「分」은 원래「ふん」이라고 읽지만, 앞 글자의 발음에 따라「ぷん」으로도 읽습니다. 30분은「半(はん)」이라고도 합니다.

一分	いっぷん	十一分	じゅういっぷん
二分	にふん	十二分	じゅうにふん
三分	さんぷん	十三分	じゅうさんぷん
四分	よんぷん	十四分	じゅうよんぷん
五分	ごふん	⋮	
六分	ろっぷん	二十分	にじっぷん/にじゅっぷん
七分	ななふん	三十分	さんじっぷん/さんじゅっぷん
八分	はっぷん	四十分	よんじっぷん/よんじゅっぷん
九分	きゅうふん	五十分	ごじっぷん/ごじゅっぷん
十分	じっぷん/じゅっぷん	六十分	ろくじっぷん/ろくじゅっぷん

※ 1時 55분의 경우, 일반적으로는 「いちじ ごじゅうごふん」이라고 읽습니다만, 「2時 5分 前(にじ ごふん まえ)」이라고도 읽습니다.

 시계 읽기 연습

何時 何分ですか。(몇 시 몇 분입니까?)

다음 시계를 보고 몇 시인지 빈칸에 히라가나로 써 봅시다!

(시계)	2時 25分	(시계)	1時 55分
(시계)	10時 10分	(시계)	4時 30分
(시계)	12時	(시계)	6時 50分

> 문장연습 7

- A : 今、何時ですか。(지금 몇 시입니까?)
  B : ちょうど 9時です。(정각 9시입니다.)

- A : 今、何時ですか。(지금 몇 시입니까?)
  B : 9時 すぎました。(9시 지났습니다.)

- 先生 : ヘソン君、今 何時(なんじ) 何分(なんぷん)ですか。(혜성 군, 지금 몇 시 몇 분입니까?)
  ヘソン : 7時 43分です。(7시 43분입니다.)

6. 기타 조수사

조수사는 크게「모음 및 유성자음계(탁음과 비음)」와「무성자음계」로 나눌 수 있습니다. 「모음 및 유성자음계」는 발음에 변화가 없어 문제가 되지 않지만,「무성자음계」는 숫자와 조수사의 발음이 변하는 경우가 있으므로 주의해야 합니다.

	~人(にん)(~명)	~枚(まい)(~장)	~台(だい)(~대)	~階(かい)(~층)	~本(ほん)(~자루/~병)	~歳(さい)(~살/~세)	~冊(さつ)(~권)	~個(こ)(~개)
1	ひとり	いちまい	いちだい	いっかい	いっぽん	いっさい	いっさつ	いっこ
2	ふたり	にまい	にだい	にかい	にほん	にさい	にさつ	にこ
3	さんにん	さんまい	さんだい	さんがい	さんぼん	さんさい	さんさつ	さんこ
4	よにん	よんまい	よんだい	よんかい	よんほん	よんさい	よんさつ	よんこ
5	ごにん	ごまい	ごだい	ごかい	ごほん	ごさい	ごさつ	ごこ
6	ろくにん	ろくまい	ろくだい	ろっかい	ろっぽん	ろくさい	ろくさつ	ろっこ
7	しちにん/ななにん	ななまい	ななだい	ななかい	ななほん	ななさい	ななさつ	ななこ
8	はちにん	はちまい	はちだい	にちかい/はっかい	はちほん/はっぽん	はっさい	はっさつ	はちこ/はっこ
9	きゅうにん	きゅうまい	きゅうだい	きゅうかい	きゅうほん	きゅうさい	きゅうさつ	きゅうこ
10	じゅうにん	じゅうまい	じゅうだい	じゅっかい	じゅっぽん	じゅっさい	じゅっさつ	じゅっこ
?	なんにん	なんまい	なんだい	なんがい	なんぼん	なんさい	なんさつ	なんこ

※ ~本: 연필, 우산, 성냥개비, 맥주병 등 가늘고 긴 물건을 세는 말입니다. ~개, ~개비, ~자루

회화 및 독해연습

何時から 何時までですか。

手坂 : 今日は 何曜日ですか。
朴　 : 木曜日です。
手坂 : 日本語の 授業は いつですか。
朴　 : 毎週 月曜日と 水曜日です。
手坂 : 何時から 何時までですか。
朴　 : 月曜日は 午前 9時から 10時 15分までで、
　　　 水曜日は 午後 1時 半から 2時 45分までです。
手坂 : 授業は 毎日ですか。
朴　 : いいえ、土曜日と 日曜日は 休みです。

✿ 상황

박 혜성과 데사카 나미코가 학교 복도에서 대화를 나눕니다.

낱말과 표현

- 日本語 일본어
- 授業 수업
- 毎週 매주
- ~と ~과/와
- ~から ~부터
- ~まで ~까지
- 午前 오전
- 午後 오후
- 毎日 매일
- 休み 쉼, 휴일

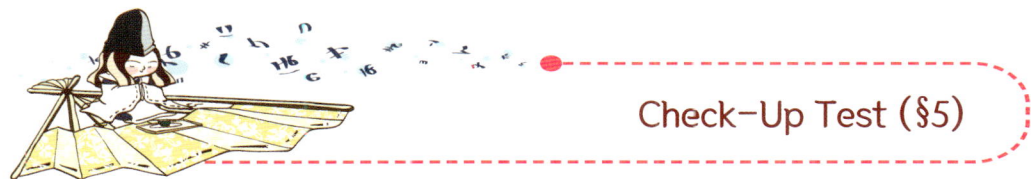

Check-Up Test (§5)

Q1. 다음 각 시계는 몇 시인지 히라가나로 쓰시오.

1) 07:14   (   )
2) 04:30   (   )
3) 11:16   (   )
4) 03:49   (   )
5) 09:27   (   )

Q2. 다음 각 날짜 읽기를 히라가나로 써 보시오.

1) 4月 8日   (   )
2) 9月 23日 (   )
3) 7月 17日 (   )
4) 6月 20日 (   )

Q3. 다음 (   )안에 들어갈 적당한 수사를 히라가나로 써보시오.

1) ひとつ - (   ) - みっつ - よっつ - いつつ - むっつ - (   ) - やっつ - ここのつ - とお
2) ひゃく - にひゃく - (   ) - よんひゃく - ごひゃく - ろっぴゃく - ななひゃく - (   ) - きゅうひゃく - せん
3) せん - にせん - (   ) - よんせん - ごせん

Q4. 다음 물음에 히라가나로 답하시오.

  1) クリスマス(Christmas)はいつですか。

  2) バレンタインデー(Valentine's Day)はいつですか。

Q5. 다음 [　]안에 제시한 우리말을 히라가나로 써 넣어 문장을 완성하시오.

  1) 机の上に 鉛筆が (　　　　　) あります。(3자루)

  2) 日本語の授業は (　　　　　) からですか。(몇 시)

  3) うちは (　　　　　) 家族です。(4명)

Q6. 다음 밑줄 친 부분의 한자 「日」의 읽는 법이 다른 하나를 고르시오.

  ① 二六<u>日</u>　　② 何<u>日</u>　　③ <u>日</u>曜日　　④ 十<u>日</u>

Chapter 6

イ형용사

학습목표

- イ형용사의 정중체 표현을 익혀 사물의 성질이나 상태에 대해 묻고 대답할 수 있다.

학습포인트

- 형용사의 종류와 특징
- イ형용사의 정중체
- イ형용사의 명사 수식형
- イ형용사의 특징 및 주요어휘
- イ형용사의 중지형
- イ형용사를 활용한 회화 및 독해 연습

Chapter 6
イ형용사

1. 형용사(形容詞)

형용사란 사물의 성질이나 상태를 나타내는 말인데, 일본어에는 두 종류의 형용사가 있습니다.

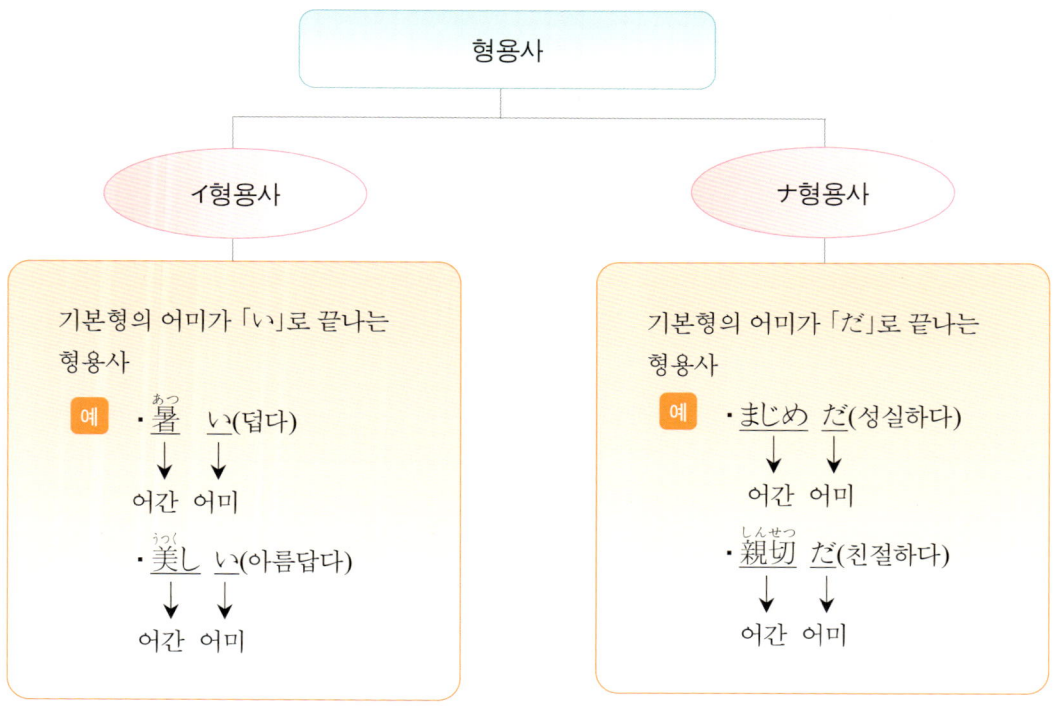

2. イ형용사

1) イ형용사의 특징

① 기본형의 어미가 「い」로 끝납니다.

> 예 ・明るい(밝다)　　・高い(높다, 비싸다, (키가) 크다)

② 그 자체로서 문장의 술어가 될 수 있습니다.

> 예 ・山が 高い。(산이 높다)　　・この 部屋は 明るい。(이 방은 밝다)

③ 명사를 수식할 때에는 어미가 변하지 않고, 「~い」의 형태를 그대로 취합니다.
　(▶「イ형용사」라 부르는 이유)

> 예 ・高い 山(높은 산)　　・明るい 部屋(밝은 방)

2) イ형용사의 주요 어휘

① 색깔에 관한 イ형용사

白い 희다	黒い 검다	赤い 빨갛다	黄色い 노랗다	青い 파랗다

② 맛에 관한 イ형용사

おいしい 맛있다	まずい 맛없다	甘い 달다	苦い 쓰다
しょっぱい 짜다	薄い 싱겁다	辛い 맵다, 짜다	すっぱい 시다

③ 감정에 관한 イ형용사

嬉しい 기쁘다	悲しい 슬프다	おもしろい 재미있다	つまらない 시시하다
楽しい 즐겁다	寂しい 쓸쓸하다	怖い 무섭다	恥かしい 부끄럽다
懐かしい 그립다	凄い 굉장하다	いい/よい 좋다	悪い 나쁘다

④ 날씨에 관한 イ형용사

<春 봄>	<夏 여름>	<秋 가을>	<冬 겨울>
暖かい 따뜻하다	暑い 덥다	涼しい 시원하다	寒い 춥다

⑤ 상태 및 성질에 관한 イ형용사

大きい 크다	小さい 작다	強い 강하다	弱い 약하다
長い 길다	短い 짧다	広い 넓다	狭い 좁다
高い 높다	低い 낮다	新しい 새롭다	古い 오래되다
高い 비싸다	安い 싸다	明るい 밝다	暗い 어둡다
重い 무겁다	軽い 가볍다	速い 빠르다	遅い 느리다
太い 굵다	細い 가늘다	早い 이르다	遅い 늦다
厚い 두껍다	薄い 얇다	熱い 뜨겁다	冷たい 차갑다
多い 많다	少ない 적다	優しい 상냥하다	忙しい 바쁘다
近い 가깝다	遠い 멀다	かわいい 귀엽다	汚い 더럽다
易しい 쉽다	難しい 어렵다	柔らかい 부드럽다	固い 단단하다

3. イ형용사의 정중체

イ형용사 정중체 표현에 대해서도 「비과거시제」와 「과거시제」로 나누어 각각 긍정문, 부정문, 의문문의 순으로 살펴보겠습니다.

1) 비과거시제

① 긍정문

공 식	기본형 + です

イ형용사의 기본형 뒤에「です(입니다)」를 붙이면 정중한 긍정표현이 됩니다.

> 예 おいしい(맛있다) + です(입니다) → おいしいです(맛있습니다)

고쳐보기 1

- 安い(싸다) → 安いです(쌉니다)
- 易しい(쉽다) → 易しいです(쉽습니다)
- 明るい(밝다) → 明るいです(밝습니다)

문장연습 1

- 日本語は 易しいです。(일본어는 쉽습니다.)
- バナナは 安いです。(바나나는 쌉니다.)
- この 部屋は 明るいです。(이 방은 밝습니다.)
- 姉は 性格が 明るいです。(저의 누나(언니)는 성격이 밝습니다.)

② 부정문

공식 ─ 어간 + く ありません
         + く ないです

い형용사 어미「い」를「く」로 바꾸고, 뒤에「ありません」혹은「ないです」를 붙이면 됩니다. 결국 이것은 어간에「くありません」혹은「くないです」가 연결된다고 보면 됩니다. 이때「~く ないです」보다「~く ありません」쪽이 보다 정중한 느낌의 표현입니다.

> 예 暑い(덥다)
> ↓
> く + ありません ⟶ 暑くありません(덥지 않습니다)
> く + ないです   ⟶ 暑くないです(덥지 않아요)

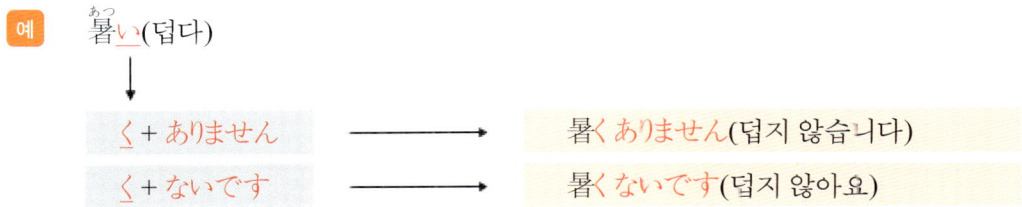

고쳐보기 2

- 易しい(쉽다) → 易しく ありません(쉽지 않습니다)
  - → 易しく ないです(쉽지 않아요)
- 安い(싸다) → 安く ありません(싸지 않습니다)
  - → 安く ないです(싸지 않아요)

주의

「좋다」란 뜻의 い형용사「いい・よい」는 정중체 긍정문의 경우에는 뒤에「です」를 연결하여「いいです・よいです」라고 하지만, 부정문으로 만들 경우에는「よくありません・よくないです」라고 합니다.「いくありません・いくないです」라고는 하지 않으므로 주의해야 합니다.

예 いい → いく ありません(×)
  → いく ないです(×)
  よい → よく ありません(○)
  → よく ないです(○)

문장연습 2

- 日本語は 易しく ありません。(일본어는 쉽지 않습니다.)
  (= ないです)
- 日本語は 難しく ありません。(일본어는 어렵지 않습니다.)
  (= ないです)
- 日本語は 易しくも 難しくも ありません。(일본어는 쉽지도 어렵지도 않습니다.)
  (= ないです)
- 日本語は 易しくは ありません。(일본어는 쉽지는 않습니다.)
  (= ないです)
- 彼女は 頭が よく ありません。(그녀는 머리가 좋지 않습니다.)
  (= ないです)

③ 의문문

> 공 식 ●── 기본형(~い) + ですか

기본형 뒤에「ですか(입니까)」를 붙이면 됩니다.「ですか」는 정중형을 나타내는 요소「です」에 의문을 나타내는 조사「か」가 결합된 것입니다.

고쳐보기 3

- 安^{やす}い(싸다) → 安^{やす}いですか(쌉니까?)
- 易^{やさ}しい(쉽다) → 易^{やさ}しいですか(쉽습니까?)
- 明^{あか}るい(밝다) → 明^{あか}るいですか(밝습니까?)

의문문에는「はい」,「いいえ」로 대답하며, 잘 모를 경우에는「わかりません(모릅니다)」이라고 답하면 됩니다.

문장연습 3

- A : 日本語は 易しいですか。(일본어는 쉽습니까?)
  B : はい、易しいです。(예, 쉽습니다.)
- A : バナナは 安いですか。(바나나는 쌉니까?)
  B : いいえ、安くありません。(아니오, 싸지 않습니다.)
- A : この店は 安いですか。(이 가게는 쌉니까?)
  B : よく 分かりません。(잘 모릅니다.)

2) 과거시제

① 긍정문

> 공 식 ●── 어간 + かったです

어미「い」를「かっ」으로 바꾸고, 과거 조동사「た」를 연결한 후, 그 뒤에 정중체를 나타내는 요소「です」를 붙여서 나타냅니다. 결국은 어간에「かったです」를 연결하는 것이 됩니다.

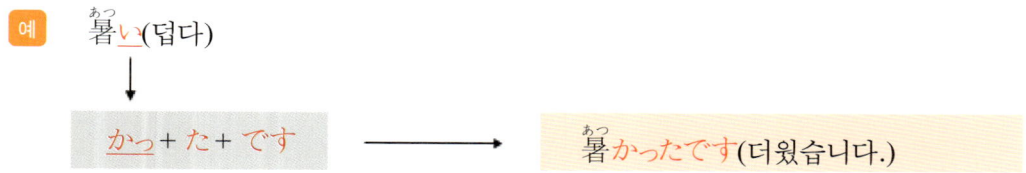

고쳐보기 4

- 安い(싸다) → 安かったです(쌌습니다)
- 易しい(쉽다) → 易しかったです(쉬웠습니다)
- 難しい(어렵다) → 難しかったです(어려웠습니다)
  - Cf いい(좋다) → いかったです(×)
    → よかったです(○)(좋았습니다)

문장연습 4

- 日本語は 易しかったです。(일본어는 쉬웠습니다.)
- バナナはとても 安かったです。(바나나는 매우 쌌습니다.)
- その 部屋は よかったです。(그 방은 좋았습니다.)
- 昨日は とても 楽しかったです。(어제는 매우 즐거웠습니다.)

② 부정문

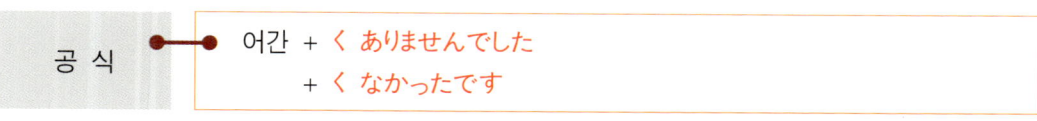

어미「い」를「く」로 바꾸고, 뒤에「ありませんでした」를 붙이거나「なかったです」를 붙여서 표현합니다.「~くなかったです」보다는「~くありませんでした」가 보다 더 정중한 느낌입니다.

예　暑い(덥다)
　　↓
　　く + ありませんでした　　⟶　暑くありませんでした(덥지 않았습니다)
　　く + なかったです　　　　⟶　暑くなかったです(덥지 않았어요)

고쳐보기 5

· 易しい(쉽다) → 易しくありませんでした(쉽지 않았습니다)
　　　　　　　→ 易しくなかったです(쉽지 않았어요)
· 安い(싸다) → 安くありませんでした(싸지 않았습니다)
　　　　　　→ 安くなかったです(싸지 않았어요)
　Cf　いい(좋다) → いくありませんでした(×) / いくなかったです(×)
　　　　　　　　→ よくありませんでした(○) / よくなかったです(○)(좋지 않았습니다)

문장연습 5

· 日本語は 易しくありませんでした。(일본어는 쉽지 않았습니다.)
· バナナは 安くありませんでした。(바나나는 싸지 않았습니다.)
· 昨日の映画は おもしろくありませんでした。(어제 영화는 재미있지 않았습니다.)
· 仕事が 全然 おもしろくなかったです。(일이 전혀 재미있지 않았어요.)
· その部屋は よくありませんでした。(그 방은 좋지 않았습니다.)

③ 의문문

| 공식 | 어간 + かったですか |

어미「い」를 떼고, 어간에「かったです」를 붙인 다음, 뒤에 의문을 나타내는 조사「か」를 붙이면 됩니다.

고쳐보기 6

- 忙しい(바쁘다) → 忙しかったですか(바빴습니까)
- おいしい(맛있다) → おいしかったですか(맛있었습니까)
- 寒い(춥다) → 寒かったですか(추웠습니까)

정중체 과거시제 의문문도 「はい」, 「いいえ」로 대답하면 됩니다.

문장연습 6

- A: 昨日は 忙しかったですか。(어제는 바빴습니까?)
  B: はい、忙しかったです。(예, 바빴습니다.)
- A: 韓国の食べ物は おいしかったですか。(한국 음식은 맛있었습니까?)
  B: いいえ、あまり おいしくありませんでした。(아니오, 그다지 맛있지 않았습니다.)
- A: ベトナムは 寒かったですか。(베트남은 추웠습니까)
  B: いいえ、あまり 寒くなかったです。(아니오, 그다지 춥지 않았습니다.)

4. イ형용사의 중지형

공식 ● 어간 + くて

イ형용사를 우리말 「~하고, ~해서」의 형태로 하려면, 어미 「い」를 「く」로 바꾸고 접속조사 「て」를 연결하면 됩니다. 결국, 어간에 「くて」가 연결된 것입니다. 이것은 사물의 성질이나 상태를 열거하거나 뒤에 이어지는 말의 이유·원인을 나타냅니다.

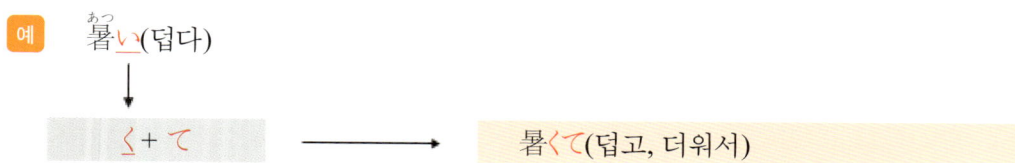

예 暑い(덥다)
↓
く + て → 暑くて(덥고, 더워서)

고쳐보기 7

- 近い(가깝다) → 近くて(가깝고, 가까워서)
- 易しい(쉽다) → 易しくて(쉽고, 쉬워서)
- 安い(싸다) → 安くて(싸고, 싸서)
  - **Cf** いい(좋다) → いくて(×)
    → よくて(○)(좋고, 좋아서)

문장연습 7

- 열거
  - 夏は 暑くて 冬は 寒いです。(여름에는 덥고 겨울에는 추워요.)
  - この時計は 安くて デザインも いいです。(이 시계는 싸고 디자인도 좋아요.)
- 이유, 원인
  - 学生食堂は 近くて いいです。(학생식당은 가까워서 좋아요)
  - 涼しくて 気持が いいです。(시원해서 기분이 좋아요.)

5. イ형용사의 명사 수식형

| 공 식 | 기본형(~い) + 명사 |

일본어의 い형용사는 명사를 수식할 때, 기본형과 동일한 형태를 취합니다.

예 赤い ボールペン(빨간 볼펜), おいしい りんご(맛있는 사과)

문장연습 8

- とても 面白い 映画ですね。(매우 재미있는 영화군요.)
- 手坂さんは 優しい 人です。(데사카 씨는 상냥한 사람입니다.)
- その赤い 傘は 先生のです。(그 빨간 우산은 선생님 것입니다.)

회화 및 독해연습

英語は とても おもしろいです。

手坂 : 朴さん、今日は あまり 寒く ありませんね。

朴 : ええ、昨日よりは あたたかいですね。

手坂 : 最近 英語の勉強は どうですか。

朴 : すこし 難しいですが、とても おもしろいです。

　　　手坂さん、韓国語の勉強は どうですか。

手坂 : 英語より おもしろくて やさしいです。

朴 : それは よかったですね。
　　あ、昨日は テストでしたね。
　　どうでしたか。

手坂 : テストは やさしく ありませんでした。

❀ 상황

박 혜성과 데사카 나미코가 교정에서 대화를 나눕니다.

낱말과 표현

- ね ・영탄이나 감동의 뜻(~군요/네요)
　　・상대의 동의나 대답을 바라는 뜻(~이지요)
- 英語 영어
- どうですか 어때요? 어떻습니까?
- 韓国語 한국어
- より ~보다
- 最近 최근
- 勉強 공부
- 少し 조금
- テスト 테스트, 시험

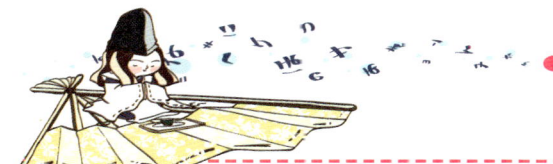

Check-Up Test (§6)

Q1. 다음 문장을 보기처럼 바꾸어 보시오.

> 春は 暖かいです。 → あたたかい 春です。

1) 夏は 暑いです。 →
2) 秋は 涼しいです。 →
3) 冬は 寒いです。 →

Q2. 다음은 보기와 같이 빈칸을 채우세요.

> 日本語は 難しいですか。 → いいえ、(難しくありません。) やさしいです。

1) カナダは いま 暑いですか。
　→ いいえ、(　　　　　　　　　　)。涼しいです。
2) あなたの 車は 新しいですか。
　→ いいえ、(　　　　　　　　　　)。古いです。
3) 韓国の パソコンは 高いですか。
　→ いいえ、(　　　　　　　　　　)。安いです。

Q3. 다음 두 개의 형용사 문장을 한 문장으로 연결해 보시오.

1) この 車は 小さいです。/ この 車は かわいいです。
　→
2) 彼は 頭が いいです。/ 彼は 優しいです。
　→

Q4. 다음 형용사 문장을 과거형으로 바꾸어 보시오.

1) 旅行は 楽しいです。　→
2) 今日は 暑く ありません。　→
3) 天気は とても いいです。　→

Q5. 다음 (　)안에 들어갈 표현으로 알맞은 것을 고르시오.

1) 日本の夏は(　　)ですね。
　① 広い　　② 暑い　　③ 冷たい　　④ 細い

2) この帽子は 安(　　) いいです。
　① で　　② て　　③ い　　④ くて

3) とても (　　) 映画ですね。
　① 面白く　　② 面白いな　　③ 面白いの　　④ 面白い

Chapter 7

ナ형용사

학습목표

- ナ형용사의 정중체 표현을 읽혀 사물의 성질이나 상태에 대해 말할 수 있다.

학습포인트

- ナ형용사의 특징 및 주요어휘
- ナ형용사의 중지형
- 비교문
- ナ형용사의 정중체
- ナ형용사의 명사 수식형
- ナ형용사를 활용한 회화 및 독해 연습

Chapter 7
ナ형용사

1. ナ형용사

1) ナ형용사의 특징

① 기본형의 어미가 「だ」로 끝나며, 「형용동사(形容動詞)」라고도 합니다.

> 예 · 静かだ(조용하다)   · 便利だ(편리하다)

② 그 자체로서 문장의 술어가 될 수 있습니다.

> 예 · 町が 静かだ。(동네가 조용하다.)   · 自転車は 便利だ。(자전거는 편리하다.)

③ 명사를 수식할 때에는 어미가 「な」의 형태를 취합니다. (▶「ナ형용사」라 부르는 이유)

> 예 · 静な 町(조용한 동네)   · 便利な 自転車(편리한 자전거)

2) ナ형용사의 주요 어휘

① 고유어 ナ형용사

静かだ	조용하다	にぎやかだ	번화하다
好きだ	좋아하다	暇だ	한가하다
嫌いだ	싫어하다	すてきだ	멋지다
苦手だ	질색이다, 서투르다	下手だ	서투르다
真面目だ	성실하다	幸せだ	행복하다

② 한자어 ナ형용사

便利だ	편리하다	楽だ	편안하다, 쉽다
不便だ	불편하다	得意だ	제일 자신 있다
簡単だ	간단하다	上手だ	잘하다
親切だ	친절하다	元気だ	건강하다
有名だ	유명하다	新鮮だ	신선하다
立派だ	훌륭하다	重要だ	중요하다
大変だ	힘들다	綺麗だ	예쁘다, 깨끗하다
正直だ	정직하다	不思議だ	불가사의하다
大丈夫だ	괜찮다	心配だ	걱정이다
丈夫だ	튼튼하다	大切だ	소중하다

2. ナ형용사의 정중체

ナ형용사도 명사 및 イ형용사와 같이 비과거시제와 과거시제로 나누어 각각 긍정문, 부정문, 의문문의 순으로 정중체 만드는 법을 공부해 봅시다.

1) 비과거시제

① 긍정문

공식 → 어간 + です

な형용사의 어미 「だ」를 떼고, 어간에 「です」를 붙이면 정중한 긍정표현이 됩니다.

예 便利だ(편리하다)
↓
です → 便利です(편리합니다)

고쳐보기 1

- 静かだ(조용하다) → 静かです(조용합니다)
- 好きだ(좋아하다) → 好きです(좋아합니다)
- 嫌いだ(싫어하다) → 嫌いです(싫어합니다)

문장연습 1

- あの店は静かです。(저 가게는 조용합니다.)
- 私は映画が好きです。(나는 영화를 좋아합니다.)
- 私はマヨネーズが嫌いです。(나는 마요네즈를 싫어합니다.)
- トマトは嫌いですが、ケチャップは好きです。
  (토마토는 싫어합니다만, 케찹은 좋아합니다.)

Tip

조사「が」를 취하는 ナ형용사

우리말「~을/를」에 해당하는 조사는 일본어로「~を」이지만, ナ형용사의 경우에는 그 대상어를 표현할 때 조사「~を」가 아닌「が」가 사용됩니다.

좋아하고 싫어하는 감정을 나타내는 ナ형용사

예
- 好きだ(좋다/좋아하다)
- 嫌いだ(싫다/싫어하다)

잘하고 못하는 정도를 나타내는 ナ형용사

예
- 上手だ(잘하다)
- 下手だ(서투르다)
- 得意だ(능숙하다)
- 苦手だ(서투르다/질색이다)

② 부정문

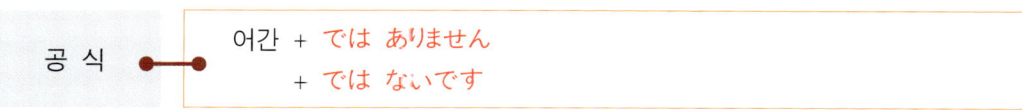

공식 ── 어간 + では ありません
　　　　　　+ では ないです

명사 부정문과 같이 ナ형용사의 어간 뒤에「では ありません」을 붙여 나타냅니다.「は」는 생략할 수 있으며,「ありません」 대신「ないです」가 사용되기도 합니다.「~では」는 회화체에서 주로「じゃ」라고 표현합니다.

예　静かだ(조용하다)

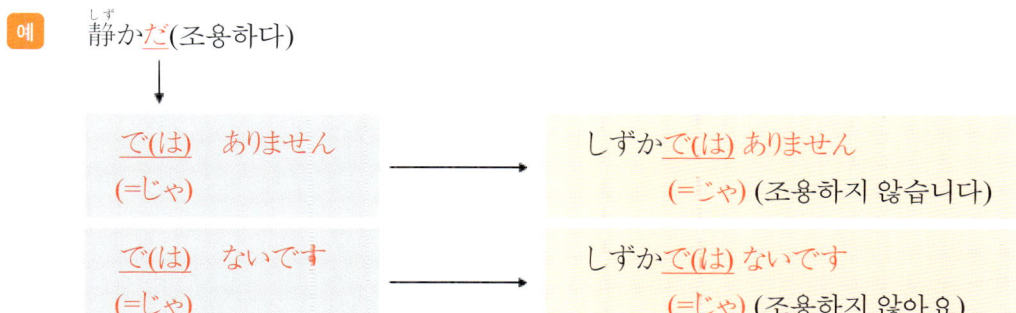

で(は)　ありません　→　しずかで(は) ありません
(=じゃ)　　　　　　　　　　(=じゃ) (조용하지 않습니다)

で(は)　ないです　→　しずかで(は) ないです
(=じゃ)　　　　　　　　　　(=じゃ) (조용하지 않아요)

고쳐보기 2

- まじめだ(성실하다) → まじめでは ありません(성실하지 않습니다)
　　　　　　　　　　　　　　(=じゃ)
　　　　　　　　　 → まじめでは ないです(성실하지 않아요)
　　　　　　　　　　　　　　(=じゃ)

- 親切だ(친절하다) → 親切では ありません(친절하지 않습니다)
　　　　　　　　　　　　　　(=じゃ)
　　　　　　　　　 → 親切では ないです(친절하지 않아요)
　　　　　　　　　　　　　　(=じゃ)

문장연습 2

- 彼は まじめでは ありません。 (그는 성실하지 않습니다.)
- 彼は 親切じゃ ないです。 (그는 친절하지 않아요.)
- 彼は まじめで ありません。 (그는 성실하지 않습니다.)
- 彼は まじめでも 親切でも ありません。 (그는 성실하지도 친절하지도 않습니다.)
- 彼は ハンサムでも 親切でも ないです。 (그는 핸섬하지도 친절하지도 않아요.)

③ 의문문

공 식	어간 + ですか

어간 뒤에「ですか(입니까?)」를 붙이면 됩니다.「ですか」는 정중형을 나타내는 요소「です」에 의문을 나타내는 조사「か」가 합쳐진 것입니다.

고쳐보기 3

- すてきだ(멋지다) → すてきですか(멋집니까)
- 幸せだ(행복하다) → 幸せですか(행복합니까)
- 好きだ(좋아하다) → 好きですか(좋아합니까)

ナ형용사의 의문문도 명사나 イ형용사와 같이「はい」,「いいえ」로 대답하며, 잘 모를 경우에는「わかりません(모릅니다)」이라고 대답하면 됩니다.

문장연습 3

- A : 横浜の夜景は すてきですか。 (요코하마의 야경은 멋있습니까?)
  B : はい、とても すてきです。 (예, 매우 멋있습니다.)
- A : 私のドレス、すてきですか。 (제 드레스, 멋있습니까?)
  B : いいえ、あまり すてきでは ありません。 (아니오, 그다지 멋있지 않습니다.)
- A : 田中さんは まじめですか。 (다나카 씨는 성실합니까?)
  B : よく 分かりません。 (잘 모릅니다.)

2) 과거시제

① 긍정문

공식	어간 + でした

어간 뒤에 「でした(이었습니다)」를 붙여서 표현합니다.

예 便利だ(편리하다)
↓
でした ⟶ 便利でした(편리했습니다)

고쳐보기 4

- 暇だ(한가하다) → 暇でした(한가했습니다)
- 簡単だ(간단하다) → 簡単でした(간단했습니다)
- 上手だ(잘하다) → 上手でした(잘했습니다)
- 新鮮だ(신선하다) → 新鮮でした(신선했습니다)
- 嫌いだ(싫어하다) → 嫌いでした(싫어했습니다)
- 有名だ(유명하다) → 有名でした(유명했습니다)

문장연습 4

- 今日は 暇でした。(오늘은 한가했습니다.)
- 今日のテストは 簡単でした。(오늘 테스트는 간단했습니다.)
- 彼女はとても 歌が 上手でした。(그녀는 매우 노래를 잘했습니다.)
- 魚がとても 新鮮でした。(생선이 매우 신선했습니다.)

・昔はあなたのことが嫌いでしたが、今は大好きです。

(옛날에는 당신을 싫어했습니다만, 지금은 정말 좋아합니다.)

② 부정문

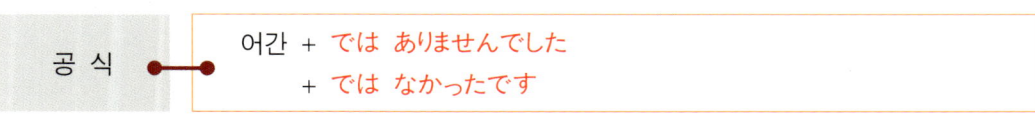

명사를 과거 부정문으로 만들 때와 같이 ナ형용사의 어간 뒤에「では ありませんでした」를 붙여 나타냅니다. 이때「は」는 생략할 수 있으며,「ありませんでした」대신에「なかったです」가 사용되기도 합니다.「~では」는 회화체에서 주로「じゃ」라고 표현합니다.

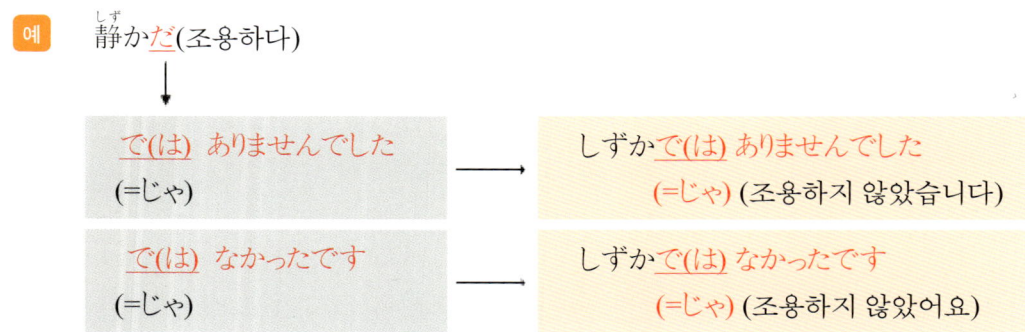

고쳐보기 5

・丈夫だ(튼튼하다) → 丈夫では ありませんでした(튼튼하지 않았습니다)
　　　　　　　　　　　(=じゃ)
　　　　　　　　→ 丈夫では なかったです(튼튼하지 않았어요)
　　　　　　　　　　(=じゃ)

・得意だ(잘하다) → 得意では ありませんでした(잘하지 못했습니다)
　　　　　　　　　(=じゃ)
　　　　　　　　→ 得意では なかったです(잘하지 못했어요)
　　　　　　　　　(=じゃ)

문장연습 5

- 彼はもともと 体が 丈夫では ありませんでした。
  (그는 원래 몸이 튼튼하지 않았습니다.)
- 英語は 高校時代から あまり 得意ではありませんでした。
  (영어는 고등학교 시절부터 그다지 잘하지 못했습니다.)
- 昨日は あまり 暇では ありませんでした。
  (어제는 그다지 한가하지 않았습니다.)
- 彼は まじめでも 親切でも ありませんでした。
  (그는 성실하지도 친절하지도 않았습니다.)
- 彼は まじめでも 親切でも なかったです。
  (그는 성실하지도 친절하지도 않았어요.)

③ 의문문

공 식	어간 + でしたか

어간 뒤에「でしたか(~이었습니까?)」를 붙이면 됩니다.「でしたか」는 정중형을 나타내는 요소「です」의 과거형인「でした」에 의문을 나타내는 조사「か」가 합쳐진 것입니다.

고쳐보기 6

- 暇だ(한가하다) → 暇でしたか(한가했습니까?)
- 得意だ(잘하다) → 得意でしたか(잘했습니까?)
- 好きだ(좋아하다) → 好きでしたか(좋아했습니까?)

> 문장연습 6

- A : 昨日は 暇でしたか。(어제는 한가했습니까?)
  B : はい、暇でした。(예, 한가했습니다.)
- A : 高校時代、英語が 得意でしたか。(고교시절, 영어를 잘했습니까?)
  B : いいえ、得意では ありませんでした。(아니오, 잘하지 못했습니다.)
- A : 幼い 頃 ヤクルトが 好きでしたか。(어렸을 적 야쿠르트를 좋아했습니까?)
  B : いいえ、あまり 好きじゃ なかったです。(아니오, 그다지 좋아하지 않았어요.)

3. ナ형용사의 중지형

| 공식 | 어간 + で |

ナ형용사를「~하고, ~해서」의 뜻으로 표현하려면 어미「~だ」를 떼고, 어간에「~で」를 연결하면 됩니다. 문맥에 따라 사물의 성질이나 상태를 단순히 열거하는 의미로 사용되거나 이유·원인의 의미로 사용됩니다. 이 중지형은 복수의 문장을 연결한다고 하여 연결형 또는 접속형이라고도 불립니다.

예
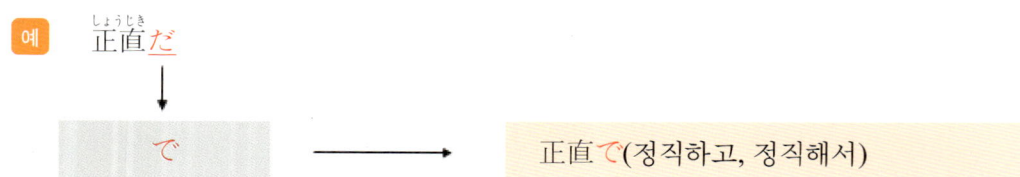

正直だ
↓
で → 正直で(정직하고, 정직해서)

> 고쳐보기 7

- 静かだ(조용하다) → 静かで(조용하고, 조용해서)
- まじめだ(성실하다) → まじめで(성실하고, 성실해서)
- きれいだ(깨끗하다/예쁘다) → きれいで(깨끗하고, 깨끗해서/예쁘고, 예뻐서)

문장연습 7

- 열거(~하고) : 전항과 후항을 단순히 나열하여 연결합니다.
  - その公園は 静かで きれいです。(그 공원은 조용하고 깨끗합니다.)
  - 彼は まじめで やさしいです。(그는 성실하고 상냥합니다.)

- 이유・원인(~해서) : 전항이 후항의 이유나 원인이 됩니다.
  - 夜は 静かで いいです。(밤은 조용해서 좋습니다.)
  - 朝は 空気が きれいで 気持ちいいです。(아침에는 공기가 깨끗해서 기분 좋습니다.)

4. ナ형용사의 명사 수식형

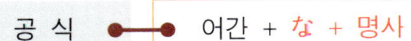

공 식 ━━▶ 어간 + な + 명사

イ형용사는 명사를 수식할 때, 기본형과 동일한 형태를 취했지만, ナ형용사는 어미「だ」가「な」로 바뀝니다.

예 まじめだ(성실하다)
    ↓

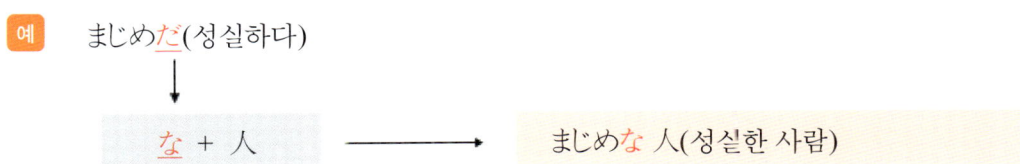

な + 人 ━━━━━━▶ まじめな 人(성실한 사람)

고쳐보기 8

- きれいだ(예쁘다) → きれいな 封筒(예쁜 봉투)
- 便利だ(편리하다) → 便利な ところ(편리한 곳)
- 素敵だ(멋지다) → 素敵な 女性(멋진 여성)

단, 「同じだ(같다, 동일하다)」는 다른 ナ형용사와 달리, 명사를 수식할 때에 어미가 「~な」의 형태로 변하지 않고, 어간에 직접 명사가 연결됩니다.

예 同じ 学校(같은 학교), 同じ 靴(같은 구두)

문장연습 8

- 東京は 便利な ところです。(도쿄는 편리한 곳입니다.)
- 桜はとても 綺麗な 花です。(벚꽃은 매우 예쁜 꽃입니다.)
- とても 大きくて 綺麗な 病院です。(매우 크고 깨끗한 병원입니다.)
- A : どんな 人が 好きですか。(어떤 사람을 좋아합니까?)
  B : 親切な 人が 好きです。(친절한 사람을 좋아합니다.)
- A : 好きな 食べ物は 何ですか。(좋아하는 음식은 무엇입니까?)
  B : いちごです。(딸기입니다.)

5. 비교문

01 ~と ~と どちらが ~

이 문형은 사람이나 사물, 사건의 공통된 성질에 대해 두 가지를 비교하여 어느 한 쪽을 선택할 것을 요구할 때 사용하는 표현으로 우리말 「~과(와) ~중에서 어느 쪽이」에 해당하는 표현입니다. 대답으로는 한 쪽을 다른 한쪽과 비교한 「(~より) ~のほうが ~」라는 표현을 사용하게 되는데, 이것은 우리말 「(~보다) ~이(가) 더 ~」에 대응하는 표현입니다.

문장연습 9

- A : 春と 秋と どちらが 好きですか。(봄과 가을 중 어느 쪽을 좋아합니까?)
  B : 秋より 春のほうが 好きです。(가을보다 봄을 더 좋아합니다.)

・A : りんごと オレンジと どちらが 好きですか。

　　(사과하고 오렌지하고 어느 쪽을 좋아합니까?)

　B : りんごのほうが 好きです。(사과를 더 좋아합니다.)

・A : 野球と サッカーと どちらが おもしろいですか。

　　(야구하고 축구하고 어느 쪽이 재미있습니까?)

　B : 野球より サッカーのほうが おもしろいです。

　　(야구보다 축구가 더 재미있습니다.)

02　~(の中)で ~が いちばん ~

이 문형은 사람이나 사물, 사건의 공통된 성질에 대해 세 가지 이상을 비교하여 하나를 선택할 것을 요구할 때 사용하는 표현으로 우리말의 「~(중)에서 ~이(가) 가장 ~」에 대응하는 것입니다. 대답으로는 「~が いちばん ~」이라는 표현을 사용하게 되는데, 이 표현은 우리말 「~이(가) 가장 ~」에 대응합니다.

문장연습 10

・A : 韓国料理(の中)で 何が いちばん 好きですか。

　　(한국요리 중에서 무엇을 가장 좋아합니까?)

　B : サムゲタンが いちばん 好きです。(삼계탕을 가장 좋아합니다.)

・A : 日本で どこが いちばん にぎやかですか。(일본에서 어디가 가장 번화합니까?)

　B : 東京が いちばん にぎやかです。(도쿄가 가장 번화합니다.)

・A : この クラス(の中)で だれが いちばん 背が 高いですか。

　　(이 반에서 누가 가장 키가 큽니까?)

　B : ヘソン君が いちばん 背が 高いです。(혜성 군이 가장 키가 큽니다.)

회화 및 독해연습

どちらが 好きですか。

手坂 : この町は とても にぎやかですね。

朴 : ええ、でも 前は こんなに にぎやかじゃ
ありませんでした。
もっと 静かでした。

手坂 : ああ、そうですか。

朴 : 手坂さんは ココアと コーヒーと どちらが 好きですか。

手坂 : 私は コーヒーより ココアの ほうが 好きです。朴さんは？

朴 : 私は コーヒーの ほうが 好きです。

手坂 : そうですか。ココアは 嫌いですか。

朴 : いいえ、嫌いじゃ ありませんが、飲み物の 中では コーヒーが 一番 好きです。

❀ 상황

박 혜성과 데사카 나미코가 번화한 길거리에서 서로 어떤 음료를 좋아하는지 얘기를 나누고 있습니다.

 낱말과 표현

- でも「それでも」의 준말. 그럴지라도, 그래도, 하지만
- 前 이전, 전
- こんなに 이렇게, 이처럼
- ~より ~보다
- 飲み物 음료, 마실 것
- 一番 가장, 맨
- もっと 더, 더욱, 한층
- ココア 코코아
- ~方 ~쪽, ~편
- ~の中で ~중에서

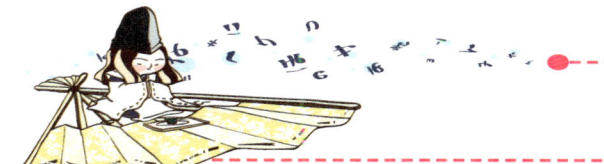

Check-Up Test (§7)

Q1. 다음 질문에 대해 보기와 같이 답해 보시오.

> - コーヒーと 紅茶と どちらが 好きですか。(紅茶)
>   → コーヒーより 紅茶のほうが 好きです。
> - 飲み物の中で 何が 一番 好きですか。(紅茶)
>   → 紅茶が いちばん 好きです。

1) みかんと バナナと どちらが 好きですか。(みかん)
   → _____

2) りんごと なしと どちらが おいしいですか。(なし)
   → _____

3) スポーツの中で 何が いちばん 好きですか。(サッカー)
   → _____

* 紅茶 : 홍차

Q2. 다음 ナ형용사를 보기와 같이 정중체 부정형으로 바꾸어 보시오.

> まじめだ → まじめでは ありません(まじめじゃ ないです)

1) 元気だ → _____

2) 不便だ → _____

Q3. 다음 ナ형용사를 보기와 같이 정중체 과거 부정형으로 바꾸어 보시오.

> まじめだ → まじめでは ありませんでした (まじめじゃ なかったです)

1) 新鮮だ →

2) 簡単だ →

Q4. 다음은 ナ형용사를 명사 수식형 문장으로 만드시오.

1) 元気だ → 元気　　　　学生
2) 静かだ → 静か　　　　所
3) 同じだ → 同じ　　　　車

Q5. 다음 두 문장을 한 문장으로 연결해 보시오.

1) この町は きれいです。この町は 明るいです。
   →

2) 学校の図書館は 静かです。学校の図書館は きれいです。
   →

Chapter 8

동사1
- 동사의 ます형 -

학습목표

- 동사의 정중체를 만드는 「ます」의 접속과 활용을 익혀, 하루의 일과에 대해 소개하고 질문할 수 있다.

학습포인트

- 동사의 정의, 특징, 종류
- 「ます」의 부정형
- 「ます」의 의문형
- 동사 「ます형」을 활용한 회화 및 독해 연습
- 동사의 「ます형」
- 「ます」의 과거형과 과거부정형
- 동사 「ます형」에 접속되는 문형

Chapter 8
동사1 - 동사의 ます형 -

1. 동사

1) 동사의 정의

| 동사 | 사물의 동작, 작용, 상태, 존재 등을 나타내는 말입니다. |

2) 동사의 특징

① 동사 기본형의 어미가 「-u」음, 즉 う단(う, く, す, つ, ぬ, む, る, ぐ, ぶ)으로 끝납니다.

> 예 習う(배우다)   読む(읽다)   起きる(일어나다)   飛ぶ(날다)

② 동사는 자립어이지만, 조사나 조동사 등이 접속하면 어미의 형태가 달라집니다. 즉, 활용을 합니다.

③ 동사 기본형으로 명사를 수식할 수 있습니다.

> 예 本を読む 少女(책을 읽는 소녀)

3) 동사의 종류

어미의 활용형식에 따라 크게 1그룹동사, 2그룹동사, 3그룹동사로 나눌 수 있습니다.

① 1그룹동사(5단활용동사)

- 기본형 어미가 「る」로 끝나지 않은 동사

  예 書く(쓰다)   読む(읽다)   飛ぶ(날다)

- 기본형 어미가 「る」로 끝난 경우는 「る」앞이 「あ단(-a음)」이나 「う단(-u음)」, 그리고 お단(-o음)인 동사

  예 座る[suwa-ru](앉다)   作る[tsuku-ru](만들다)   乗る[no-ru](타다)

② 2그룹동사(1단활용동사)

- 기본형 어미가 「る」로 끝나고, 「る」앞이 「い단(-i음)」이나 「え단(-e음)」인 동사

  예 見る[mi-ru](보다)   食べる[tabe-ru](먹다)

③ 3그룹동사(변격활용동사, 쿨규칙동사)

- 「来る(오다)」와 「する(하다)」 딱 2개뿐임
- 단, 「勉強する(공부하다)」 「散歩する(산책하다)」 「デートする(데이트하다)」등과 같이 「동작성명사」에 「する」가 결합된 것도 이 그룹에 포함됨

 Tip

예외적인 1그룹 동사

형태상으로는 2그룹 동사인 것처럼 보이지만, 실제로는 1그룹에 속하는 동사를 말합니다. 대표적인 것으로 다음과 같은 것이 있습니다.

- 帰る(돌아가[오]다)   - 入る(들어가[오]다)   - 走る(달리다)
- 切る(자르다)   - 減る(줄다)   - 知る(알다)
- 要る(필요하다)   - 蹴る((발로) 차다)   - しゃべる(재잘거리다)
- 限る(한하다)   - 照る((해가) 비치다)   - 滑る(미끄러지다)

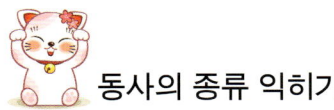 **동사의 종류 익히기**

다음 각 동사는 어느 그룹에 속할까요?

泳ぐ(헤엄치다)　[　　]　　切る(자르다)　　[　　]　　飲む(마시다)　[　　]

見る(보다)　　　[　　]　　起きる(일어나다)　[　　]　　書く(쓰다)　　[　　]

寝る(자다)　　　[　　]　　食べる(먹다)　　[　　]　　ある(있다)　　[　　]

2. 동사의「ます형」

　동사를 정중하게 표현하기 위해서는 동사에「ます」를 연결하면 됩니다. 그런데 이「ます」가 동사에 연결될 때는 동사 기본형에 바로 연결되는 것이 아니고, 동사에 어미변화(활용)가 일어납니다. 이 어미변화 형태를「ます형」이라고 합니다.

> 예
> ・ある(있다)　　→　<u>あり</u>ます(있습니다/있어요)
> 　　　　　　　　　　[ます형]
> ・たべる(먹다)　→　<u>たべ</u>ます(먹습니다/먹어요)
> 　　　　　　　　　　[ます형]

「ます형」은 동사의 종류에 따라 그 어미의 형태가 서로 다르게 나타납니다.

1) 1그룹 동사의「ます형」만들기

　동사의 어미「う단」을「い단」으로 고친 후,「ます」를 붙입니다.

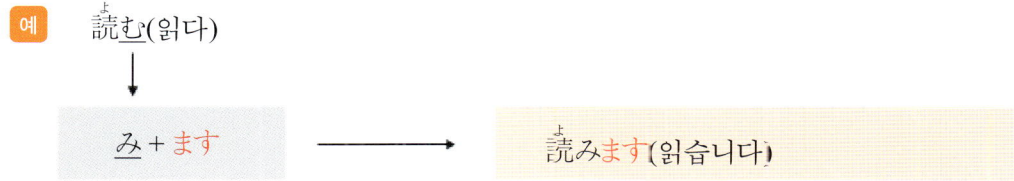

고쳐보기 1

- 会う(만나다) → 会います(만납니다)
- 行く(가다) → 行きます(갑니다)
- 泳ぐ(헤엄치다) → 泳ぎます(헤엄칩니다)
- 飲む(마시다) → 飲みます(마십니다)
- 乗る(타다) → 乗ります(탑니다)
- 遊ぶ(놀다) → 遊びます(놉니다)

2) 2그룹 동사의「ます형」만들기

동사의 어미「る」를 떼어내고,「ます」를 붙입니다.

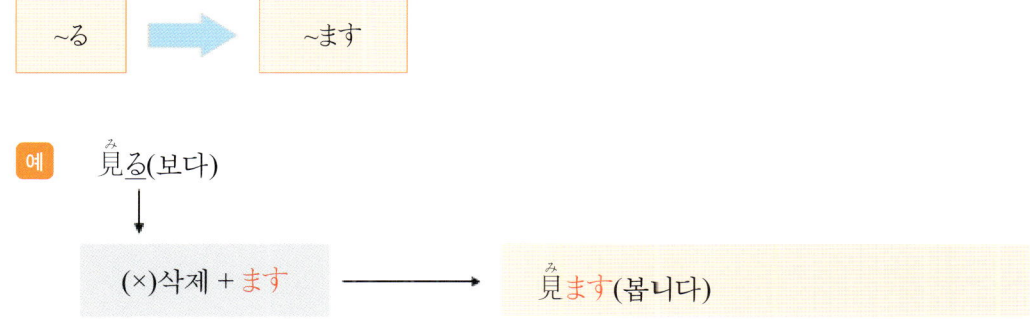

고쳐보기 2

- 食べる(먹다) → 食べます(먹습니다)
- 着る(입다) → 着ます(입습니다)
- 教える(가르치다) → 教えます(가르칩니다)
- 寝る(자다) → 寝ます(잡니다)

3) 3그룹 동사의「ます형」만들기

활용이 불규칙적이므로 무조건 암기합시다!!

- 来る(오다) ⟶ 来ます(옵니다)
- する(하다) ⟶ します(합니다)
- 勉強する(공부하다) ⟶ 勉強します(공부합니다)

4) 예외적인 1그룹 동사의「ます형」만들기

형태는 다르지만 1그룹이므로 어미를 い단으로 고치고,「ます」를 연결합니다.

- 帰る(돌아가[오]다) ⟶ 帰ります(돌아갑[옵]니다)
- 入る(들어가[오]다) ⟶ 入ります(들어갑[옵]니다)
- 走る(달리다) ⟶ 走ります(달립니다)

3.「ます」의 부정형

「ます」의 부정형은「ません」으로 우리말의「~하지 않습니다」란 뜻을 나타냅니다. 동사에「ません」을 연결하는 방법은「ます」를 연결하는 것과 동일합니다.

	동사 기본형	「ます」의 부정형
1그룹 동사	・読む(읽다)	・読みません(읽지 않습니다)
2그룹 동사	・起きる(일어나다)	・起きません(일어나지 않습니다)
3그룹 동사	・する(하다) ・くる(오다)	・しません(하지 않습니다) ・きません(오지 않습니다)

4. 「ます」의 과거형과 과거부정형

「ます」의 과거형은 「ました」(~었[았]습니다)인데, 이것은 「ます」접속과 마찬가지로 「ます」형에 접속됩니다. 즉 「ます」대신에 「ました」를 붙이면 정중체 과거표현이 되는 것입니다. 「ました」의 과거부정형은 「ませんでした」로 우리말의 「~지 않았습니다」에 해당합니다.

	기본형	「ます」의 과거형	「ます」의 과거부정형
1그룹 동사	・読む (읽다)	・読みました (읽었습니다)	・読みませんでした (읽지 않았습니다)
2그룹 동사	・起きる (일어나다)	・起きました (일어났습니다)	・起きませんでした (일어나지 않았습니다)
3그룹 동사	・する (하다) ・くる (오다)	・しました (했습니다) ・きました (왔습니다)	・しませんでした (하지 않았습니다) ・きませんでした (오지 않았습니다)

5. 「ます」의 의문형

「ます」의 의문형은 「ます」뒤에 의문을 나타내는 조사 「か」를 붙이면 됩니다. 즉, 동사에 「ます」대신 「ますか」를 연결하면 정중체 의문형이 되는 것입니다.

「ます」의 과거의문형은 「ます」대신 「ましたか」를 붙이면 됩니다. 동사의 정중체 의문형도 「ます형」 만들기와 동일합니다.

| 예 | する(하다) → します(합니다)
→ しますか(합니까?)
→ しましたか(했습니까?)

「ます」는 비과거시제를 나타내는 정중체 표현인데, 문맥에 따라서 현재시제를 나타내기도 하고 미래시제를 나타내기도 합니다.

| 예 | ・毎日 図書館へ 行きます。(매일 도서관에 갑니다)
・明日は 図書館へ 行きます。(내일은 도서관에 갈 것입니다.)
・郵便局には 私が 行きます。(우체국에는 제가 가겠습니다)

> 문장연습 1

・A : 毎日 お酒を 飲みますか。(매일 술을 마십니까?)
 B : はい、毎日 飲みます。(예, 매일 마십니다.)
  いいえ、毎日 飲みません。(아니오, 매일 마시지 않습니다.)
・A : おすしを 食べますか。(생선초밥을 먹습니까/먹겠습니까?)
 B : はい、食べます。(예, 먹습니다/먹겠습니다.)
  いいえ、食べません。(아니오, 먹지 않습니다/먹지 않겠습니다.)
・A : 昨日 学校へ 行きましたか。(어제 학교에 갔습니까?)
 B : はい、行きました。(예, 갔습니다.)
  いいえ、行きませんでした。(아니오, 가지 않았습니다.)

6. 동사「ます형」에 접속되는 문형

01 「~ましょう」(~합시다)

영어의「Let's go.」「Let's eat.」와 같이 상대방에게 뭔가를 권유할 때 쓰는 표현입니다. 때에 따라서는 말하는 사람의 의지를 나타내기도 합니다.

> 예
> - 今晩、一杯 飲みましょう。 (오늘 밤 한잔 합시다.)
> - もうそろそろ 帰りましょう。 (이제 슬슬 돌아갑시다)
> - A : 誰が 行きますか。 (누가 가겠습니까?)
>   B : 私が 行きましょう。 (제가 가죠.)

02 「~ましょうか」 (~할까요?)

상대방의 의향을 물을 때 사용합니다.

> 예
> - 今晩、一杯 飲みましょうか。 (오늘 밤 한잔할까요?)
> - もうそろそろ 帰りましょうか。 (이제 슬슬 돌아갈까요?)

03 「~たい」 (~하고 싶다)

말하는 사람의 희망이나 욕구를 나타내며, 그 대상은 원칙적으로 조사 「~が」를 사용하지만, 현대 일본어에서는 「~を」를 사용하는 경우도 많이 볼 수 있습니다.

또한 「~たい」는 イ형용사처럼 어미가 「い」의 형태를 하고 있는데, 어미변화를 할 경우에도 イ형용사처럼 활용합니다.

> 예
> - おすしが 食べたい。 (초밥을 먹고 싶다.)
> - 日本へ 行きたいです。 (일본에 가고 싶습니다.)

04 「~なさい」 (~하시오, ~해라)

가벼운 명령을 나타내는 표현으로 주로 부모와 자식, 선생님과 학생 사이에 많이 쓰입니다.

> 예
> - 早く 起きなさい。 (빨리 일어나라.)
> - 質問に 答えなさい。 (질문에 답하시오.)

회화 및 독해연습

何時に 終わりますか。

清村 : こんにちは。今日の授業、何時に 終わりますか。
朴　 : もう 終わりました。
清村 : 明日の夜、歌舞伎の公演が ありますが、いっしょに 行きませんか。
朴　 : それは いいですね。場所は どこですか。
清村 : 韓国女子大学です。
朴　 : 歌舞伎は 何時からですか。
清村 : 7時からです。
朴　 : 何時に どこで 会いましょうか。
清村 : 6時45分に 教授会館の 前は どうですか。
朴　 : はい、分かりました。楽しみですね。

❀ 상황

박혜성과 일본인 유학생 기요무라 사토미가 교정에서 대화를 나눕니다.

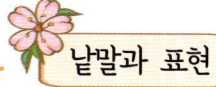
낱말과 표현

- もう 이미, 벌써
- 歌舞伎 일본 전통연극
- ませんか ~하지 않을래요?(완곡한 권유표현)
- ~で <조사> ~에서(장소)
- 前 앞, 정면, 이전
- 夜 밤
- 公演 공연
- 場所 장소
- 教授会館 교수회관
- 楽しみ 즐거움, 낙

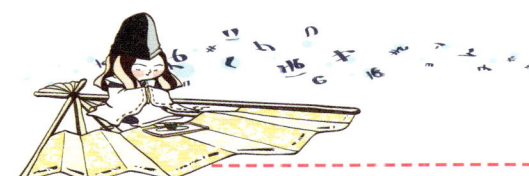

Check-Up Test (§8)

Q1. 다음 동사 중에서 1그룹 동사가 아닌 것은?

① 乗る　　② 読む　　③ 終わる　　④ 食べる

Q2. 다음 동사 중에서 2그룹 동사가 아닌 것은?

① 教える　　② 寝る　　③ 走る　　④ 見せる

Q3. 다음 동사 중에서 3그룹 동사가 아닌 것은?

① する　　② 行く　　③ 来る　　④ デートする

Q4. 다음 중 밑줄 친 조사 「で」 중 쓰임이 다른 하나는 어느 것인가?

① 金さんは 親切で ハンサムです。
② 町は 静かで きれいです。
③ 日本語の 先生は まじめで やさしいです。
④ いつも 学校の 図書館で 勉強します。

Q5. 다음 밑줄 친 부분의 우리말을 일본어로 바르게 옮긴 것을 고르시오.

> 兄は アイスクリームを 먹지 않습니다.

① 食べます　　　　② 食べません
③ 食べませんでした　　④ 食べりません

Q6. 다음 각 동사에 「ます」를 접속해 보시오. (반드시 히라가나로 쓸 것)

1) 来る　[　きます　]　　　2) 売る　[　うります　]
3) 待つ　[　まちます　]　　4) 乗る　[　のります　]
5) 答える　[　こたえます　]　6) 切る　[　きります　]

Q7. 다음 표현을 정중체 과거형으로 바꾸어 보시오. (반드시 히라가나로 쓸 것)

1) します　[　しました　]　　　2) 見ません　[　みませんでした　]
3) 起きる　[　おきました　]　　4) 会う　[　あいました　]

Chapter 9

동사2
- 동사의 て형 -

학습목표

- 동사 「て형」 만드는 법과 접속조사 「て」의 의미용법을 이해하여 사건이 이루어지는 순서, 원인·이유, 방법 등을 나타내는 표현을 할 수 있고, 그 외에도 동사 「て형」을 이용한 주요 문형을 표현할 수 있다.

학습포인트

- 동사 「て형」의 정의
- 「て」의 용법
- 동사 「て형」을 활용한 회화 및 독해 연습
- 동사 「て형」 만들기
- 동사 「て형」에 접속되는 주요 문형

Chapter 9
동사2 - 동사의 て형 -

1. 동사의 「て형」

일본어 동사를 우리말의 「~하고, ~해서」의 의미로 나타내기 위해서는 동사에 접속조사 「て」를 연결하여 표현하는데, 이때 일어나는 동사의 어미변화 형태를 「て형」이라고 합니다.

예
- 夜はいつも 日記を 書いて 寝ます。(밤에는 언제나 일기를 쓰고 잡니다.)
  [→ 書く(쓰다)]
- 昨日は 疲れて 早く 寝ました。(어제는 피곤해서 빨리 잤습니다.)
  [→ 疲れる(피곤하다)]

그런데 동사에 「て」가 이어질 때는 동사의 종류에 따라 어미의 형태가 다르게 접속됩니다.

※음편(音便): 발음하기 편하도록 음이 바뀌는 현상

2. 동사의「て형」만들기

1) 1그룹 동사의「て형」

① 동사의 어미가「う/つ/る」로 끝나는 것 → 촉음편

공 식 ● う/つ/る → って

어미가「う・つ・る」로 끝나는 동사는 접속조사「て」에 연결되면, 어미가 각각「っ」으로 바뀌어 나타납니다. 이와 같은 현상을「촉음편」이라고 합니다.

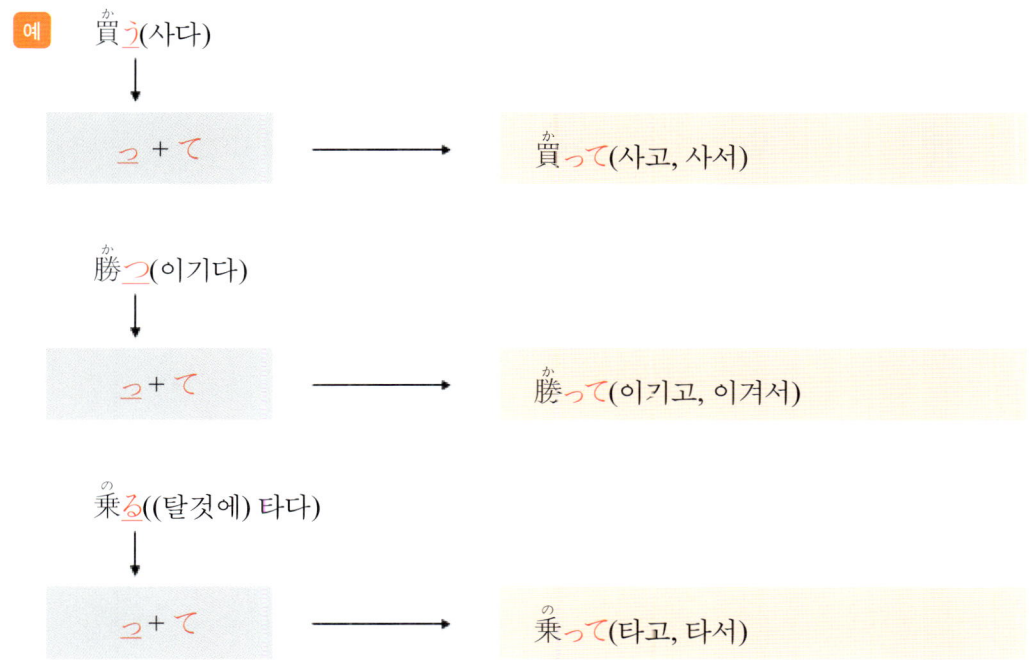

② 동사의 어미가「く/ぐ」로 끝나는 것 → い음편

공 식 ● く → いて, ぐ → いで

어미가「く/ぐ」로 끝나는 동사는 접속조사「て」에 연결되면, 각각 어미가「い」로 바뀝니다. 단, 어미가「ぐ」인 경우는「て」가 탁음인「で」로 나타납니다. 이와 같은 현상을「い음편」이라고 합니다.

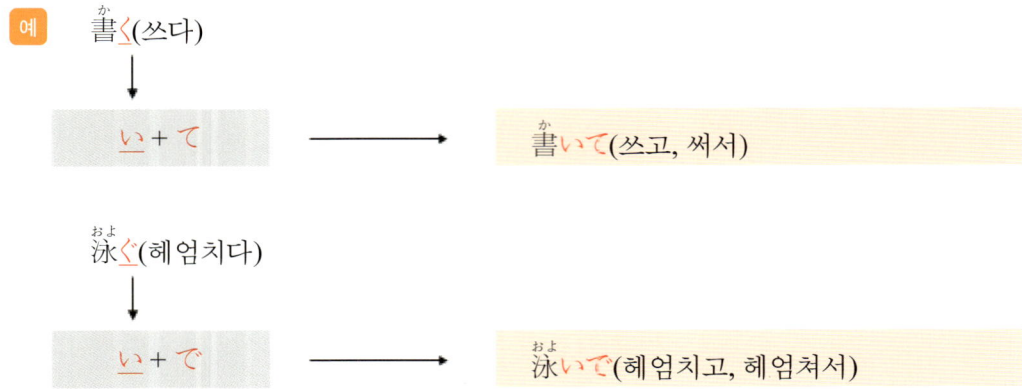

 **주의**

어미가「く」로 끝나는 동사 중에서「行く(가다)」만은 예외적입니다. 규칙대로 라면 어미가「く」로 끝났으므로「行いて」가 되어야 하지만,「く」가「い」로 바뀌지 않고, 촉음(「っ」)으로 바뀌어「て」에 연결됩니다.

> 예 行く(가다) → 行いて(×)
> 　　行く(가다) → 行って(가고, 가서)(○)

③ 동사의 어미가「ぬ/む/ぶ」로 끝나는 것 → 발음편

| 공식 | ぬ/む/ぶ → んで |

어미가「ぬ/む/ぶ」로 끝나는 동사는 접속조사「て」에 연결되면, 어미가 각각「ん」으로 바뀝니다. 그리고「て」는 탁음인「で」로 나타납니다. 이와 같은 현상을「발음편」이라고 합니다.

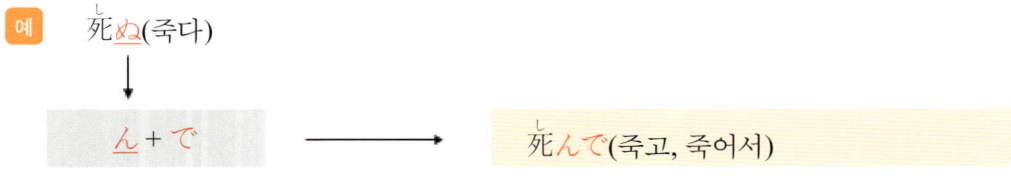

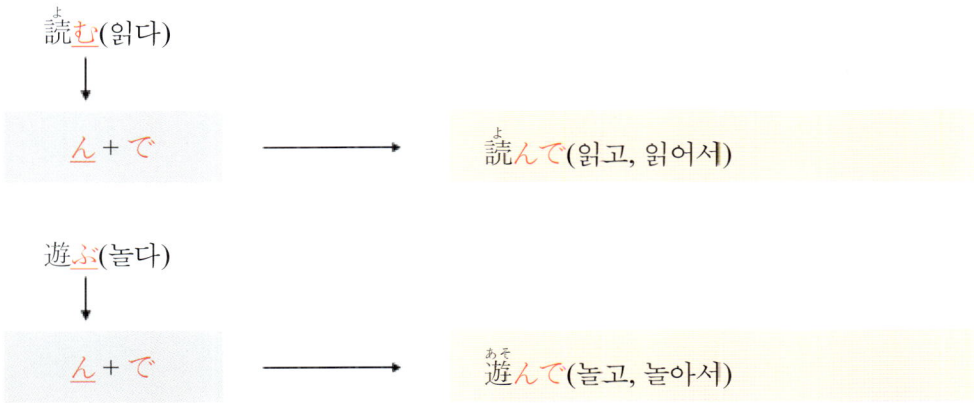

④ 동사의 어미가 「す」로 끝나는 것 → 「して」

어미가 「す」로 끝나는 동사는 접속조사 「て」가 연결되면, 어미 「す」가 「し」로 바뀝니다. 즉, 어미가 「す」로 끝나는 동사는 음편현상이 일어나지 않고, 「ます」와 동일하게 「て」에 접속됩니다.

예

고쳐보기 1

- 会う(만나다) → 会って(만나고, 만나서)
- 待つ(기다리다) → 待って(기다리고, 기다려서)
- 作る(만들다) → 作って(만들고, 만들어서)
- 走る(달리다) → 走って(달리고, 달려서)
- 歩く(걷다) → 歩いて(걷고, 걸어서)

- 急ぐ(서두르다) → 急いで(서두르고, 서둘러서)

- 死ぬ(죽다) → 死んで(죽고, 죽어서)

- 飲む(마시다) → 飲んで(마시고, 마셔서)

- 飛ぶ(날다) → 飛んで(날고, 날아서)

- 消す(끄다) → 消して(끄고, 꺼서)

문장연습 1

- 私は毎朝顔を洗ってご飯を食べます。

  (나는 매일 아침 세수를 하고 밥을 먹습니다.)

- 試合に勝ってうれしいです。(시합에 이겨서 기쁩니다.)

- 朴さんは自転車に乗って学校へ行きます。

  (박 씨는 자전거를 타고 학교에 갑니다.)

- 今日から日記を書いて寝ます。(오늘부터 일기를 쓰고 자겠습니다.)

- 彼は上着を脱いで歩きました。(그는 상의를 벗고 걸었습니다.)

- 好きなマンガキャラが死んで悲しいです。

  (좋아하는 만화캐릭터가 죽어서 슬픕니다.)

- 寝る前に水を飲んで寝ます。(자기 전에 물을 마시고 잡니다.)

- 子供の時、転んで前歯が1本折れました。

  (어렸을 때 넘어져서 앞니가 한 개 부러졌습니다.)

- テレビを消して本を読みました。(TV를 끄고 책을 읽었습니다.)

- 野菜を切ってサラダを作ります。(야채를 잘라서 샐러드를 만듭니다.)

- デパートへ行ってかばんを買いました。(백화점에 가서 가방을 샀습니다.)

2) 2그룹 동사의 「て형」

2그룹 동사는 접속조사 「て」가 연결되면 어미 「る」가 떨어져나갑니다.

> **공식** ━━ ~る → ~て

예 見る(보다)
↓
×(삭제) + て ⟶ 見て(보고, 봐서)

예 食べる(먹다)
↓
×(삭제) + て ⟶ 食べて(먹고, 먹어서)

고쳐보기 2

- 起きる(일어나다) → 起きて(일어나고, 일어나서)
- 降りる(내리다) → 降りて(내리고, 내려서)
- 入れる(넣다) → 入れて(넣고, 넣어서)
- 調べる(조사하다) → 調べて(조사하고, 조사해서)

문장연습 2

- 朝は5時に起きて、夜は9時に寝ます。
  (아침에는 5시에 일어나고, 밤에는 9시에 잡니다.)
- 昨日は着物を着て出掛けました。(어제는 기모노를 입고 외출했습니다.)
- 返事が遅れてすみません。(답장이 늦어 미안합니다.)
- 夜はお菓子を食べてビールを飲みます。(밤에는 과자를 먹고 맥주를 마십니다.)

3) 3그룹 동사의「て형」

3그룹 동사「来る」와「する(「동작성 명사 + する」도함)」는 불규칙 활용을 하기 때문에 무조건 암기하는 것이 좋습니다.

> **예**
> ・来る(오다) → 来て(오고, 와서)
> ・する(오다) → して(하고, 해서)

문장연습 3

・日本に 来て 何年目ですか。(일본에 와서 몇 년째입니까?)
・毎朝 ジョギングを して、シャワーを 浴びて、ご飯を 食べます。
　(매일 아침 조깅을 하고, 샤워를 하고, 밥을 먹습니다.)

3.「て」의 용법

「~て」는 동사의 중지형(접속형)으로 사건이 이루어지는 순서, 병렬, 원인・이유, 방법 등을 나타냅니다.

순서 (~하고 나서)	・7時半に 朝ご飯を 食べて、学校へ 行きます。 (7시 반에 아침밥을 먹고, 학교에 갑니다.)
병렬 (~하고)	・兄は 医者に なって、弟は 公務員に なりました。 (형은 의사가 되고, 동생은 공무원이 되었습니다.)
원인・이유 (~해서, ~때문에)	・風邪を 引いて、学校を 休みました。 (감기에 걸려 학교를 쉬었습니다)
방법・수단 (~해서, ~로)	・魚を 焼いて、食べます。 (생선을 구워서 먹습니다.)

| 동시동작
(~한 상태로) | ・いつも ソファーに 座って、本を 読みます。
(언제나 소파에 앉아서 책을 읽습니다.) |

4. 동사「て형」에 접속되는 주요 문형

01 「~てから」(~하고 나서, ~한 후에)

접속조사「て」에 격조사「から」가 붙은 것으로 동작의 순서를 나타냅니다.

예
- 昼ご飯を 食べてから 出掛けました。(점심을 먹고 나서 외출했습니다.)
- すこし 寝てから レポートを 書きます。
  (조금 자고 나서 레포트를 쓰겠습니다.)
- 野菜は 切ってから 洗います。(야채는 자른 후에 씻습니다.)

02 「~てください」(~해 주세요, ~하세요)

접속조사「て」에「주십시오(주세요)」란 의미의「ください」가 결합된 것으로 상대방에게 어떤 동작을 의뢰하거나 명령하는 표현입니다. 손아랫사람이나 친한 사이에는「ください」를 생략하고「~て」의 형태로만 사용하기도 합니다.

예
- ぜひ 遊びに 来てください。(꼭 놀러 오세요.)
  → ぜひ 遊びに 来て。(꼭 놀러 와.)
- この本、貸してください。(이 책 빌려 주세요.)
  → この本、貸して。(이 책 빌려줘.)
- もう一度 話してください。(한 번 더 이야기해 주세요.)
  → もう一度 話して。(한 번 더 이야기해 줘.)

03 「~ても いいです」(~해도 됩니다)

형용사 「いい」는 「좋다」는 뜻 외에도 「괜찮다」라는 의미도 있으며, 「~ても いいです」는 「~해도 됩니다」란 의미로 허가를 나타냅니다. 「~ても いいですか」라고 의문문으로 하면, 허락을 구하는 표현이 되며, 허락하지 않는 경우에는 주로 완곡한 표현으로 대답합니다.

예
- ここでは たばこを 吸っても いいです。 (여기서는 담배를 피워도 됩니다.)
- A : ここで たばこを 吸っても いいですか。 (여기서 담배를 피워도 됩니까?)
  B : ① ええ、いいですよ。どうぞ。 (네, 좋아요. 피우세요.)
  　　② すみません。ちょっと。 (미안합니다. 좀…)

04 「~てはいけません」(~해서는 안 됩니다)

상대방의 행위를 금지하는 표현입니다. 「~ても いいですか」라는 질문에 대해, 허가하지 않는 것을 강하게 표현할 때 사용됩니다. 이 표현은 아랫사람이 윗사람에게는 쓸 수 없고, 회화체에서는 「ては(では)」는 「ちゃ(じゃ)」라고 표현하기도 합니다.

예
- 教室で たばこを 吸ってはいけません。
  (교실에서 담배를 피워서는 안 됩니다.)
- A : ここで サッカーをしてもいいですか。 (여기서 축구를 해도 됩니까?)
  B : いいえ、してはいけません。 (아니오, 해서는 안 됩니다.)
  　　　　(＝ちゃ)
- A : 仕事中 酒を 飲んでも いいですか。 (일하는 중에 술을 마셔도 됩니까?)
  B : いいえ、飲んではいけません。 (아니오, 마셔서는 안 됩니다.)
  　　　　(＝じゃ)

05 「~てみる」(~해 보다)

동사 「見る」는 원래 「눈으로 보다」라는 의미이나 여기서는 「て」앞에 오는 동작을 시도, 또는 도전한다는 의미를 나타내는 보조동사로 사용됩니다. 보조동사는 한자로 쓰지 않고, 히라가나로 표기하는 것이 원칙입니다.

예
- 来月から 車の運転をしてみます。
  (다음달부터 자동차 운전을 해 보겠습니다.)
- 家庭で ヨーグルトを 作ってみましょう。
  (가정에서 요구르트를 만들어 봅시다.)
- 宇宙で 何をしてみたいですか。(우주에서 무엇을 하고 싶습니까?)

06 「~ておく」(~해 두다)

동작의 결과나 상태를 지속시켜 주고, 앞으로의 일에 대한 대비, 준비의 의미를 나타냅니다. 회화체에서는 「~ておく(teoku)」에서 모음 「e」가 탈락되어 「~とく(toku)」로 발음되기도 합니다.

예
- 自転車の鍵を かけておきます。(자전거 열쇠를 잠가 둡니다.)
  (=ときます)
- 窓を 開けておきます。(창문을 열어 둡니다.)
  (=ときます)
- レストランを 予約しておきました。(레스토랑을 (미리) 예약해 두었습니다.)
  (=ときました)

07 「~てしまう」(~해 버리다, 하고 말다)

동작의 완료 및 결과에 대한 후회, 유감, 곤란함 등을 나타낼 때 쓰는 표현으로 회화체에서는 「~ちゃう(~じゃう)」를 사용하기도 합니다.

예
- カメラが 壊れてしまいました。(카메라가 고장 나 버렸습니다.)
  (=ちゃいました)
- パスワードを 忘れてしまいました。(패스워드를 잊어버렸습니다.)
  (=ちゃいました)
- ゆうべも 酒を 飲んでしまいました。(어젯밤에도 술을 마셔버렸습니다.)
  (=じゃいました)

08 「~ていく」(~해 가다)

어떤 상황이 현재에서 미래로 변화되어 가는 과정을 완만하게 나타내는 표현입니다. 회화체에서는 「い」가 생략되어 「~て(で)く」라고도 표현됩니다.

> 예
> - 日本の 生活に だんだん 慣れていきました。
>   (일본 생활에 점차 익숙해져 갔습니다.)
> - これからも ゴミは 増えていきます。(앞으로도 쓰레기는 늘어갑니다.)

09 「~てくる」(~해 오다)

과거의 어떤 상황이 변화하여 현재의 상황으로 진행되어 오는 과정을 완만하게 나타내는 표현입니다. 또한 어떤 사태에 대한 변화의 시작, 기점을 나타내기도 합니다.

> 예
> - 日が 暮れてきます。(날이 저물어 옵니다.)
> - 急に 雨が 降ってきました。(갑자기 비가 내렸습니다.)

10 「~てほしい」(~해 주었으면 한다, ~하기 바란다)

「ほしい」는 원래 「갖고 싶다, 원하다」라는 「イ형용사」이지만, 「~て」 밑에 접속하여 화자의 바람·의뢰·요구 등 원하는 동작이나 상태를 완곡하게 표현하는데 사용됩니다.

> 예
> - あなたに 来てほしいです。(당신이 와 주었으면 합니다.)
> - パンを 買ってきてほしいです。(빵을 사왔으면 합니다.)
> - だれにも 言わないでほしいです。(아무에게도 말하지 않았으면 합니다.)

회화 및 독해연습

テレビを 見て、シャワーを 浴びます。

朴　　： 末広さんは 毎朝 何時に 起きますか。

末広　： そうですね。だいたい 6時ごろ 起きます。

朴　　： そんなに 早く 起きて、何を しますか。

末広　： まず、顔を 洗って、一時間ぐらい 韓国語の 勉強を します。
　　　　それから 朝ご飯を 食べて、お化粧を して、家を 出ます。

朴　　： ええと、学校は 何時から 何時までですか。

末広　： 午前 9時から 午後 4時 15分までです。

朴　　： じゃ、夜は 何を しますか。

末広　： テレビを 見て、シャワーを 浴びます。
　　　　それから インターネットを して、宿題を して、12時ごろ 寝ます。

朴　　： 夜も けっこう いそがしいですね。

❀ 상황

박혜성이 일본인 교환학생 스에히로 요시노에게 하루의 생활에 대해 물어봅니다.

낱말과 표현

- だいたい 대개, 거의
- そんなに 그렇게, 그토록
- ぐらい 만큼, 정도, 가량
- 朝(あさ)ご飯(はん) 아침밥
- 家(いえ) 집
- 宿題(しゅくだい) 숙제
- ごろ 경, 쯤, 무렵
- まず 우선, 첫째로
- それから 그리고, 그 다음에
- お化粧(けしょう) 화장
- インターネット 인터넷
- けっこう 꽤, 제법, 상당히

Check-Up Test (§9)

Q1. 다음 동사를 「て형」으로 만들어 보시오(히라가나로 쓸 것).

동사기본형	て형	동사기본형	て형
1) 聞く(듣다)		7) 吸う(빨아들이다)	
2) 脱ぐ(벗다)		8) 持つ(들다)	
3) 呼ぶ(부르다)		9) 送る(보내다)	
4) 刺す(찌르다)		10) 飲む(마시다)	
5) 見る(보다)		11) 来る(오다)	
6) 調べる(조사하다)		12) 減る(줄다)	

Q2. 주어진 단어를 활용하여 빈칸을 채워보시오(히라가나로 쓸 것).

1) _____ ても いいです。(←勉強する)
2) _____ ても いいです。(←食べる)
3) _____ ても いいです。(←帰る)

Q3. 다음 중에서 「て」의 용법이 다른 하나를 고르시오.

① 返事が 遅れて、すみません。
② 野球の 試合に 勝って、うれしい。
③ おそく 起きて、約束に 遅れました。
④ テレビを 見て、シャワーを 浴びます。

Q4. 다음 문장을 일본어로 번역해보시오.

　　1) 남동생은 매일 아침 달려서 학교에 갑니다.

　　2) 아침 일찍 일어나 샤워를 합니다.

Q5. 다음 단어 중에서 イ음편이 일어나지 않는 동사는 어느 것인가?

　　① 書く　　　② 泳ぐ　　③ 歩く　　　④ 行く

Q6. 다음 (　) 안에 들어갈 표현으로 가장 적합한 것을 고르시오.

新聞を (　　　　　)、 学校へ 行きます。

　　① 読んだ　　② 読む　　③ 読んで　　④ 読んて

Chapter 10

동사3
- 동사의 た형 -

학습목표

- 동사의 「た형」 만드는 법을 익혀, 반말 과거표현을 할 수 있고, 동사 「た형」을 이용한 주요 문형을 표현할 수 있다.

학습포인트

- 동사 「た형」의 정의
- 「た」의 용법
- 동사 「た형」을 활용한 회화 및 독해 연습
- 동사 「た형」 만들기
- 동사 「た형」에 접속되는 주요 문형

Chapter 10
동사3 - 동사의 た형 -

1. 동사의 「た형」

　일본어 동사를 우리말의 「~았다/~었다」에 해당하는 과거표현으로 나타내기 위해서는 동사에 과거·완료의 조동사 「た」를 연결하여 표현하는데, 이때 일어나는 동사의 어미변화 형태를 「た형」이라고 합니다. 동사 「た형」의 어미변화는 「て형」과 같으며, 「て」 대신 「た」를 붙여 주면 됩니다.
　한편, 일본어 동사는 「~た」의 형태로 문장을 끝맺기도 하며, 명사를 수식하기도 합니다.

> 예
> ・私は 昨日 デパートで 靴を 買った。(나는 어제 백화점에서 구두를 샀다.)
> ・それは どこで 買った 靴ですか。(그것은 어디서 산 구두입니까?)

2. 동사의 「た형」 만들기

1) 1그룹 동사의 「た형」

① 어미가 「う/つ/る」로 끝나는 동사

> 공식　う/つ/る → った

　어미가 「う/つ/る」로 끝나는 동사는 어미를 각각 촉음(「っ」)으로 바꾸고, 「た」를 연결합니다.

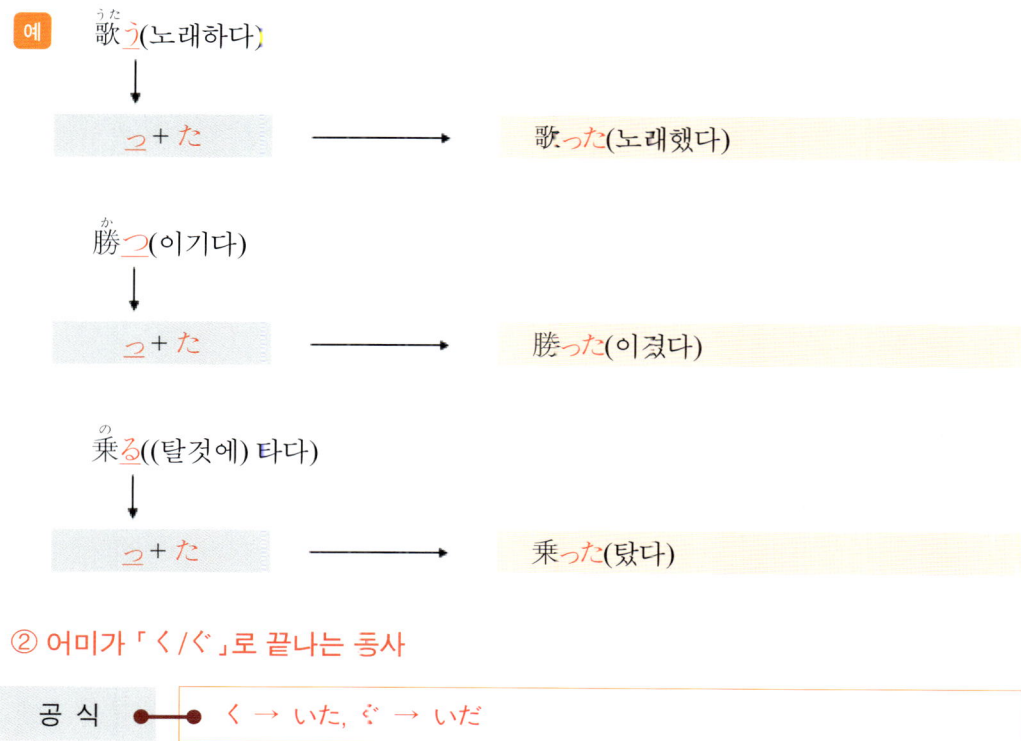

② 어미가 「く/ぐ」로 끝나는 동사

| 공 식 | く → いた, ぐ → いだ |

어미가 「く/ぐ」로 끝나는 동사는 어미를 각각 「い」로 바꾸는데, 「く」의 경우는 「た」를 붙이고, 「ぐ」의 경우는 탁음 「だ」를 붙입니다.

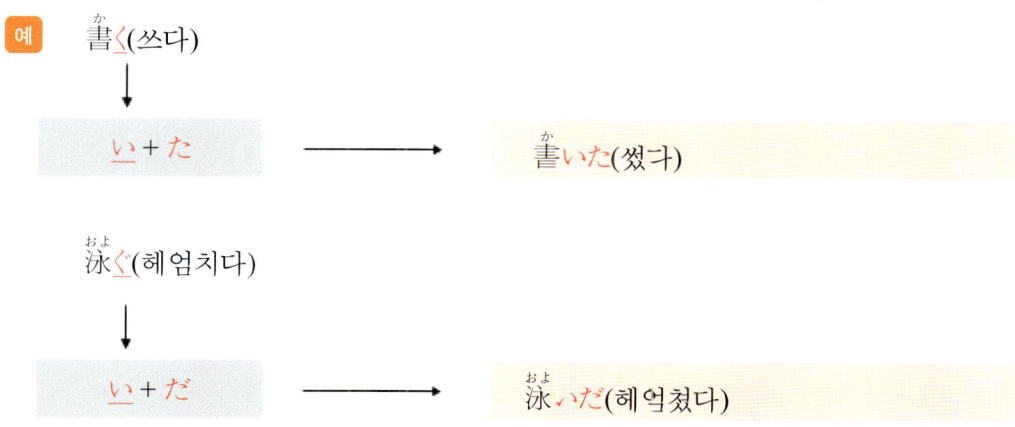

 **주의**

동사 중에서 「行く(가다)」만은 예외적입니다. 규칙대로 라면 어미가 「く」로 끝났으므로 「行いた」로 바꿔야겠지만, 어미를 촉음(「っ」)으로 바꾸고 「た」를 붙입니다.

예 　行く(가다) → 行いた(×)
　　行く(가다) → 行った(갔다)(○)

③ 어미가 「ぬ/む/ぶ」로 끝나는 동사

공 식 　　ぬ/む/ぶ → んだ

어미가 「ぬ/む/ぶ」로 끝나는 동사는 어미를 각각 발음(「ん」)으로 바꾸고, 탁음인 「だ」를 붙입니다.

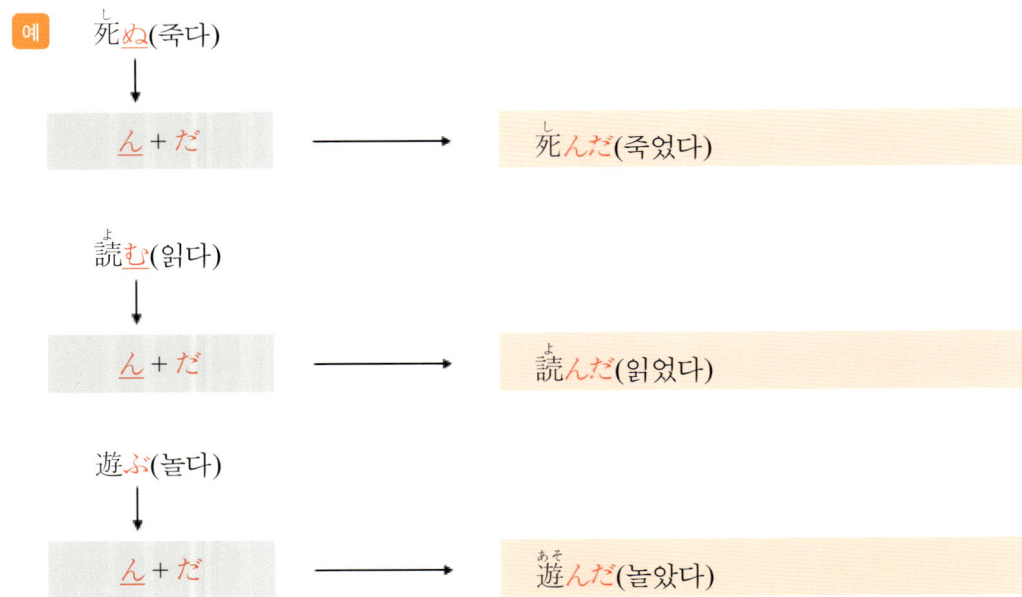

④ 동사의 어미가 「す」로 끝나는 것 → 「した」

공 식	す → した

어미가 「す」로 끝나는 동사는 어미를 「し」로 바꾸고, 조동사 「た」를 붙여줍니다.
이 경우는 「ます」접속과 동일하게 이루어집니다.

예 話す(이야기하다)
↓
し + た → 話した(이야기했다)

고쳐보기 1

- 会う(만나다) → 会った(만났다)
- 待つ(기다리다) → 待った(기다렸다)
- 作る(만들다) → 作った(만들었다)
- 走る(달리다) → 走った(달렸다)
- 歩く(걷다) → 歩いた(걸었다)
- 急ぐ(서두르다) → 急いだ(서둘렀다)
- 死ぬ(죽다) → 死んだ(죽었다)
- 飲む(마시다) → 飲んだ(마셨다)
- 飛ぶ(날다) → 飛んだ(날았다)
- 消す(끄다/지우다) → 消した(껐다/지웠다)

> 문장연습 1

- 私は 昨日 ミョンドンで 友達に 会った。(나는 어제 명동에서 친구를 만났다.)
- 私は 2時間も 彼女を 待った。(나는 2시간이나 그녀를 기다렸다.)
- 友達に メールを 送った。(친구에게 메일을 보냈다.)
- 歯を 磨いてから お風呂に 入った。(이를 닦고나서 목욕을 하였다.)
- 今日は 20分ぐらい 走った。(오늘은 20분 정도 달렸다.)
- 先生のコメントを 手帳に 書いた。(교수님의 코멘트를 수첩에 적었다.)
- 暑くて 上着を 脱いだ。(더워서 상의를 벗었다.)
- お腹が 痛くて 病院に 行った。(배가 아파서 병원에 갔다.)
- 突然 彼女が 死んだ。(갑자기 그녀가 죽었다.)
- 食事の後、紅茶を 飲んだ。(식사 후 홍차를 마셨다.)
- ゆうべ お酒を 飲んで 転んだ。(어젯밤 술을 마시고 넘어졌다.)
- 僕は 彼女のメールアドレスを 消した。(나는 그녀의 메일주소를 지웠다.)

2) 2그룹 동사의 「た형」

동사의 어미 「る」를 없애고, 바로 「た」를 붙입니다.

공 식	~る → ~た

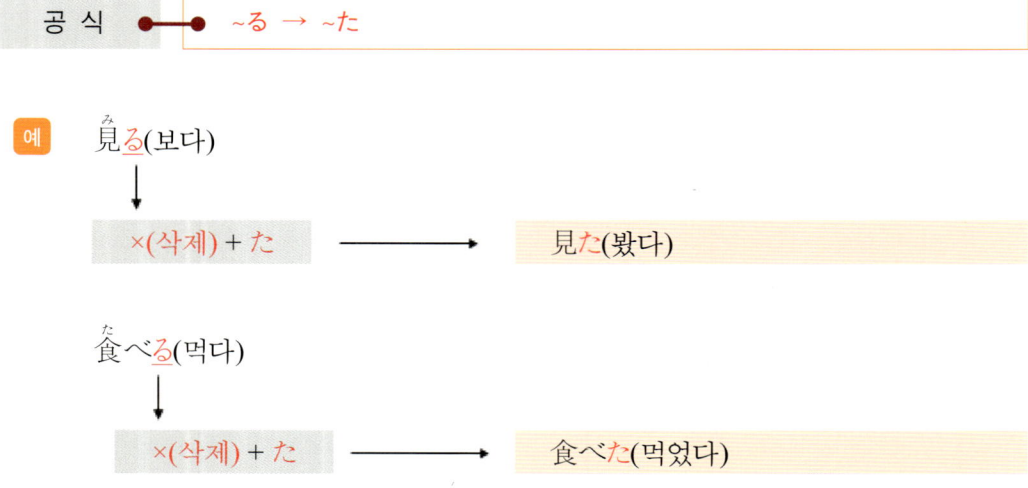

고쳐보기 2

- 起きる(일어나다) → 起きた(일어났다)
- 降りる(내리다) → 降りた(내렸다)
- 入れる(넣다) → 入れた(넣었다)
- 調べる(조사하다) → 調べた(조사했다)

문장연습 2

- 昨日 先輩に ノートパソコンを 借りた。(어제 선배에게 노트북을 빌렸다.)
- 深夜 2時まで テレビを 見た。(심야 2시까지 TV를 봤다.)
- 昨日は 着物を 着て 出掛けた。(어제는 기모노를 입고 외출했다.)
- 生まれて はじめて キムチを 食べた。(태어나서 처음으로 김치를 먹었다.)

3) 3그룹 동사의 「た형」

3그룹 동사 「来る」와 「する(「동작성 명사 + する」포함)」는 불규칙 활용을 하기 때문에 무조건 암기하는 것이 좋습니다.

예
- 来る(오다) → 来た(왔다)
- する(하다) → した(했다)

문장연습 3

- フェイスブックで 見つけた 友達から 返事が 来た。
  (페이스북에서 찾은 친구로부터 답장이 왔다.)
- ゆうべは 深夜 1時まで 日本語の勉強を した。
  (어젯밤에는 심야 1시까지 일본어 공부를 했다.)

3. 「た」의 용법

「た」는 주로 과거・완료・존속의 상태를 나타내며, 그밖에 확인의 의미도 나타냅니다.

과거(회상)

- 동작, 작용, 상태, 성질 등 활용어가 나타내는 내용이 과거에 속하는 것을 나타냅니다.

  예
  - 昨日、6時に 起きた。(어제 6시에 일어났다.)
  - 去年の夏、はじめて ヨットに 乗った。(작년 여름에 처음으로 요트를 탔다.)
  - 昔、ここに 大きな 家が あった。(옛날에 여기에 커다란 집이 있었다.)

완료

- 동작, 작용, 상태가 모두 완성된 일을 나타냅니다. 「과거」는 「과거에 그런 일이 있었다」란 뜻이고, 「완료」는 「어떤 사실이 실현되었다」란 의미입니다.

  예
  - 春が 来た。(봄이 왔다.)
  - 月が 出た。(달이 떴다.)
  - 今 学校から 帰った ところです。(지금 학교에서 막 돌아온 참입니다.)

- 동작, 작용, 상태가 실제로는 아직 끝나지 않았어도 그 시점에 서서 끝났다라고 판단하거나 가정하는 경우에도 「た」가 사용됩니다.

  예
  - あした 早く 来た 人から 順に 面接します。

    (내일 빨리 온 사람부터 순서대로 면접하겠습니다.)

존속의 상태

- 동작, 상태 또는 어떤 결과가 계속해서 존속하고 있음을 나타냅니다.

  예
  - 壁に かけた 絵(벽에 걸린 그림)
  - とがった 鉛筆(뾰족한 연필)

> **확인**

- 「방금 알아차리다」「방금 알았다」「방금 느꼈다」등 지금의 동작・작용・상태를 나타냅니다.

    예
    - あった、あった、なくした本が。(있다, 있다, 잃어버린 책이.)
    - そうだ、電話するのを忘れた。(그렇다, 전화하는 것을 잊어버렸다.)

4. 동사 「た형」에 접속되는 주요 문형

01 「~た ことが あります」(~한 적이 있습니다, ~해 본 적이 있습니다)

과거에 경험한 어떤 일을 현재 시점에서 말할 때 사용합니다. 반대 표현은 「~たことがありません(~한 적이 없습니다, ~해 본 적이 없습니다)」이라고 하면 됩니다.

예
- 日本酒を 飲んだ ことが あります。(일본술(청주)을 마신 적이 있습니다.)
- A : 犬の肉を 食べた ことが ありますか。(개고기를 먹은 적이 있습니까?)
  B : はい、食べた ことが あります。(예, 먹은 적이 있습니다.)
  　　いいえ、食べた ことが ありません。(아니오, 먹은 적이 없습니다.)

02 「~たり~たり します」(~하기도 하고, ~하기도 합니다)

동작이나 상태를 나열할 때 사용하는 표현입니다. 「~たりします」와 같이 한 번만 써서 대표적인 동작을 표현하기도 합니다. 동사의 「た형」외에 イ형용사, ナ형용사의 과거형에도 접속합니다.

예
- 日曜日は テニスをしたり 本を 読んだりします。
  (일요일에는 테니스를 하거나 책을 읽거나 합니다.)
- 日曜日は 買い物をしたりします。(일요일에는 쇼핑을 하거나 합니다.)
- 彼は 去年 東京とソウルを 行ったり 来たりしました。
  (그는 작년에 동경과 서울을 왔다 갔다 했습니다.)

・同じMサイズでも 大きかったり 小さかったり する。
(같은 M사이즈라도 크거나 작거나 한다.)

03 「~た あとで」 (~한 후에, ~한 다음에)

어떤 하나의 사태가 완료된 다음에 다른 사태가 발생하는 시간적인 순서를 나타내는 표현입니다. 같은 표현으로는 「て형」에 접속되는 「~てから」가 있는데, 이것보다 시간적인 전후 관계를 강조하는 표현입니다.

예
- お昼を 食べた あとで、銀行へ 行きました。 (점심을 먹은 후에 은행에 갔습니다.)
- 本を 読んだ あとで 感想文を 書きます。 (책을 읽은 다음에 감상문을 씁니다.)
- 試験が 終わった あとで 遊びましょう。 (시험이 끝난 다음에 놉시다.)

04 「~た ほうが いいです」 (~하는 편이 좋습니다)

자기 생각이나 일반적인 의견을 상대방에게 제안하거나 충고할 때에 사용됩니다.

예
- 早く 歩いた 方が いいですよ。 (빨리 걷는 편이 좋습니다.)
- 風邪の時は 薬を 飲んだ ほうが いいです。
  (감기 걸렸을 때는 약을 먹는 편이 좋습니다.)

05 「~た ところです」 (지금 막/방금 ~했습니다)

동작이나 변화가 완료된 직후의 단계임을 나타냅니다.

예
- ただいま 学校から 帰ってきた ところです。 (방금 학교에서 돌아왔습니다.)
- ちょうど ケーキを 作った ところです。 (지금 막 케이크를 만들었습니다.)

06 「~た ばかりです」(~막 했습니다, ~한 지 얼마 안 됐습니다)

동작이 완료된 직후나, 바로 직후가 아니더라도 화자가 심리적으로 동작의 종료가 시간상 오래되지 않았다고 생각할 때 사용되는 표현입니다.

예
- 最近 ブログを はじめたばかりです。(최근에 블로그를 막 시작했습니다.)
- 私は 今、家へ 帰ってきたばかりです。(나는 지금 막 집에 돌아왔습니다.)

한편, 전항의「~たところです」는 실질적인 시간의 흐름에서만 사용하지만,「~たばかりです」는 심리적인 면에서의 시간적 흐름에도 쓸 수 있습니다.

예
- わたしは 先月 韓国に 来たばかりです。(○)
  (나는 지난달에 한국에 막 왔습니다) → 심리적으로 얼마 안 됐음을 나타냅니다.
- わたしは 先月 韓国に 来たところです。(×)

회화 및 독해연습

それを 食べた ことが ありません。

末広 : この坂道、いつも 大変ですよね。

朴 : そうですね。毎日 疲れます。

末広 : 朴さん、今日のお昼は 何を 食べましょうか。

朴 : そうですね。タッポックムタンは どうですか。

末広 : タッポックムタン？ 私、食べた ことが ありません。
それは 何ですか。

朴 : お鍋に 鳥肉や じゃが芋、人参、玉ねぎ、コチュジャン などを
入れて 煮込んだ 韓国の 家庭料理ですよ。

末広 : あ、それ 食べてみたいですね。

朴 : それじゃ、今日のお昼は
それにしましょう。

末広 : は~い。早く 食べたいですね。

❀ **상황**

아침 등굣길 박혜성과 스에히로 요시노가 학교 언덕길을 오르면서 오늘 점심으로 뭐 먹을 것인지 이야기 나누고 있습니다.

낱말과 표현

- 坂道(さかみち) 언덕길
- 大変(たいへん)だ 힘들다, 고생스럽다
- よね <종조사> 상대에게 확인하고 동의를 구하는 뜻을 나타냄. ~이죠?
- 疲(つか)れる 지치다, 피로해지다
- タッポックムタン 닭볶음 탕
- お鍋(なべ) 냄비
- 鳥肉(とりにく) 새고기, 닭고기
- や <조사> ~이랑
- じゃが芋(いも) 감자
- 人参(にんじん) 당근
- 玉(たま)ねぎ 양파
- コチュジャン 고추장
- など <조사> 등
- 煮込(にこ)む (여러 재료를 넣고) 함께 끓이다, 익히다, 조리다
- 家庭料理(かていりょうり) 가정요리
- ~にする ~(으)로 하다

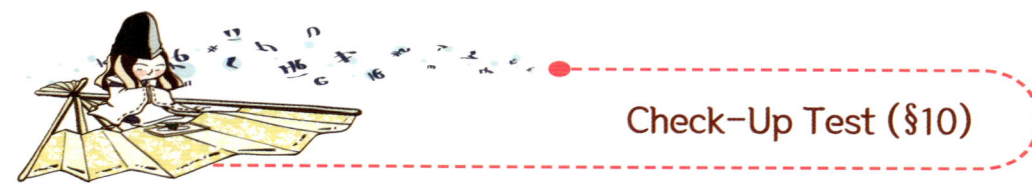

Check-Up Test (§10)

Q1. 다음 동사를「た형」으로 만들어 보시오(히라가나로 쓸 것).

동사기본형	た형	동사기본형	た형
1) 聞く(듣다)		7) 吸う(빨아들이다)	
2) 脱ぐ(벗다)		8) 持つ(들다)	
3) 呼ぶ(부르다)		9) 送る(보내다)	
4) 刺す(찌르다)		10) 飲む(마시다)	
5) 見る(보다)		11) 来る(오다)	
6) 調べる(조사하다)		12) 減る(줄다)	

Q2. 주어진 단어를 활용하여 빈칸을 채워보시오(히라가나로 쓸 것).

1) _____ ほうが いいです。(←勉強する)

2) _____ ほうが いいです。(←食べる)

3) _____ ほうが いいです。(←帰る)

Q3. 다음 중에서「た」의 용법이 다른 하나를 고르시오.

① 今朝 高速道路で 事故が あった。　　＊高速道路: 고속도로　＊事故: 사고

② 彼は 先週 日本へ 行った。

③ 昨日 一人で 映画を 見た。　　＊一人で: 혼자서

④ とがった 針が 怖い。　　＊針: 바늘, 침

Q4. 다음 질문을 (　)안의 어구를 사용하여「~たり~たりします」표현으로 대답해 보시오.

1) 日曜日は 何を しますか。(テレビを見る/本を読む)

2) 暇な 時は 何を しますか。(歌を歌う/お茶を飲む)

3) 週末は 何を しますか。(勉強する/レポートを書く)

Q5. 다음 밑줄 친 부분의 우리말을 일본어로 바르게 옮긴 것을 고르시오.

> 昨日　デパートで　<u>산</u>　くつです。

① 買んた　　② 買った　　③ 買う　　④ 買います

Q6. 다음 문장 중에서 문법적으로 틀린 것을 고르시오.

① このネクタイは 先月 買った ところです。
② 最近 ブログを はじめた ばかりです。
③ わたしは、今、家へ 帰ってきた ばかりです。
④ ただいま 学校から 帰ってきた ところです。

Chapter 11

동사4
- 동사의 ない형 -

학습목표

- 동사의 「ない형」 만드는 법을 익혀 반말 부정표현을 할 수 있고, 「ない형」을 이용한 주요 문형을 표현할 수 있다.

학습포인트

- 동사 「ない형」의 정의
- 동사 「ない형」 만들기
- 조동사 「ない」의 과거형
- 동사의 부정 중지법(~ないで, ~なくて)
- 동사 「ない형」에 접속되는 주요 문형
- 동사 「ない형」을 활용한 회화 및 독해 연습

Chapter 11
동사4 - 동사의 ない형 -

1. 동사의 「ない형」

일본어 동사를 부정표현으로 만들 때에는 우리말「~지 않다」에 해당하는 조동사「ない」를 동사에 접속시켜 표현하는데, 이때 일어나는 동사의 어미변화(활용) 형태를「ない형(부정형)」이라고 합니다.

> 예
> · 遊ぶ(놀다) → 遊ばない(놀지 않다)
> · 食べる(먹다) → 食べない(먹지 않다)

조동사「ない」는 기본형 그대로 문장을 끝맺기도 하며, 명사를 수식하기도 합니다.

> 예
> · アン先生は 肉を 食べない。(안 교수님은 고기를 먹지 않는다.) ➡ 종지형
> · 朝食を 食べない 人が 多い。(아침밥을 먹지 않는 사람이 많다.) ➡ 명사수식형

2. 동사의 「ない형」 만들기

1) 1그룹 동사의 「ない형」

어미「う단」([u]음)을「あ단」([a]음)으로 고친 후에「ない」를 붙입니다. 단, 어미가「う」로 끝나는 동사에 한해서는 어미를「わ」로 고치고,「ない」를 붙입니다.

144 ようこそ 일본어문법

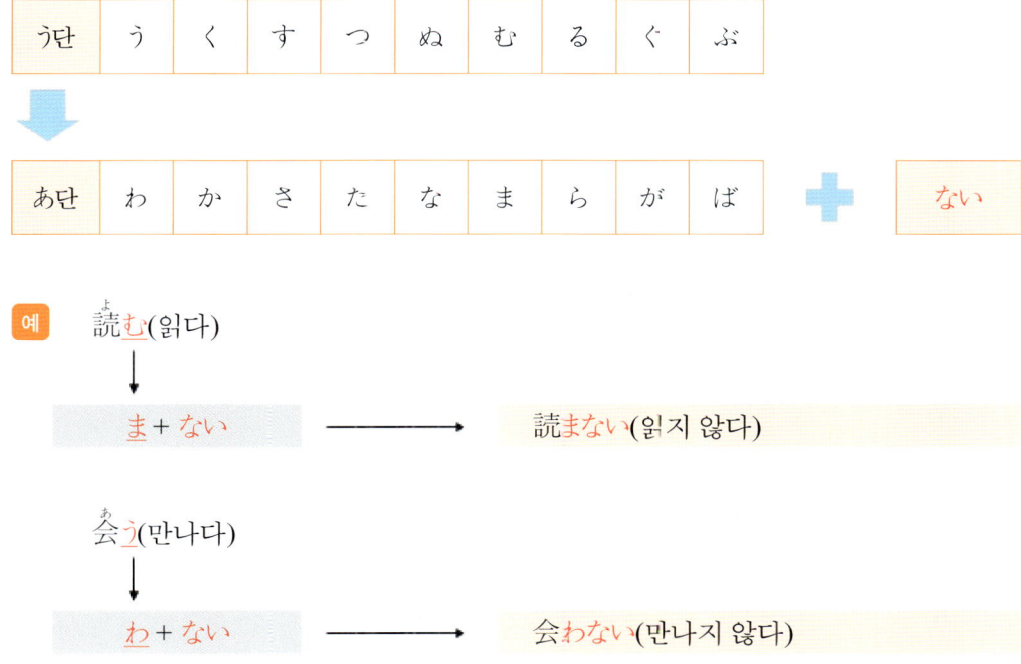

고쳐보기 1

- 乗る(타다) → 乗らない(타지 않다)
- 待つ(기다리다) → 待たない(기다리지 않다)
- 笑う(웃다) → 笑わない(웃지 않다)

> **Cf** 단, 존재동사 「ある(있다)」는 1그룹 동사이지만, 부정표현은 「あらない」라고 하지 않고, 「없다」란 의미의 형용사 「ない」로 표현합니다.

문장연습 1

- 時間は 誰も 待たない。(시간은 아무도 기다리지 않는다.)
- 私は 自動車に 乗らない。(나는 자동차를 타지 않는다.)
- 私は 宝くじを 買わない。(나는 복권을 사지 않는다.)
- 去年 買った ズボンが 入らない。(작년에 산 바지가 들어가지 않는다.)

2) 2그룹 동사의 「ない형」

동사의 어미 「る」를 삭제하고, 바로 어간에 「ない」를 붙입니다. 결국 2그룹 동사의 「ない형」은 「ます형」과 동일한 형태가 됩니다.

공 식	~る → ~ない

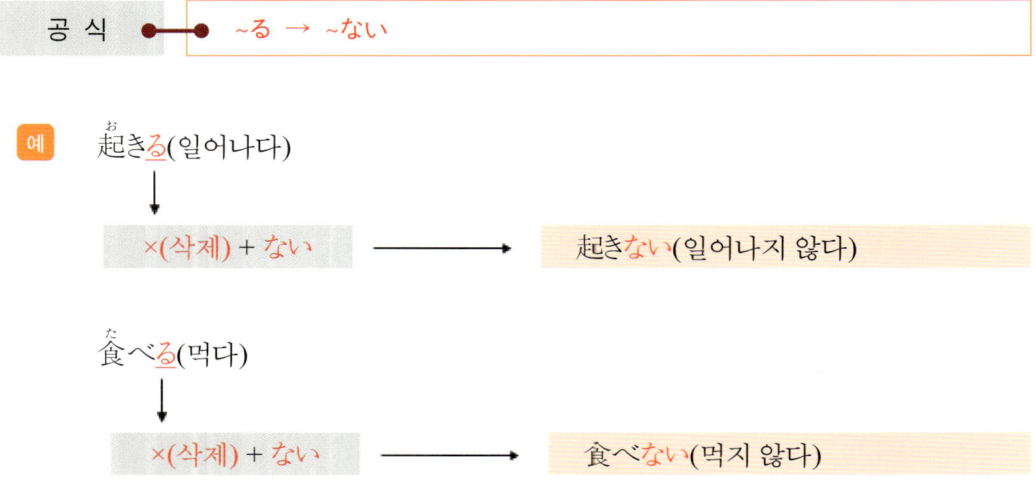

고쳐보기 2

- 借りる(빌리다) → 借りない(빌리지 않다)
- 降りる(내리다) → 降りない(내리지 않다)
- 入れる(넣다) → 入れない(넣지 않다)
- 答える(대답하다) → 答えない(대답하지 않다)

문장연습 2

- 彼女は テレビを 全く 見ない。 (그녀는 TV를 전혀 보지 않는다.)
- 東京の 高校生は コートを 着ない。 (동경의 고등학생은 코트를 입지 않는다.)
- ランチは 一人で 食べない。 (점심은 혼자서 먹지 않는다.)
- 私は コーヒーに お砂糖は 入れない。 (나는 커피에 설탕은 넣지 않는다.)

3) 3그룹 동사의「ない형」

3그룹 동사「来る」와「する(「동작성 명사 + する」포함)」는 불규칙 활용을 하기 때문에 무조건 암기하는 게 좋습니다.

> **예**
> ・来る(오다) → 来ない(으지 않다)
> ・する(하다) → しない(하지 않다)

문장연습 3

・雨の日は なかなか お客さんが 来ない。(비 오는 날은 좀처럼 손님이 오지 않는다.)
・後悔しない 人生を 送りたい。(후회하지 않는 인생을 보내고 싶다.)

3. 조동사「ない」의 과거형

부정을 나타내는 조동사「ない」의 과거형은「なかった」인데, 이 형태 이대로 문장을 끝맺거나 명사를 수식할 수도 있습니다.

> **공식** ~ない → ~なかった

> **예**
> ・彼女は 本を 読まなかった。(그녀는 책을 읽지 않았다.)
> ・今日は 勉強を しなかった。(오늘은 공부를 하지 않았다.)
> ・桜が 咲かなかった 春は なかったです。(벚꽃이 피지 않았던 봄은 없었어요.)

4. 동사의 부정 중지법

1)「~ないで」(~지 않고, ~지 말고)

「~ないで」는 뒷문장의 사태가 실현될 때의 상황이나 방법 등을 나타내며,「~하지 않은 상태로」라는 의미로 주로 사용됩니다. 또한 이것은 앞 문장과 뒷문장을 단순히 병렬관계로 연결하는 경우에도 쓰입니다.

부대상황	・昨日は 窓を 閉めないで、寝ました。 (어제는 창문을 닫지 않고 잤습니다.) ・本を 見ないで、答えてください。 (책을 보지 말고 대답해주세요.)
방법	・バスに 乗らないで、学校へ 行った。 (버스를 타지 않고 학교에 갔다.)
병렬	・彼は 合格しないで、彼女は 合格した。 (그는 합격하지 않았고, 그녀는 합격했다.)

2)「~なくて」(~않고, ~않아서)

주로 앞 문장의 사태가 뒷문장의 원인이나 이유가 되는 인과관계를 나타냅니다. 또한「ないで」와 마찬가지로 앞문장과 뒷문장을 병렬관계로 표현하기도 합니다.

원인・이유	・下痢が 止まらなくて 遅刻した。(설사가 멈추지 않아서 지각했다.) ・妹が 来なくて 心配した。(여동생이 오지 않아서 걱정했다.)
병렬	・彼は 合格しなくて、彼女は 合格した。 (그는 합격하지 않았고, 그녀는 합격했다.)

5. 동사「ない형」에 접속되는 주요 문형

01 「~ないで ください」(~하지 마세요, ~하지 말아주세요)

상대방에게 어떤 행위를 정중하게 금지 요청할 때 사용하는 표현입니다. 친한 사이이거나 손아랫사람에게는 「ください」를 생략하고, 「~ないで」만을 써서 「~(하지) 마」라는 강한 금지 표현으로 사용합니다.

> **예**
> - 大きな 声を 出さないで ください。(큰소리를 내지 마세요.)
>   → 大きな 声を 出さないで。(큰 소리를 내지마!)
> - ここで たばこを 吸わないで ください。(여기서 담배를 피우지 말아주세요.)
>   → ここで たばこを 吸わないで。(여기서 담배 피우지 마!)

02 「~ない ほうが いいです」(~하지 않는 편/것이 좋습니다)

「~た ほうが いいです(~편이 좋습니다)」의 부정표현으로 상대방에게 제안이나 충고를 할 때 사용됩니다.

> **예**
> - 無理しない ほうが いいです。(무리하지 않는 것이 좋습니다.)
> - 胃が 悪い 人は、コーヒーを 飲まない ほうが いいです。
>   (위가 나쁜 사람은 커피를 마시지 않는 것이 좋습니다.)
> - たばこは 吸わない ほうが いいです。(담배는 피우지 않는 것이 좋습니다.)

03 「~なくても いいです」(~하지 않아도 됩니다)

일종의 허가를 나타내는 표현이며, 「する 必要が ありません(~할 필요가 없습니다)」과 같은 의미로 사용되는 표현입니다.

> **예**
> - 明日は 学校へ 行かなくてもいいです。(내일은 학교에 가지 않아도 됩니다.)
> - 答えは 日本語で 書かなくてもいいです。(답은 일본어로 쓰지 않아도 됩니다.)
> - 心配しなくてもいいです。(걱정하지 않아도 됩니다.)

04 「~なければ なりません」(~하지 않으면 안 됩니다, ~해야 합니다)

사회에서 일반적으로 기대되는 의무나 필요를 나타내는 표현입니다. 우리말은 의무나 필요를 나타낼 때 일반적으로 「~해야 합니다」라고 말하지만, 일본어는 이중부정으로 「~하지 않으면 안 됩니다」라고 표현합니다. 같은 표현으로 「なくては なりません」이 있습니다.

> 예
> ・学生は 勉強しなければ なりません。(학생은 공부하지 않으면 안 됩니다.)
> ・A : 今晩 勉強しなければ なりませんか。(오늘 밤 공부하지 않으면 안 됩니까?)
>   B : はい、勉強しなければ なりません。(예, 공부하지 않으면 안 됩니다.)
>   いいえ、勉強しなくてもいいです。(아니오, 공부하지 않아도 됩니다.)

05 「~なくては いけません」(~하지 않으면 안 됩니다, ~해야 합니다)

이 문형도 동사의 이중 부정문으로 개별적인 의무나 필요를 나타내는 표현인데, 주로 상대에게 주의를 주거나 명령을 할 때 사용됩니다.「~なければ いけません」으로 바꾸어 쓸 수 있습니다.

> 예
> ・レポートは 出さなくては いけません。(레포트는 제출하지 않으면 안 됩니다.)
> ・学校には 行かなくては いけません。(학교에는 가지 않으면 안 됩니다.)

회화 및 독해연습

お風呂に 入らない ほうが いいですね。

医者 : どうしましたか。

患者 : 昨日から 食欲が なくて、体が だるいんです。
それから 喉も 痛みます。

医者 : じゃ、熱を 測って みましょう。
風邪ですね。熱が 38度も あります。

患者 : そうですか。

医者 : 薬を 出しますから、一日 3回 食後に 飲んでください。

患者 : 先生、お風呂には 入っても いいですか。

医者 : いいえ、今日は お風呂には 入らない ほうが いいですね。
風邪の時は あまり 無理しないで、おいしい 物を
たくさん 食べて、ゆっくり 休んだ ほうが いいですよ。

患者 : はい、分かりました。ありがとうございます。

医者 : お大事に。

❀ 상황

병원에서 의사(여자)와 환자(남자)가 나누는 대화입니다.

낱말과 표현

- 食欲 식욕
- んです ~해요, ~한 걸요
- 痛む 아프다, 욱신거리다
- 測る 재다
- 風邪 감기
- 出す 내다, 처방하다
- 食後 식후
- 無理 무리
- たくさん 많이
- 分かる 알다, 이해하다
- 体がだるい 몸이 나른하다
- 喉 목구멍, 목
- 熱 열
- 度 각도, 온도 등의 단위
- 薬 약
- 一日 하루
- お風呂に入る 목욕하다
- 物 물건, 것
- ゆっくり 천천히, 느긋하게
- お大事に 몸조심 하세요

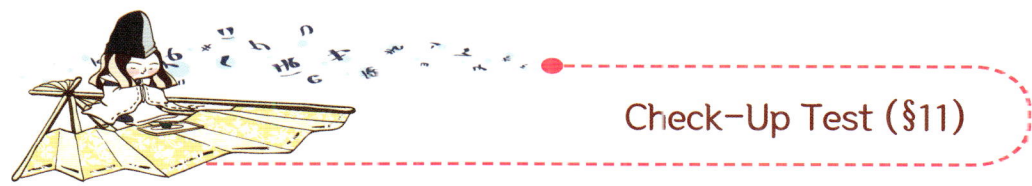

Check-Up Test (§11)

Q1. 다음 동사를 「ない형」으로 만들어보시오(히라가나로 쓸 것).

동사기본형	ない형	동사기본형	ない형
1) 聞く(듣다)		7) 吸う(빨아들이다)	
2) 脱ぐ(벗다)		8) 持つ(들다)	
3) 呼ぶ(부르다)		9) 送る(보내다)	
4) 刺す(찌르다)		10) 飲む(마시다)	
5) 見る(보다)		11) 来る(오다)	
6) 調べる(조사하다)		12) 減る(줄다)	

Q2. ( )안의 단어를 사용하여 문장을 완성해 보시오. (히라가나로 쓸 것).

1) _____ ないでください。(←散歩する)

2) _____ ないでください。(←答える)

3) _____ ないでください。(←しゃべる)

Q3. 다음 표현을 「~ない ほうが いいです」를 사용하여 문장을 완성해 보시오.

1) 授業を休む → _____

2) 車を止める → _____

3) お風呂に入る → _____

Q4. 다음 밑줄 친 부분의 표현으로 올바른 것을 고르시오.

1) <u>자지 않고</u> 勉強しました。
　① 寝ない　　　　　　　② 寝ませんで
　③ 寝ないで　　　　　　④ 寝なくて

2) <u>술을 마시지 않는</u> ほうがいいです。
　① お酒を 飲まない　　　② お酒を 飲みます
　③ お酒を 飲みません　　④ お酒を 飲まないで

Chapter 12

동사5
– 동사의 의지 · 가정 · 명령형 –

학습목표

- 동사를 의지형, 가정형, 명령형으로 바꿀 수 있고, 각각의 용법을 이해하고 표현할 수 있다.

학습포인트

- 동사의 의지형
- 동사의 가정형
- 동사의 명령형
- 동사의 의지, 가정, 명령형을 활용한 회화 및 독허연습

Chapter 12
동사5 - 동사의 의지·가정·명령형 -

1. 동사의 의지형

화자의 의지를 나타내거나 상대방에게 행동을 제안하거나 권유할 때는 「~해야겠다/~해야지」라는 의미의 조동사 「う」나 「よう」를 동사에 접속하여 표현합니다. 이때 변화된 동사의 어미 형태를 의지형이라고 합니다.

1) 동사 의지형 만들기

① 1그룹동사(5단활용동사)

어미 「う」단을 「お」단으로 바꾸고, 조동사 「う」를 붙입니다.

う단	う	く	す	つ	ぬ	む	る	ぐ	ぶ

⬇

お단	お	こ	そ	と	の	も	ろ	ご	ぼ	＋	う

예  作る(만들다)
↓
る + う ⟶ 作ろう(만들어야지/만들자)

고쳐보기 1

- 会う(만나다) → 会おう(만나야지/만나자)
- 書く(쓰다) → 書こう(써야지/쓰자)
- 待つ(기다리다) → 待とう(기다려야지/기다리자)
- 読む(읽다) → 読もう(읽어야지/읽자)
- 遊ぶ(놀다) → 遊ぼう(놀아야지/놀자)

문장연습 1

- 明日は 花子に 会いに 行こう。(내일은 하나코를 만나러 가야지.)
- A: もう 5時だから 帰ろう。(벌써 5시니까, 집에 (돌아)가자.)
  B: うん、そうしよう。(응, 그렇게 하자.)

② 2그룹동사(1단활용동사)

어미「る」를 삭제하고, 어간에 조동사「よう」를 붙입니다.

~る ➡ ~よう

예　見る(보다)
↓
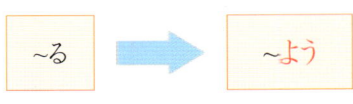　⟶　見よう(봐야지/보자)

고쳐보기 2

- 起きる(일어나다) → 起きよう(일어나야지/일어나자)
- 借りる(빌리다) → 借りよう(빌려야지/빌리자)
- 食べる(먹다) → 食べよう(먹어야지/먹자)
- 寝る(자다) → 寝よう(자야지/자자)
- 別れる(헤어지다) → 別れよう(헤어져야지/헤어지자)

문장연습 2

- 明日からは 早く 起きよう。(내일부터는 빨리 일어나야지.)
- A: まだ、時間が あるから、映画を 見よう。(아직 시간이 있으니까, 영화를 보자.)
  B: そうしよう。(그렇게 하자.)

③ 3그룹동사(불규칙동사/변격동사)

3그룹동사「来る」「する」는 다음과 같이 불규칙적으로 활용을 하므로 무조건 암기합시다.

예 来る(오다) → 来よう(와야지/오자)
　　　する(하다) → しよう(해야지/하자)

문장연습 3

- 明日 また ここに 来よう。(내일 또 여기에 오자.)
- もう 疲れた。明日に しよう。(이제 피곤하다. 내일 해야지.)

2) 동사 의지형의 용법

　동사의 의지형「~う/よう」는「ましょう」의 보통체로 주로 의지나 권유의 용법으로 쓰입니다. 그밖에「추측」을 나타내는 용법도 있습니다.

① 화자의 의지

- よし、君が 来るまで 待とう。(좋아, 네가 올 때까지 기다리겠다.)
- 花子に お金を 借りよう。(하나코에게 돈을 빌려야지.)
- 明日は 早く 起きて 勉強しよう。(내일은 빨리 일어나서 공부해야지.)
  ⇒ 화자가 혼잣말을 하거나 결의를 할 때 사용됩니다.

② 상대방에게 권유 및 제안

- もう 家に 帰ろう。(이제 집에 가자.)
- お腹 空いた。早くご飯 食べよう。(배고프다. 빨리 밥 먹자.)
- タクシーで 行こう。(택시로 가자.)
  ⇒ 상대방이 손아랫사람이나 친한 사람의 경우에 사용됩니다.

③ 화자의 추측

- 明日は 晴れよう。(내일은 맑을 것이다.)
- ひとりで 起きられよう。(혼자서 일어날 수 있을 것이다.)
  ⇒ 동사의 의지형 「~う/よう」가 추측의 용법으로 사용되는 일은 점차 감소되고 있습니다. 위의 「晴れよう」는 보통 「晴れるだろう」라고 표현합니다. 즉 추측의 용법으로는 일반적으로 「だろう」를 사용합니다.

3) 동사 의지형에 접속되는 문형

01 「~う/ようと思う」(~하려고 생각하다)

화자가 혼잣말이나 자신의 결의를 나타낼 때는 의지형만을 사용하지만, 상대방에게 자신의 의지를 표명할 때는 의지형 뒤에 「~と思う(라고 생각하다)」를 붙여서 사용합니다.

- あの建物を 使おうと思います。(저 건물을 사용하려고 생각합니다.)
- 私は 大学で 法律を 勉強しようと思います。
  (저는 대학에서 법률을 공부하려고 생각합니다.)

02 「~う/ようとする」 (~하려고 하다)

동작이나 작용이 행해지기 직전의 상태를 나타내거나 어떤 동작을 하려는 시도를 나타냅니다.

- 日が 暮れようとしている。 (해가 지려고 하고 있다.)
- 彼は 一生懸命 日本語で 話そうとしています。
 (그는 열심히 일본어로 말하려고 하고 있습니다.)

2. 동사의 가정형

동사의 가정형이란 동사에 접속조사 「ば」를 접속시킨 동사의 어미 형태를 말하며, 우리말 「~하면」에 해당합니다. 이 형태는 조건형이라고도 불립니다.

1) 동사 가정형 만들기

① 1그룹동사(5단활용동사)

어미 「う」단을 「え」단으로 바꾸고, 뒤에 「ば」를 붙입니다.

| う단 | う | く | す | つ | ぬ | む | る | ぐ | ぶ |

⬇

| え단 | え | け | せ | て | ね | め | れ | げ | べ | ＋ ば |

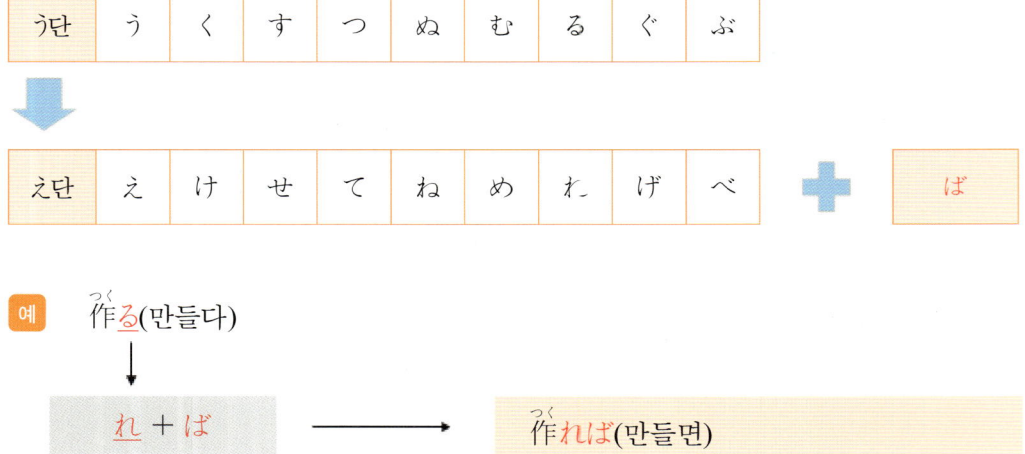

예 作る(만들다)
↓
れ + ば　　→　　作れば(만들면)

고쳐보기 3

- 会う(만나다) → 会えば(만나면)
- 行く(가다) → 行けば(가면)
- 押す(누르다) → 押せば(누르면)
- 死ぬ(죽다) → 死ねば(죽으면)
- 走る(달리다) → 走れば(달리면)

문장연습 4

- デパートに 行けば あります。(백화점에 가면 있습니다.)
- よく 聞けば 聞こえる。(잘 들으면 들린다.)
- 人間 誰でも 話せば 分かります。(인간 누구라도 이야기하면 압니다.)
- あなたが 死ねば 悲しむ 人が 必ず います。
  (당신이 죽으면 슬퍼할 사람이 반드시 있습니다.)
- もし 雨が 降れば 試合を 中止します。(만약 비가 내리면 시합을 중지합니다.)

② 2그룹동사(1단활용동사)

어미 「る」를 「れ」로 고치고, 뒤에 「ば」를 붙입니다.

~る ➡ ~れば

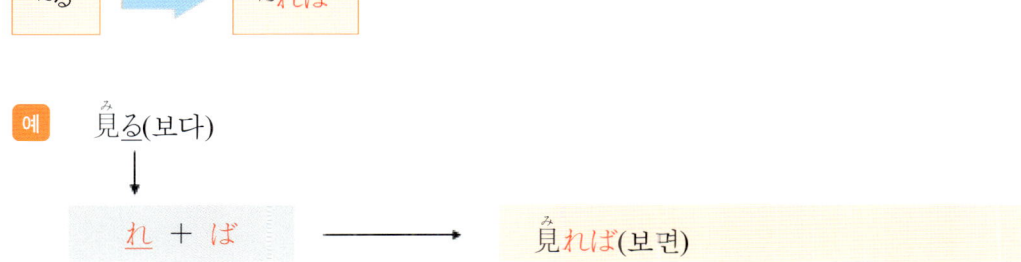

예 見る(보다)
    ↓
    れ + ば ─── 見れば(보면)

고쳐보기 4

- 覚える(외우다) → 覚えれば(외우면)
- 起きる(일어나다) → 起きれば(일어나면)
- 食べる(먹다) → 食べれば(먹으면)
- 寝る(자다) → 寝れば(자면)

문장연습 5

- この窓を 開ければ 何が 見えますか。(이 창문을 열면 무엇이 보입니까?)
- 眼鏡を 掛ければ 見えます。(안경을 쓰면 보입니다.)
- 勝てば 天国、負ければ 地獄！(이기면 천국, 지면 지옥!)
- どんな 病気も 温めれば 治る。(어떤 병도 따뜻하게 하면 낫는다.)

③ 3그룹동사(불규칙동사/변격동사)

3그룹동사「来る(오다)」와「する(하다)」(「동작성명사+する」도 포함)는 변칙적으로 활용하므로 그냥 암기해 주세요.

- 来る(오다) → 来れば(오면)
- する(하다) → すれば(하면)

문장연습 6

- 春が 来れば 暖かく なります。(봄이 오면 따뜻해집니다.)
- どう すれば いいですか。(어떻게 하면 좋습니까?)
- この先生と 勉強すれば 必ず 成績が 上がります。
  (이 선생님과 공부하면 반드시 성적이 올라갑니다.)

2) 동사 가정형의 용법

① 일반적인 가정조건
- 明日 時間が あれば 出かけます。(내일 시간이 있으면 외출하겠습니다.)
- この薬を 飲めば すぐ 治ります。(이 약을 먹으면 금방 낫습니다.)

② 진리・자연현상・습관・일반적 사실・추상적인 논리관계 등
- 春になれば、花が 咲きます。(봄이 되면 꽃이 핍니다.)
- ちりも 積れば、山と なる。(티끌모아 태산)

③ 사실과 반대되는 가정
- 一億 あれば、世界一周が したい。(1억 있으면 세계 일주를 하고 싶다.)
- もう 少し 早く 行けば、会えたのに。(좀 더 빨리 갔으면 만날 수 있었을 텐데.)

3) 동사 가정형에 접속되는 주요문형

① ~ば ~ほど (~하면 ~할수록)
하나의 일이 진행됨에 따라서 다른 일도 함께 진행된다는 것을 나타냅니다.
- あまいものを 食べれば 食べるほど、太ります。(단 것을 먹으면 먹을수록 살찝니다.)
- 外国語は 勉強すれば (勉強)するほど 面白い。
  (외국어는 공부하면 (공부)할수록 재미있다.)

② ~も ~ば ~も (~도 하거니와 ~도 한다)
「ば」의 전후에 조사「も」를 동반해서 유사한 사물이나 사건을 나열하여 강조할 때 쓰입니다.
- 彼は 野球も できれば テニスも できる。
  (그는 야구도 할 수 있거니와 테니스도 할 수 있다.)
- あの店には 教科書も あれば 雑誌も ある。
  (저 가게에는 교과서도 있고 잡지도 있다.)

3. 동사의 명령형

　명령형은 상대방에게 어떤 행위를 지시할 때 사용되는 표현이며, 우리말「~해라」에 해당됩니다. 이것은 동사의 종류에 따라 활용의 형태가 다릅니다.

1) 동사 명령형 만들기

① 1그룹동사(5단활용동사)

어미「う」단을「え」단으로 바꾸고, 뒤에 아무것도 붙이지 않습니다.

う단	う	く	す	つ	ぬ	む	る	ぐ	ぶ
え단	え	け	せ	て	ね	め	れ	げ	べ

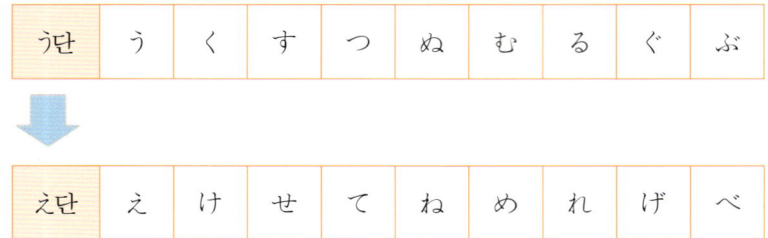

예 作る(만들다) → 作れ(만들어라)

고쳐보기 5

- 押す(누르다) → 押せ(눌러라)
- 待つ(기다리다) → 待て(기다려라)
- 読む(읽다) → 読め(읽어라)
- 走る(놀다) → 走れ(달려라)

문장연습 7

- さっさと 歩け。遅刻だ。(빨랑빨랑 걸어라! 지각이다 !)
- よし、今だ。押せ。(좋아, 지금이다! 눌러라!)
- そこに 止まれ。(거기 서라!)
- いま すぐ 書け! (지금 바로 써라!)

② 2그룹동사(1단활용동사)

어미 「る」를 삭제하고, 어간에 「ろ」나 「よ」를 붙입니다.

예 見る(보다)

※ 「~よ」는 오래된 말투이며, 문어체에서 주로 사용합니다. 회화체에서는 주로 「~ろ」의 형태를 많이 사용합니다.

고쳐보기 6

- 覚える(외우다) → 覚えろ / 覚えよ(외워라)
- 着る(입다) → 着ろ / 着よ(입어라)
- 寝る(자다) → 寝ろ / 寝よ(자라)
- 混ぜる(섞다) → 混ぜろ / 混ぜよ(섞어라)

> **문장연습 8**

- 朝だよ。起きろ。(아침이다. 일어나라!)
- お前、野菜も食べろ。(너 야채도 먹어라!)
- こら、やめろ。(이봐 그만둬!)
- 見よ！読め！動け！(봐라! 읽어라! 움직여라!)

③ 3그룹동사(불규칙동사/변격동사)

3그룹동사「来る(오다)」와「する(하다)」(「동작성명사+する」도 포함)는 변칙적으로 활용하므로 그냥 암기해 주세요.

- 来る(오다) → 来い(와라)
- する(하다) → しろ / せよ(해라)

※「せよ」는 오래된 말투이며, 문어체에서 주로 사용한다. 회화체에서는 주로「しろ」를 사용합니다.

> **문장연습 9**

- 自分が納得するまで何度でも行って来い。
  (자기가 납득할 때까지 몇 번이라도 갔다 와라.)
- 急いでいるから、早くしろ。(서두르고 있으니까, 빨리 해라!)
- 早く勉強しろ。(빨리 공부해라!)
- 次の問題を解釈せよ。(다음 문제를 해석하라.)

2) 동사 명령형의 용법

① 일상생활에서는 거의 사용되지 않고, 주로 인용문 속에서 사용됩니다.

- 父は弟に「ひとりで行け」と言いました。
  (아버지는 남동생에게「혼자서 가」라고 말했습니다.)
- 男は警官に「撃ってみろ」と言った。(남자는 경찰에게「쏴봐」라고 말했다.)

② 일상생활에서 명령형을 그대로 사용하면 상당히 강한 말씨가 됩니다. 확실한 상하관계가 없으면 일반적으로 사용하지 않습니다.

- ちゃんと 報告しろ。(제대로 보고해!)
- お前、もう少し 真剣に 練習しろ。(너, 좀 더 진지하게 연습해라!)

③ 친구 간에 사용할 경우에는 명령형 뒤에 보통 「よ」를 붙여서 씁니다.

- うちに 遊びに 来いよ。(우리집에 놀러와.)
- お前、ダイエットしろよ。(너, 다이어트해라)

회화 및 독해연습

ウォーターパークに 行こう。

ヘソン　：ねえ、あやこちゃん、来週のテストの後、週末は 何を する つもり？

あやこ　：特に 予定は ないけど。

ヘソン　：じゃ、いっしょに 海に 遊びに 行かない？

あやこ　：海は ちょっと。
今は 色白ブームだし、日焼けしたくないわ。

ヘソン　：じゃ、ウォーターパークに 行こう。
室内で 遊べば、日焼けの 心配も ないよ。

あやこ　：それは いいわ。
ところで、ウォーターパークには 車で 行く、バスで 行く？

ヘソン　：週末は 込むから バスで 行こう。
シャトルバスを 利用すれば とても 便利だよ。

あやこ　：そうなんだ!

ヘソン　：僕が 時間や 場所などを 調べておくよ。

あやこ　：じゃ、よろしくね。

❁ **상황**

박혜성이 여자친구 야스다 아야코에게 다음 주 시험이 끝나면 주말에 놀러가자고 합니다.

낱말과 표현

- ねえ <감동사> 다정하게 말을 걸거나, 다짐하거나 할 때 하는 말. 네,응
- 特(とく)に 특히, 특별히
- 予定(よてい) 예정
- ちょっと 잠깐, 좀, 약간
- 色白(いろじろ) 살갗이 흼, 또는 그런 사람
- ブーム 대유행, 붐
- 日焼(ひや)けする 헷볕에 타다, 해에 그을리다
- わ <종조사> 여성들이 주로 사용. 가벼운 주장, 결의, 영탄을 나타냄. …요
- ウォーターパーク 워터파크
- 室内(しつない) 실내
- 心配(しんぱい) 걱정
- 込(こ)む 붐비다, 혼잡을 이루다
- シャトルバス 셔틀버스
- 利用(りよう)する 이용하다
- 場所(ばしょ) 장소
- ~し ~고, ~니, ~인데
- ~ておく ~해 두다

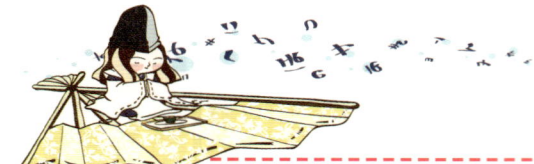

Check-Up Test (§12)

Q1. 다음 동사를 가정형(~ば)으로 바꾸어 보시오.

1) 行く → _____   2) 来る → _____
3) 降る → _____   4) する → _____

Q2. 다음 동사를 명령형으로 바꾸어 보시오.

1) 行く → _____   2) 来る → _____
3) 降る → _____   4) する → _____

Q3. 다음 표현을 의지형(う/よう)으로 바꾸어 보시오.

1) ちょっと 休む → _____
2) 呼ぶ   → _____
3) 話す   → _____
4) 映画を 見る   → _____

Q4. 다음 각 문장을 보기와 같이 고쳐보시오.

> 今日は この本を 読みます。
> → 今日は この本を 読もうと 思います。

1) 今夜は 早く 寝ます。
   → _____

2) これから 真面目に 勉強します。
    → _____

3) また 来ます。
    → _____

Q5. (　)안의 동사를 적절한 형태로 바꿔 문장을 완성하시오.

1) あの鳥は _____ としていますが、まだ 上手に 飛べません。(飛ぶ)
2) 家を _____ としたとき、電話のベルが なりました。(出る)
3) 友人が _____ としているとき、どう すれば いいのですか。
   (自殺する)

*電話のベルがなる: 전화벨이 울리다　　*自殺する: 자살하다

Chapter 13

존재 표현

학습목표

- 존재동사 「いる」, 「ある」의 쓰임을 익혀 존재문 표현에 활용할 수 있다.

학습포인트

- 존재동사의 정의
- 존재문의 정의 및 문형
- 존재문의 문답
- 「いる・ある」의 존재 이외의 용법
- 존재동사의 활용
- 장소 및 위치를 나타내는 말
- 何か/誰か
- 존재동사를 활용한 회화 및 독해 연습

Chapter 13
존재 표현

1. 존재동사

일본어에는 우리말 「있다」에 해당하는 존재 표현으로 「いる」와 「ある」가 있습니다.

いる(있다)	사람이나 동물의 존재를 나타낼 때 사용 (동작성이 있는 주체의 존재 표현)
ある(있다)	사물이나 식물의 존재를 나타낼 때 사용 (동작성이 없는 주체의 존재 표현)

예
- 学生が いる。(학생이 있다.) → 사람
- 猫が いる。(고양이가 있다.) → 동물
- 手帳が ある。(수첩이 있다.) → 사물
- 木が ある。(나무가 있다.) → 식물

2. 존재동사의 활용

1) いる

사람이나 동물의 존재를 나타내는 「いる」는 2그룹 동사(1단 동사) 활용을 합니다.

	보통체		정중체	
	긍정형	부정형	긍정형	부정형
비과거시제	いる	いない	います	いません
과거시제	いた	いなかった	いました	いませんでした

2) ある

사물이나 식물의 존재를 나타내는 「ある」는 1그룹 동사(5단 동사) 활용을 합니다. 단, 보통체 부정형은 「あらない」「あらなかった」라고 하지 않고, 「ない」「なかった」라고 표현합니다.

	보통체		정중체	
	긍정형	부정형	긍정형	부정형
비과거시제	ある	ない	あります	ありません
과거시제	あった	なかった	ありました	ありませんでした

3. 존재문

존재문이란 사람과 동물, 그리고 사물의 존재를 나타내는 문장을 말합니다. 존재장소는 조사 「に」로 나타내고 문형은 아래와 같은 형식을 취합니다.

Basic Pattern 1 ─● [장소] に　　[사람/동물] が　　いる

· 사람이나 동물의 존재이며, 주어가 신정보(新情報=이야기 속에 처음 나온 것)일 때 사용됩니다.

　예　- あそこに 田中さんが いる。(저기에 다나카 씨가 있다.)
　　　- 屋上に 犬が いる。(옥상에 개가 있다.)
　　　- 庭に にわとりが います。(뜰에 닭이 있습니다.)
　　　- ここに ゴキブリが います。(여기에 바퀴벌레가 있습니다.)

Basic Pattern 2	[장소] に　　[사물/식물] が　　ある

- 사물이나 식물의 존재이며, 주어가 신정보일 때 사용됩니다.

> **예**
> - 居間に テレビが ある。 (거실에 TV가 있다.)
> - 庭に 梅の木が たくさん ある。 (정원에 매호-나무가 많이 있다.)
> - 池に テニスボールが あります。 (연못에 테니스공이 있습니다.)
> - 公園に 自転車が あります。 (공원에 자전거가 있습니다.)

Basic Pattern 3	[사람/동물] は　　[장소] に　　いる

- 사람이나 동물의 존재이며, 주어가 구정보(이야기 속에 이미 나온 것) 일 때 사용됩니다. 「Basic Pattern 1(~に~がいる)」의 주어(사람이나 동물)를 주제화한 것으로 조사 「は」는 문장의 주제를 나타냅니다.

>   あそこに 田中さんが いる。 (저기에 다나카 씨가 있다.)
>   └─ 주어 ─┘
> → 田中さんは あそこに いる。 (다나카 씨는 저기에 있다.)

> **예**
> - 犬は 屋上に いる。 (개는 옥상에 있다.)
> - にわとりは 庭に います。 (닭은 뜰에 있습니다.)
> - ゴキブリは ここに います。 (바퀴벌레는 여기에 있습니다.)

Basic Pattern 4	[사물/식물] は　　[장소] に　　ある

- 사물이나 식물의 존재이며, 주어가 구정보일 때 사용됩니다. 「Basic Pattern 2(~に~が ある)」의 주어(사물이나 식물)를 주제한 것입니다.

居間に テレビが ある。(거실에 TV가 있다.)

→ テレビは 居間に ある。(TV는 거실에 있다.)

- テニスボールは 池に あります。(테니스공은 연못에 있습니다.)
- 自転車は 公園に あります。(자전거는 공원에 있습니다.)
- 梅の木は 庭に たくさん ある。(매화나무는 정원에 많이 있다.)

4. 장소 및 위치를 나타내는 말

1) 장소를 나타내는 コソアド

장소	ここ 여기	そこ 거기	あそこ 저기	どこ 어디
방향·장소	こちら(こっち) 이쪽/여기	そちら(そっち) 그쪽/거기	あちら(あっち) 저쪽/저기	どちら(どっち) 어느 쪽/어디

※ 「こっち・そっち・あっち・どっち」는 조금 편안한 분위기에서 사용되는 구어적 표현

- あそこに 銀行が あります。(저기에 은행이 있습니다.)
- 事務室は こちらです。(사무실은 여기입니다.)
- 朴さんは こっちに いますか。(박 씨는 여기에 있어요?)

2) 위치를 나타내는 명사

上 위	前 앞	右 오른쪽	中 안	横 옆, ㄱ-로	そば 곁, 근처
下 아래	後ろ 뒤	左 왼쪽	外 바깥	隣 옆, 이웃	-

예
- 駅の前に 銀行が あります。(역 앞에 은행이 있습니다.)
- 駅の後ろに 学校が あります。(역 뒤에 학교가 있습니다.)
- 椅子の上に 猫が います。(의자 위에 고양이가 있습니다.)
- テーブルの下に 黒い 猫が いた。(테이블 밑에 검은 고양이가 있었다.)
- チャンさんの隣に 李さんが います。(장 씨 옆에 이 씨가 있습니다.)

 **Tip**

「横」과「隣」의 차이

「横」

- 같은 종류, 다른 종류 상관없이 사용합니다.
- 어떤 것을 기준으로 해서 옆에 있는 것을 말합니다.

예
- 郵便局の横に 銀行が あります。(우체국 옆에 은행이 있습니다.)
- ゴミ箱の横に 猫が います。(쓰레기통 옆에 고양이가 있습니다.)

「隣」

- 같은 종류의 것이 나란히 있을 때 사용합니다. (이웃집, 옆자리의 의미)
- A와 B를 동등하게 놓고 말할 때 사용합니다.

예
- 本屋の隣に レストランが あります。(서점 옆에 레스토랑이 있습니다.)
- ミンホ君の隣に ユリさんが います。(민호 군의 옆에 유리 씨가 있습니다.)

5. 존재문의 문답

상대가 무엇을 묻는지 잘 파악하는 것이 중요하며, 대답하는 방법은 한국어와 같습니다.

1) 사람/동물의 존재

> 예
> - A : きっさてんの前に 中村さんが いますか。(찻집 앞에 나카무라 씨가 있습니까?)
>   B : はい、います。(네, 있습니다.)
>   　　いいえ、いません。(아니오, 없습니다.)
> - A : どこに 中村さんが いますか。(어디에 나카무라 씨가 있습니까?)
>   B : 部屋の中に います。(방 안에 있습니다.)
> - A : あそこに だれが いますか。(저기에 누가 있습니까?)
>   B : 中村さんが います。(나카무라 씨가 있습니다.)

2) 사물의 존재

> 예
> - A : 机の上に ノートが ありますか。(책상 위에 노트가 있습니까?)
>   B : はい、あります。(네, 있습니다.)
>   　　いいえ、ありません。(아니오, 없습니다.)
> - A : どこに ノートが ありますか。(어디에 노트가 있습니까?)
>   B : 椅子の下に あります。(의자 밑에 있습니다.)
> - A : 机の下に 何が ありますか。(책상 밑에 무엇이 있습니까?)
>   B : スリッパが あります。(슬리퍼가 있습니다.)

6. 何か/誰か

확실하게 특정할 수 없는 대상을 가리킬 때 사용하는 표현입니다. 사람에 대해서는 「誰か(누구인가)」를 사용하고, 물건이나 동식물에 대해서는 「何か(무엇인가)」를 사용합니다. 「誰か」 및 「何か」를 사용한 의문문에 대해서는 「はい」「いいえ」로 대답할 수 있습니다.

※　誰か(누구인가)　　vs　　誰が(누가)
　　何か(무엇인가)　　vs　　何が(무엇이)

예	
	・A : 屋上に 何か ありますか。(옥상에 무언가 있습니까?)
	B : はい、あります。(네, 있습니다.)
	いいえ、何も ありません。(아니오, 아무것도 없습니다.)
	・A : あそこに だれか いますか。(저기에 누군가 있습니까?)
	B : はい、います。(네, 있습니다.)
	いいえ、だれも いません。(아니오, 아무도 없습니다.)
	・A : ベットの下に 何か いますか。(침대 밑에 무언가 있습니까?)
	B : はい、います。(네, 있습니다.)
	いいえ、何も いません。(아무것도 없어요.)

7. 「いる・ある」의 존재 이외의 용법

동사 「いる」와 「ある」는 존재를 나타내는 표현이지만, 존재 이외의 용법도 있으므로 주의해야 합니다.

소유	・妹は 車が あります。(여동생은 자동차가 있습니다.) ・あの人には お金が あります。(저 사람에게는 돈이 있습니다.)
가족관계	・私は 弟が います/あります。(저는 남동생이 있습니다.) ・私には 子供が います/あります。(저에게는 아이가 있습니다.)
행사 등의 개최	・明日 パーティーが あります。(내일 파티가 있습니다.) ・明日 試験が あります。(내일 시험이 있습니다.)

회화 및 독해연습

男の兄弟は いませんね。

末広 : 朴さんは 何人家族ですか。

朴　 : 五人家族です。両親と 兄と 弟が います。

末広 : じゃ、女の 兄弟は いませんね。

朴　 : ええ。末広さんは 何人家族ですか。

末広 : 四人家族です。父と 母と 下に 妹が 一人 います。
　　　 あっ、それから、タマちゃんも います。

朴　 : タマちゃんは 誰ですか。

末広 : うちの ペットで、猫の 名前です。

朴　 : ああ、そうですか。タマちゃんは 何歳ですか。

末広 : 2歳です。家に 来てから 1年半に なります。

朴　 : それじゃ、もう 家族の 一員ですね。

末広 : はい、タマちゃんは 私の 家に いなくては いけない 存在です。

✿ 상황

박혜성과 스에히로 요시노가 서로의 가족관계에 대해 묻고 있습니다.

낱말과 표현

- 家族 (かぞく) 가족
- ペット 페트, 애완용 동물
- ~になる ~이 되다
- 一員 (いちいん) 일원, 한 구성원
- いなくてはいけない ~없어서는 안 된다, ~있어야 한다
- 存在 (そんざい) 존재

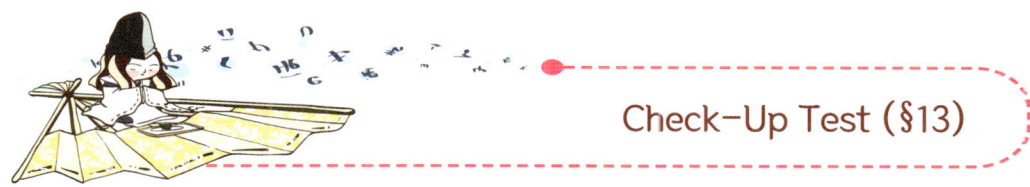

Check-Up Test (§13)

Q1. ( )안에 들어갈 알맞은 동사를 <보기>에서 골라 문장을 완성해 보시오.

あります います

 1) 部屋に 猫が (　　　　　　　　)。
 2) テーブルの下に 雑誌が (　　　　　　　　)。
 3) 清村(きよむら)さんは 図書館に (　　　　　　　　)。

Q2. 보기와 같이 괄호 안에 주어진 단어를 사용하여 질문에 답해 보시오.

ボールは どこに ありますか。(椅子・下) → 椅子の 下に あります。

 1) 猫は どこに いますか。(車・上)
　　→ ＿＿＿＿＿＿＿＿＿＿＿＿＿＿＿＿＿＿＿＿＿。
 2) 李さんは どこに いますか。(田中さん・隣)
　　→ ＿＿＿＿＿＿＿＿＿＿＿＿＿＿＿＿＿＿＿＿＿。
 3) 車は どこに ありますか。(病院・前)
　　→ ＿＿＿＿＿＿＿＿＿＿＿＿＿＿＿＿＿＿＿＿＿。

Q3. 다음 괄호 안에 들어갈 알맞은 조사를 보기에서 골라 문장을 완성하시오.

に　か　と　の　も　や　が

 1) テーブル＿＿＿＿ 下にかばん＿＿＿＿ あります。

2) 消しゴムは 筆箱の中 ＿＿＿＿＿ あります。
3) 家に だれ ＿＿＿＿＿ いません。
4) 花屋は 郵便局 ＿＿＿＿＿ 銀行の間に あります。
5) 事務所に コンピューター ＿＿＿＿＿ 電話などが あります。

Q4. 다음 문장이 맞으면 「○」, 틀리면 「×」 하시오.

1) 時計は テーブルの 上に あります。(　　)
2) 猫は キムさんの 前に あります。(　　)
3) 教室に ごみばこが いません。(　　)

Q5. 다음 물음에 가장 적절한 대답을 고르시오.

> A: デパートは どこに ありますか。
> B: (　　　　　　　　　)

① デパートは ここに あります。
② デパートは ここに います。
③ はい、デパートは あります。
④ いいえ、デパートは ありません。

Chapter 14

보통체 표현

학습목표

- 명사문 · な형용사문 · い형용사문 · 동사문의 보통체 만드는 법을 익혀 반말로 일본어를 말할 수 있다.

학습포인트

- 정중체와 보통체의 정의
- な형용사문의 보통체
- 동사문의 보통체
- 정중체와 보통체를 활용한 회화 및 독해 연습
- 명사문의 보통체
- い형용사문의 보통체
- 보통체에 접속되는 주요 문형

Chapter 14
보통체 표현

1. 정중체와 보통체

일본어 문장 스타일은 술어의 형태를 중심으로 정중함의 정도에 따라 크게 정중체와 보통체로 나눌 수 있는데, 정중형을 사용한 문체를 정중체, 보통형을 사용한 문체를 보통체(반말체)라고 합니다.

정중형	「休みです」「寒いです」「静かです」「書きます」와 같이 문말에 「です」나 「ます」를 붙인 문장 형식
보통형	문말에 「です」나 「ます」를 붙이지 않은 문장 형식

일본어는 경어가 발달한 언어로 말하는 사람과 듣는 사람의 상하관계나 친밀도 등에 따라서 문체를 구별하여 사용합니다. 화자 자신보다 윗사람이거나 그다지 친하지 않은 상대와 대화를 할 때에는 정중체를 사용하게 되는데, 이는 「です・ます체」라고도 합니다.
　상대가 자신과 동등하거나 아랫사람, 가족이나 친한 관계인 경우에는 정중체보다 보통체를 사용하는 경향이 높습니다.

2. 명사문의 보통체

1) 비과거시제

① 긍정문

공 식	명사 + だ, ∅

명사 뒤에 우리말 「~이다/~이야」에 해당하는 표현 「~だ」를 붙여 나타냅니다. 회화체에서는 명사 뒤에 아무것도 붙이지 않고 표현하기도 합니다.

> 예
> - これ、日本語の本だよ。(이거, 일본어책이야.)
> - 今日は 水曜日だ。(오늘은 수요일이다.)
> - これ、日本語の本。(이거, 일본어책.)

② 부정문

공 식	명사 + では ない(=じゃ ない)

명사 뒤에 우리말 「~이 아니다」이 해당하는 표현 「では ない」를 붙여 나타냅니다. 회화체에서는 「では」를 보통 「じゃ」라고 말합니다.

> 예
> - それは 時計では ない。(그것은 시계가 아니다.)
> - 彼は 留学生じゃ ない。(그는 유학생이 아니야.)

③ 의문문

공 식	문말(명사)↗, 문말(명사) + か

일반적으로 술어인 명사 뒤에 아무것도 붙이지 않고, 문장 끝(명사)을 올려서 발음하면 의문문이 됩니다. 그밖에 명사 뒤에 의문의 종조사 「か」를 붙이는 방법도 있는데, 이는 나이든 남성이나 딱딱한 어투의 남성어에서 볼 수 있습니다.
 의문문에 대한 긍정 대답은 「うん」, 부정 대답은 「ううん」이라고 합니다.

> 예
> ・A：それ、フランス語?(그거 프랑스어니?)
> B：うん、そうだよ。(응, 그래.)
>   ううん、フランス語じゃないよ。(아니, 프랑스어 아냐.)
> ・それ、フランス語か。(그거 프랑스어냐?)

2) 과거시제

① 긍정문

> 공식 ● 명사 + だった

명사 뒤에「~だ(이다)」의 과거형인「~だった(이었다)」를 붙여서 표현합니다.

> 예
> ・昨日は 休みだった。(어제는 휴일이었다.)
> ・私も 昔は 大学生だった。(나도 옛날에는 대학생이었다.)
> ・昨日 ここは すごい 雨だったよ。(어제 여기는 굉장한 비였어.)

②부정문

> 공식 ● 명사 + では なかった(=じゃ なかった)

명사 뒤에「~이 아니었다」에 해당하는 표현「ではなかった」를 붙여 표현합니다.「ではなかった」는「ではない」의 과거형입니다. 회화체에서「では」는 물론「じゃ」라고 발음합니다.

> 예
> ・それは 時計では なかった。(그것은 시계가 아니었다.)
> ・彼は 留学生じゃ なかったよ。(그는 유학생이 아니었어.)

③의문문

> 공식 ● 문말(명사 + だった)↗, 문말(명사 + だった) + か

과거시제의 의문문도 문말(명사 + だった)을 올려서 발음하는 것이 일반적입니다. 나이든 남성이나 딱딱하고 투박한 어투를 사용하는 남성들은 문말(명사 + だった)에 종조사「か」를 붙여 표현하기도 합니다.

> **예**
> - A : 昨日は 休みだった? (어제는 휴일이었니?)
>   B : うん、休みだった。(응, 휴일이었어.)
>   ううん、休みじゃ なかった。(아니, 휴일이 아니었어.)
> - 昨日は 休みだったか。(어제는 휴일이었냐?)

3. な형용사문의 보통체

1) 비과거시제

①긍정문

> **공식** ● 기본형(~だ), 어간

기본형을 그대로 사용하여 표현할 수 있고, 회화체에서는 어미「だ」를 떼고, 어간만으로도 표현할 수 있습니다.

> **예**
> - 韓国の女性は きれいだ。(한국여성은 예쁘다.)
> - 韓国の女性は きれい。(한국여성은 예뻐.)

②부정문

> **공식** ● 어간 + では(=じゃ) ない

어간 뒤에「~지 않다」에 해당하는 표현「~では ない」를 붙여서 표현합니다. 회화체에서「では」는 보통「じゃ」라고 발음합니다.

> **예**
> - 韓国の女性は きれいでは ない。(한국여성은 예쁘지 않다.)
> - あの 人は ぜんぜん 親切じゃ ないよ。(저 사람은 전혀 친절하지 않아.)

③ 의문문

| 공 식 | な형용사의 어간(문말)↗, な형용사어간 + か |

일반적으로 술어인 な형용사의 어미「だ」를 떼고, 어간(문말)을 올려서 표현합니다. 일부 나이든 남성이나 강하고 딱딱한 어투를 사용하는 남성의 경우, な형용사의 어간에 종조사「か」를 붙여 표현하기도 합니다.

예
- A : ハワイの海は きれい? (하와이 바다는 깨끗하니?)
  B : うん、きれい。(응, 깨끗해.)
  　　ううん、きれいじゃない。(아니, 깨끗하지 않아.)
- ハワイの海は きれいか。(하와이 바다는 깨끗하냐?)

2) 과거시제

① 긍정문

| 공 식 | 어간 + ~だった |

어미「だ」를「だった」로 바꾸면 됩니다. 즉, 어간에「だった」를 접속하는 것입니다.

예
- 韓国の女性は きれいだった。(한국여성은 예뻤다.)
- 昔、彼は 有名だった。(옛날에 그는 유명했다.)

② 부정문

| 공 식 | 어간 + では(=じゃ) なかった |

어간 뒤에「~では ない(~지 않다)」의 과거형인「~では なかった(~지 않았다)」를 붙입니다. 회화체에서「では」는 보통「じゃ」라고 발음합니다.

예
- 韓国の女性は きれいでは なかった。(한국여성은 예쁘지 않았다.)
- 昔、彼は 有名じゃ なかったよ。(옛날에 그는 유명하지 않았어.)

③ 의문문

> 공식 ── 문말(~だった)↗, 문말(~だった) + か

일반적으로 문말(~だった)을 올려서 발음합니다. 일부 나이든 남성이나 딱딱한 어투를 사용하는 남성의 경우, 문말(~だった)에 종조사 「か」를 붙여 표현하기도 합니다.

> 예
> - A : 彼は 有名だった? (그는 유명했니?)
>   B : うん、有名だった。(응, 유명했어.)
>   ううん、有名じゃなかった。(아니, 유명하지 않았어.)
> - 彼は 有名だったか。(그는 유명했냐?)

4. い형용사문의 보통체

1) 비과거시제

① 긍정문

> 공식 ── 기본형(~い)

기본형을 그대로 술어로 사용하면 됩니다.

> 예
> - 空が 青い。(하늘이 파랗다.)
> - 今日は 朝から 暑い。(오늘은 아침부터 덥다.)

② 부정문

> 공식 ── 어간 + くない

어미 「い」를 「く」로 바꾼 후에, 「ない」를 붙입니다. 즉, 어미 「い」를 없애고, 어간 뒤에 「~くない」를 붙인다고 생각하면 됩니다.

예
- この部屋は あまり 広くない。(이 방은 그다지 넓지 않다.)
- 果物は カロリーが 高くない。(과일은 칼로리가 높지 않다.)

③ 의문문

| 공식 | 문말(~い)↗, 문말(~い) + か |

일반적으로 기본형(~い) 뒤에 아무것도 붙이지 않고, 문말을 올리면 의문문이 됩니다. 나이든 남성이나 강하고 딱딱한 어투를 사용하는 남성의 경우, 문말(기본형 끝)에 「か」를 붙여 표현하기도 합니다.

예
- A : それ、おいしい？(그거, 맛있니?)
  B : うん、おいしい。(응, 맛있어.)
  　　ううん、あまり おいしくない。(아니, 그다지 맛있지 않아.)
- それ おいしいか。(그거, 맛있냐?)

2) 과거시제

① 긍정문

| 공식 | 어간 + かった |

어미 「い」를 떼고, 어간에 「かった」를 붙입니다.

예
- 遠足は 楽しかった。(소풍은 즐거웠다.)
- 去年の夏は 暑かった。(작년 여름은 더웠다.)

② 부정문

| 공식 | 어간 + く なかった |

어미 「い」를 「く」로 바꾼 후에, 「ない」를 붙여 부정형을 만든 다음, 「い」를 떼고 「かった」를 붙입니다. 결국은 어간에 「くなかった」를 붙이면 됩니다.

> 예
> ・運動会は楽しくなかった。(운동회는 즐겁지 않았다.)
> ・韓国料理も昔は辛くなかった。(한국 요리도 옛날에는 맵지 않았다.)
> ・今日の夢はよくなかった。(오늘 꿈은 좋지 않았다.)

③ 의문문

공식 ● 문달(~かった)↗, 문말(~かった) + か

일반적으로 과거형 뒤에 아무것도 붙이지 않고, 문말을 올리면 됩니다. 나이든 남성이나 강하고 투박한 어투를 사용하는 남성의 경우, 과거형 끝에 「か」를 붙여 표현하기도 합니다.

> 예
> ・A : それ、おいしかった?(그거, 맛있었니?)
>   B : うん、おいしかった。(응, 맛있었어.)
>   ううん、あまりおいしくなかった。(아니, 그다지 맛있지 않았어.)
> ・それ、おいしかったか。(그거, 맛있었냐?)

5. 동사문의 보통체

1) 비과거시제

① 긍정문

공식 ● 기본형(る형)

동사 기본형을 「る형」이라고도 하는데, 비과거시제의 경우, 이 기본형을 그대로 사용하여 긍정문을 표현합니다.

> 예
> ・日本人はご飯を食べる。(일본인은 밥을 먹는다.)
> ・毎日公園を散歩する。(매일 공원을 산책한다.)

② 부정문

공 식	동사의 「ない형」(부정형)

동사의 「ない형」은 부정형이라고도 하는데, 이 형태로 부정문을 표현합니다.

예
- 彼女は 酒を 飲まない。 (그녀는 술을 마시지 않는다.)
- 中年男性は あまり 笑わない。 (중년남성은 그다지 웃지 않는다.)
- バスが 来ない。 (버스가 오지 않는다.)

③ 의문문

공 식	문말(기본형=る형)↗, 문말(기본형=る형) + か

일반적으로 동사 기본형 뒤에 아무것도 붙이지 않고, 문말을 올리면 의문문이 됩니다. 나이든 남성이나 강하고 투박한 어투를 사용하는 남성의 경우, 동사 기본형 끝에 「か」를 붙여 표현하기도 합니다.

예
- A : 温泉に 行く? (온천에 갈래?)
  B : うん、行く。 (응, 갈래.)
  　　ううん、行かない。 (아니, 안 갈래.)
- 来週、温泉にでも 行くか。 (다음 주 온천에라도 갈 거냐?)

2) 과거시제

① 긍정문

공 식	동사의 「た형」(과거형)

동사의 「た형」은 기본적으로 과거를 나타내므로 「과거형」이라고도 하는데, 과거시제 긍정문은 「た형」으로 표현합니다.

예
- 夕方 雨が 降った。(저녁때 비가 내렸다.)
- 弟は 会社を 辞めた。(남동생은 회사를 그만두었다.)

② 부정문

공 식 ● 동사의 과거 부정형(~なかった)

동사의 현재시제 부정문은 동사에「ない」를 연결시켜 표현하는데, 과거시제 부정문은 이「ない」의 과거형인「なかった」를 동사에 연결시켜 표현합니다. 물론「なかった」를 연결시킬 때는 동사의「ない형」에 연결합니다.

예
- 昨日は 学校へ 行かなかった。(어제는 학교에 가지 않았다.)
- お昼を 食べなかった。(점심을 먹지 않았다.)
- 今年も サンタは 来なかった。(금년에도 산타는 오지 않았다.)

③ 의문문

공 식 ● 문달(동사의 た형)↗, 문말(동사의 た형) + か

일반적으로 동사 과거형 뒤에 아무것도 붙이지 않고, 문말을 올려서 발음합니다. 나이든 남성이나 강하고 투박한 어투를 사용하는 남성의 경우는 동사 과거형 끝에「か」를 붙여 표현하기도 합니다.

예
- A : 先週、温泉に 行った? (지난 주 온천에 갔니?)
  B : うん、行った。(응, 갔어.)
  　　ううん、行かなかった。(아니, 안 갔어.)
- 先週、温泉に 行ったか。(지난 주 온천에 갔냐?)

6. 보통체에 접속되는 주요 문형

01 「~と 思います」(~라고 생각합니다)

말하는 사람의 생각이나 미래의 일에 대한 추측을 나타낼 때 사용하는 표현입니다.

> 예
> - 彼は 大学生だと 思います。(그는 대학생이라고 생각합니다.)
> - この本は ちょっと 難しいと 思います。(이 책은 좀 어렵다고 생각합니다.)
> - 日本人は 親切だと 思います。(일본인은 친절하다고 생각합니다.)
> - 学歴は 重要じゃないと 思います。(학력은 중요하지 않다고 생각합니다.)
> - 李さんは 明日 行くと 思います。(이 씨는 내일 갈 거라고 생각합니다.)
> - 選手たちが よく 頑張ったと 思います。
>   (선수들이 아주 끝까지 노력했다고 생각합니다.)

02 「~と 言いました」(~라고 말했습니다)

누군가가 말한 내용을 제3자에게 전하는 경우에 사용하는 표현입니다.

> 예
> - シェークスピアは「世界は 舞台だ」と 言いました。
>   (셰익스피어는 "세계는 무대다"라고 말했습니다.)
> - 清村さんは 靴が ほしいと 言いました。
>   (기요무라 씨는 구두를 갖고 싶다고 말했습니다.)
> - 彼は お金は 重要じゃないと 言いました。
>   (그는 돈은 중요하지 않다고 말했습니다.)
> - 木村さんは 来年 結婚すると 言いました。
>   (기무라 씨는 내년에 결혼할 거라고 말했습니다.)

03 「~そうです」(~라고 합니다, ~(이)랍니다)

남(외부)에게서 전해들은 이야기나 정보를 전할 때 사용하는 표현입니다.

예
- 雨が 降るそうです。(비가 내린다고 합니다.)
- 地震が あったそうです。(지진이 있었다고 합니다.)
- 妹によると、ベトナムは 今 暑いそうです。
  (여동생에 의하면 베트남은 지금 덥다고 합니다./여동생이 그러는데 지금 베트남은 덥다고 해요.)
- 天気予報に よると、明日 雨が 降るそうです。
  (일기예보에 의하면 내일 비가 내릴 거라고 합니다.)

04 「~でしょう」(~이겠죠, ~일 것입니다)

말하는 사람의 단순한 생각에 의한 추측이나 상상을 나타내는 표현이며, 보통체 표현은 「~だろう(~일 것이다)」입니다. 이 표현은 「たぶん(아마)」「おそらく(아마, 필시)」「きっと(꼭, 틀림없이)」 등의 부사가 함께 사용되는 경우가 많으며, 명사와 な형용사의 현재 긍정형 접속은 「だ」가 붙지 않습니다.

예
- 明日も たぶん いい 天気でしょう。(내일도 아마 좋은 날씨겠죠.)
- このすいかは たぶん 甘いでしょう。(이 수박은 아마 달 것입니다.)
- 彼は たぶん まじめでしょう。(그는 아마 성실할 것입니다.)
- 明日は おそらく 晴れるでしょう。(내일은 필시 개일 것입니다.)

05 「~かも しれません」(~일지도 모릅니다)

어떤 사태나 사항이 그럴 가능성이 있다는 추측을 나타내는 표현입니다. 「でしょう」와 마찬가지로 명사와 な형용사의 현재 시제 긍정형 접속은 「だ」가 붙지 않습니다. 그리고 「もしかすると(어쩌면)」「ひょっとすると(어쩌면, 혹시)」 등의 부사가 함께 사용되는 경우가 많습니다.

예
- あのビルが 田中さんの 会社かもしれません。
  (저 빌딩이 다나카 씨 회사일지 모릅니다.)
- もしかすると 今日のテストは 難しいかもしれません。
  (어쩌면 오늘 시험은 어려울지도 모릅니다.)

- 今日は 傘が 必要かもしれませんよ。(오늘은 우산이 필요할 지도 몰라요.)
- ひょっとすると 風邪を 引いたかもしれません。(어쩌면 감기 들었는지도 몰라요.)

06 「の(ん)です」(~(이)거든요, ~(이)라는 말입니다)

보고 들은 것에 대해 그 이유와 원인을 생각하고 그것을 확인할 때 사용합니다. 또한 원인・이유를 묻고 설명할 때도 사용합니다.「んです」는「のです」의 구어적 표현이고, 명사와 な형용사에 연결될 때에는「だ」를「な」로 바꿉니다.

예
- 清村さんは 先生なんですか。(기요무라 씨는 선생님이에요?)
- 彼は 実は まじめなんです。(그는 실은 성실해요.)
- A : どうして 遅れたんですか。(왜 늦은 거에요?)
  B : バスが 来なかったんです。(버스가 오지 않았어요.)
- A : どうしたんですか。(무슨 일이세요?)
  B : 頭が 痛いんです。(머리가 아파요.)

회화 및 독해연습

お昼、食べた？

ヘソン ： お昼、食べた？
あやこ ： ううん、まだ。
ヘソン ： じゃ、一緒に食べない？
あやこ ： いいよ。
ヘソン ： この辺においしい店がある？
あやこ ： うん、あるよ。ここの裏にあるよ。

- 店の前に着いて -

あやこ ： ここだよ。
ヘソン ： 人がたくさんいるね。
あやこ ： うん、ここは料理もおいしいし、雰囲気もいいし、店員さんも
親切でとても人気だよ。

❀ 상황

박혜성은 친구 야스다 아야코를 만나 함께 점심을 먹으러 갑니다.

낱말과 표현

- 辺 근처, 근방
- 裏 뒷면, 뒤쪽
- 雰囲気 분위기
- 店員 점원
- 人気 인기
- ~し <접속조사> ~고

Check-Up Test (§14)

Q1. 다음 정중체 표현을 보통체 표현으로 바꾸어 보시오.

1) 買いません → _____ 2) 高いです → _____
3) 暇です → _____ 4) 雨です → _____

Q2. 다음 보통체 표현을 정중체 표현으로 바꾸어 보시오.

1) たばこを 吸う。 → _____
2) 私は 兄弟が いない。 → _____
3) 今日は 月曜日だ。 → _____
4) 彼は まじめだ。 → _____

Q3. 다음 (　)안에 들어갈 표현으로 적절한 것을 고르시오.

昨日は どうして (　　　　)んですか。

① 来ない　　② 来る　　③ きませんでした　　④ 来なかった

Q4. 다음 (　)안에 들어갈 표현으로 적절한 것을 고르시오.

天気予報によると、明日は 雪が (　　　　)そうです。

① 降る　　② 降り　　③ 降るだ　　④ 降った

Q5. 다음 각 문장을 보기와 같이 바꿔서 회화 연습을 해 봅시다.

> キムさんは もう すぐ 来ます。
> → キムさんは もう すぐ 来ると 思います。

1) 自転車は 便利です。
   → _____

2) 明日は 雨が 降りません。
   → _____

3) 日本語の 勉強は おもしろいです。
   → _____

Chapter 15

자동사와 타동사

학습목표

- 자동사와 타동사의 차이를 익혀, 문장을 표현할 때 이를 구분하여 사용할 수 있다.

학습포인트

- 자동사와 타동사의 정의
- 자동사와 타동사의 구분
- 기본적인 자동사와 타동사의 예
- 자동사와 타동사의 관계
- 공통 어근을 갖는 자동사와 타동사의 형태적 특징
- 자동사문과 타동사문의 특징
- 자동사와 타동사를 활용한 회화 및 독해 연습

Chapter 15
자동사와 타동사

1. 자동사와 타동사의 정의

「자동사」란 동작이나 작용이 주어 자신에만 그칠 뿐 다른 것에 직접적으로 영향을 미치지 않는 동사를 말합니다.

> 예 毎朝 6時に 起きる。(매일 아침 6시에 일어난다.)
> 風が 吹く。(바람이 분다.)

「타동사」란 동사 중에서 주체의 동작·작용이 다른 것에 영향을 미치거나 또한 다른 것을 만들어내는 의미를 갖는 동사를 말합니다. 일본어의 경우 일반적으로 영향을 받는(만들어지는) 대상은 조사「を」를 붙여 목적어로서 나타냅니다.

> 예 毎朝 7時に 弟を 起こす。(매일 아침 7시에 남동생을 깨운다.)
> 息子が 家を 立てる。(아들이 집을 짓는다.)

2. 자동사와 타동사의 구분

동사는 사물의 움직임이나 상태를 나타내는 품사인데 목적어를 갖는가의 여부에 따라 자동사와 타동사로 하위분류할 수 있습니다.

자동사	「開く」「つく」 등과 같이 「목적어+を」를 취하지 않는 동사 **예** ・ドアが 開く(문이 열린다) ・電気が つく(전기가 켜진다)
타동사	「開ける」「つける」 등과 같이 「목적어+を」를 취하는 동사 **예** ・花子が ドアを 開ける。(하나코가 문을 연다.) ・母が 電気を つける。(엄마가 전기를 켠다.)

 주의

단, 「명사+を」를 취하는 동사 중에서 공간적인 이동의 의미를 지닌 이동동사는 타동사로 취급하지 않습니다. 왜냐하면 이때 사용된 조사 「を」는 「동작이나 작용의 대상」이 아니고, 동작의 통과점이나 출발점, 즉 동작이 행해지는 장소를 나타내기 때문입니다.

통과점을 나타내는 「を」

- 道を 通る(길을 지나가다)
- 空を 飛ぶ(하늘을 날다)
- 峠を 越える(고개를 넘다)
- 川を 泳ぐ(강을 헤엄치다)
- 公園を 散歩する(공원을 산책하다)
- 右側を 歩く(우측을 걷다)
- 橋を 渡る(다리를 건너다)
- 廊下を 走る。(복도를 달리다)
- 階段を 登る。(계단을 오르다)

출발점을 나타내는 「を」

- 部屋を 出る(방을 나오다)
- 学校を 卒業する(학교를 졸업하다)
- 空港を 出発する(공항을 출발하다)
- 席を 立つ(자리를 뜨다/일어서다)
- バスを 降りる(버스를 내리다)
- 東京を 去る(동경을 떠나다)
- 島を 離れる(섬을 떠나다/벗어나다)
- 門を 入る(문을 들어오다/가다)

3. 기본적인 자동사와 타동사의 예

일본어에는 자동사와 타동사가 서로 대응되는 형태로 존재하는 경우가 많습니다. 다음에 열거하는 것은 매우 기본적인 자동사와 타동사인데 예문과 함께 공부해 봅시다.

자동사	VS	타동사
・ドアが 開く(문이 열리다)	vs	・ドアを 開ける(문을 열다)
・ドアが 閉まる(문이 닫히다)	vs	・ドアを 閉める(문을 닫다)
・スープが こぼれる(스프가 넘쳐흐르다)	vs	・スープを こぼす(스프를 엎지르다)
・手が あがる(손이 올라가다)	vs	・手を あげる(손을 올리다)
・糸が 切れる(실이 끊어지다)	vs	・糸を 切る(실을 자르다)
・子供たちが 並ぶ(어린이들이 줄서다)	vs	・お皿を 並べる(접시를 나열하다)
・虫が 家の中に 入る (벌레가 집 안에 들어가다)	vs	・子犬を 家の中に 入れる (강아지를 집안에 넣다)
・火が 消える(불이 꺼지다)	vs	・火を 消す(불을 끄다)
・荷物が 落ちる(짐이 떨어지다)	vs	・荷物を 落とす(짐을 떨어뜨리다)
・タクシーが 止まる(택시가 멈추다)	vs	・タクシーを 止める(택시를 세우다)
・卵が 割れる(달걀이 깨지다)	vs	・卵を 割る(달걀을 깨다)
・木が 倒れる(나무가 쓰러지다)	vs	・木を 倒す(나무를 쓰러뜨리다)

4. 자동사와 타동사의 관계

동일한 형태로 자동사로도 타동사로도 사용되는 것(양용동사)

자동사	타동사
風が 吹く(바람이 불다)	笛を 吹く(피리를 불다)
窓が 開く(창문이 열리다)	窓を 開く(창문을 열다)
目が 閉じる(눈이 감기다)	目を 閉じる(눈을 감다)
仕事が 終る(일이 끝나다)	仕事を 終る(일을 끝내다)
水が 増す(물이 붇다/늘다)	水を 増す(물을 불리다/늘리다)
車が バックする(차가 후진하다)	車を バックする(차를 후진하다)
人が 笑う(사람이 웃다)	人を 笑う(사람을 비웃다)

자동사와 타동사가 동일한 어근을 공유하며 형태적인 대응을 이루는 것(상대자동사・상대타동사)

자동사	타동사
ドアが 開く(1그룹)(문이 열리다)	ドアを 開ける(2그룹)(문을 열다)
ドアが 閉まる(1그룹)(문이 닫히다)	ドアを 閉める(2그룹)(문을 닫다)
会議が 始まる(1그룹)(회의가 시작되다)	会議を 始める(2그룹)(회의를 시작하다)
仕事が 終わる(1그룹)(일이 끝나다)	仕事を 終える(2그룹)(일을 끝내다)
学生が 集まる(1그룹)(학생이 모이다)	学生を 集める(2그룹)(학생을 모으다)
専攻が 決まる(1그룹)(전공이 결정되다)	専攻を 決める(2그룹)(전공을 결정하다)
子供が 育つ(1그룹)(아이가 자라다)	子供を 育てる(2그룹)(아이를 기르다)
枝が 折れる(2그룹)(가지가 꺾이다)	枝を 折る(1그룹)(가지를 꺾다)
花瓶が 割れる(2그룹)(꽃병이 깨지다)	花瓶を 割る(1그룹)(꽃병을 깨다)

자동사	타동사
電話が 切れる(2그룹)(전화가 끊어지다)	電話を 切る(1그룹)(전화를 끊다)
水が 流れる(2그룹)(물이 흐르다)	水を 流す(1그룹)(물을 흘리다)
木が 倒れる(2그룹)(나무가 쓰러지다)	木を 倒す(1그룹)(나무를 쓰러뜨리다)
葉が 落ちる(2그룹)(잎이 떨어지다)	葉を 落とす(1그룹)(잎을 떨어뜨리다)
カメラが 壊れる(2그룹)(사진기가 고장나다)	カメラを 壊す(1그룹)(카메라를 고장내다)
病気が 治る(1그룹)(병이 낫다)	病気を 治す(1그룹)(병을 고치다)
お湯が 沸く(1그룹)(물이 끓다)	お湯を 沸かす(1그룹)(물을 끓이다)

이상의 자·타동사의 관계를 검토해 보면 「1그룹-2그룹」과 「2그룹-1그룹」으로 대응된 예가 가장 많이 보이고, 이들에 비해 많지는 않지만 「1그룹-1그룹」의 대응관계도 보입니다.

자동사만 존재하고, 이에 대응하는 타동사가 없는 것(절대자동사)

자동사	타동사
行く(가다)	-
来る(오다)	-
咲く(꽃피다)	-
死ぬ(죽다)	-
分かる(알다)	-
走る(달리다)	-
ある(사물이나 식물이 있다)	-
いる(사람이나 동물이 있다)	-
老いる(늙다/약해지다)	-
やせる(야위다)	-

타동사만 존재하고, 이에 대응하는 자동사가 없는 것(**절대타동사**)

자동사	타동사
-	打つ(치다/때리다)
-	殺す(죽이다)
-	置く(놓다)
-	書く(쓰다)
-	作る(만들다)
-	飲む(마시다)
-	着る(입다)
-	試みる(시도해보다)
-	投げる(던지다)
-	考える(생각하다)

5. 공통된 어근을 갖는 자·타동사의 형태적 특징

자동사와 타동사의 형태상의 대응은 매우 복잡하기 때문에 자동사를 타동사로 또는 타동사를 자동사로 바꾸는 명확한 규칙은 없다. 그러나 아래에 제시한 것은 자·타동사의 매우 일반적인 특징이라고 할 수 있습니다.

01 자동사에는 「-aru」로 끝나는 것이 많습니다

- 上がる(ag**aru** 올라가다)
- かかる(kak**aru** 걸리다)
- 決まる(kim**aru** 결정되다)
- まがる(mag**aru** 구부러지다)
- 高まる(takam**aru** 높아지다)

- 集まる(achum**aru** 모이다)
- 変わる(kaw**aru** 변하다)
- 止まる(tom**aru** 멈추다)
- 見つかる(michuk**aru** 발견되다)
- 捕まる(chukam**aru** 붙잡히다)

 주의

단, 「預かる(azukaru 맡다/보관하다)」「教わる(osowaru 배우다)」등은 타동사입니다.

02 「-aru」로 끝나는 자동사를 「-eru」로 바꾸면 타동사로 되는 것이 많습니다

- 上がる(agaru 올라가다) → 上げる(ageru 올리다)
- 集まる(achumaru 모이다) → 集める(achumeru 모으다)
- かかる(kakaru 걸리다) → かける(kakeru 걸다)
- 変わる(kawaru 변하다) → 変える(kaeru 바꾸다)
- 決まる(kimaru 결정되다) → 決める(kimeru 결정하다)
- 止まる(tomaru 멎다/멈추다) → 止める(tomeru 멈추다/세우다)
- 曲がる(magaru 구부러지다) → 曲げる(mageru 구부리다)
- 見つかる(michukaru 발견되다) → 見つける(michukeru 발견하다)
- 高まる(takamaru 높아지다) → 高める(takameru 높이다)
- 下がる(sagaru 내려가다) → 下げる(sageru 내리다)

03 「-reru」로 끝나는 것은 자동사가 많습니다.

- 生まれる(umareru 태어나다)
- 折れる(oreru 꺾이다)
- こぼれる(koboreru 넘치다)
- 倒れる(taoreru 쓰러지다)
- 離れる(hanareru 떨어지다/떠나다)
- 別れる(wakareru 헤어지다)
- 売れる(ureru 팔리다)
- 切れる(kireru 끊어지다)
- 壊れる(kowareru 부서지다/고장나다)
- 流れる(nagareru 흐르다)
- 汚れる(yogoreru 더러워지다)
- 割れる(wareru 깨지다/금이 가다)

 주의

단, 「入れる(ireru 넣다)」「くれる(kureru (타인이 나에게) 주다)」등은 타동사입니다.

04 「-su」로 끝나는 것은 거의 대부분 타동사입니다.

- 落とす(oto**su** 떨어뜨리다)
- 壊す(kowa**su** 부수다)
- 倒す(tao**su** 쓰러뜨리다)
- 流す(naga**su** 흘리다/흐르게 하다)
- 沸かす(waka**su** 끓이다)
- 消す(ke**su** 끄다)
- こぼす(kobo**su** 흘리다/따르다)
- 治す(nao**su** 고치다)
- 汚す(yogo**su** 더럽히다)

6. 자동사문과 타동사문의 특징

일본어의 자동사와 타동사는 쌍을 이루며 존재하는 경우를 많이 볼 수 있는데, 실제 우리가 언제 자동사를 사용하고 언제 타동사를 사용하는지 그 특징을 정리하면 다음과 같습니다.

자동사문	타동사문
예 ドアが 閉まった。	예 花子がドアを 閉めた。
· 화자가 동작을 받는 대상에 주목	· 화자가 동작주에 주목.
·「어떻게 된다」라는 결과를 나타냄	·「어떻게 한다」라는 다른 것에 대한 작용을 나타냄.
· 인간 등의 의지(의도)는 포함되어 있지 않음.	· 인간 등의 의지적(의도적)인 행위를 나타냄.
· 행위의 결과나 변화에 주목	· 행위에 주목.
·「누가 했는지」에 대해 말할 필요가 없음	·「누가 했는지」가 중요함.
· 적극적인 느낌이 없음. · 자연력의 영향으로 발생한 것을 나타냄.	· 적극적인 느낌이 있음.

회화 및 독해연습

髪を とくだけで ブチブチ 切れてしまうんです。

朴　　：清村さん、こんにちは。
清村　：こんにちは。あら、朴さん、髪の毛、切りましたね。
朴　　：ええ。昨日 切りました。
清村　：以前より ずっと 格好 いいですよ。どこで 切りましたか。
朴　　：家の近くに ある 美容室で 切りました。
清村　：わたしも その美容室で 髪の毛を 切りたいですね。
朴　　：でも 清村さんは 先週 パーマを かけたばかりでしょう。
清村　：そうですけど、そのせいか 髪の毛が だいぶ 傷んで、
　　　　枝毛が 増えてきたし、髪を とくだけで ブチブチ 切れてしまうんです。
朴　　：そうですか。じゃ、美容室に 行って 相談し
　　　　たほうが いいですね。
　　　　私が 案内します。
清村　：本当ですか！ありがとうございます。

✿ 상황

기요무라 사토미(일본인 유학생)가 머리를 멋있게 자른 박혜성을 부러워하며 나누는 대화입니다.

낱말과 표현

- あら <감탄사> (주로 여자가) 놀라거나 감동하거나 했을 때 내는 소리. 어머나, 어머
- 髪の毛 머리카락
- ずっと 훨씬
- 美容室 미용실
- パーマをかける 파마를 하다
- ばかり ①가량, 쯤 ②<~た-ばかり의 형태로> ~한 지 얼마 안 되는
- 傷む ①아프다 ②손상되다. 망가지다
- 枝毛 머리카락 끝이 나뭇가지처럼 갈라지는 머리
- 増える 늘다, 증가하다
- 髪をとく 머리를 빗다
- だけで ~만으로
- ブチブチ 뚝뚝
- 相談する 상담하다
- 案内する 안내하다

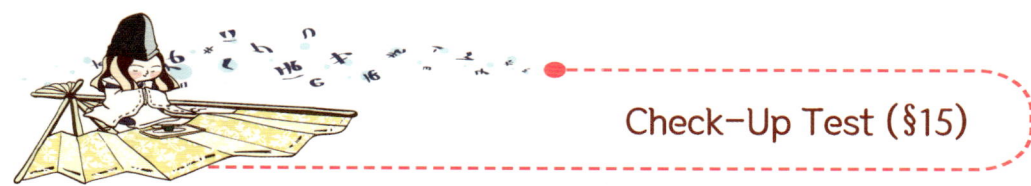

Check-Up Test (§15)

Q1. 다음 밑줄 친 동사를 자동사(A), 타동사(B)로 분리하시오.

1) 一人で 荷物を <u>運ぶ</u>。 [　　]
2) 彼は 東京を <u>離れた</u>。 [　　]
3) 私は 8時に 家を <u>出る</u>。 [　　]
4) 花子が 花瓶を <u>割った</u>。 [　　]

Q2. 다음은 <보기>와 같이 자동사문을 타동사문으로 바꾸시오.

> お湯が 沸きます ⇒ お湯を 沸かします

1) 人が 集まる。　⇒
2) 電気が つきました。⇒
3) テレビが 壊れました。⇒

Q3. 다음 중에서 <자동사>와 <타동사>의 짝이 잘못 된 것을 고르시오.

	<자동사>	<타동사>
1)	笑う	笑う
2)	終わる	終わる
3)	治る	治る
4)	落ちる	落とす

Q4. 다음 동사 중에서 자동사가 아닌 것을 고르시오.

    1) 生まれる   2) 離れる
    3) 汚れる   4) くれる

Q5. 다음 동사 중에서 이동동사로 볼 수 없는 것을 고르시오.

    1) 出る   2) 飛ぶ
    3) 走る   4) 投げる

Chapter 16

「~ている」와 「~てある」의 표현

학습목표

- 동사를 속성에 따라 그 종류를 구분할 수 있고, 「~ている」와 「~てある」의 의미를 익혀 이를 적절하게 구별하여 사용할 수 있다.

학습포인트

- 「~ている」와 「~てある」의 기능
- 동사의 성질에 따른 분류
- 「~てある」의 의미
- 결과 상태를 나타내는 「~ている」와 「~てある」의 차이
- 「~ている」의 파생적 의미
- 「~ている」와 「~てある」의 표현을 활용한 회화 및 독해 연습
- 「~ている」와 「~てある」 앞에 오는 동사
- 「~ている」의 의미

Chapter 16
「~ている」와 「~てある」의 표현

1. 「~ている」와 「~てある」의 기능

동사「いる」와「ある」가 단독으로 술어로 쓰일 때는 우리말「있다」라는 존재를 나타내지만, 이들이 동사의「て형」뒤에 접속하여 보조동사로 사용되면 존재의 의미는 희박해지고,「동작의 진행(~고 있다)」이나「결과 상태(~어 있다)」등 문법적인 기능을 나타냅니다.

01
a. 椅子の下に 猫が いる。(의자 밑에 고양이가 있다.) <존재>
b. 弟は いま 本を 読んでいる。(남동생은 지금 책을 읽고 있다.) <동작의 진행>

02
a. 机の上に カメラが ある。(책상 위에 카메라가 있다.) <존재>
b. 電気が つけてある。(전기가 켜져 있다.) <결과 상태>

2. 「~ている」와 「~てある」 앞에 오는 동사

「~ている」는 자동사에도 타동사에도 모두 연결되지만,「~てある」는 타동사에만 연결됩니다.

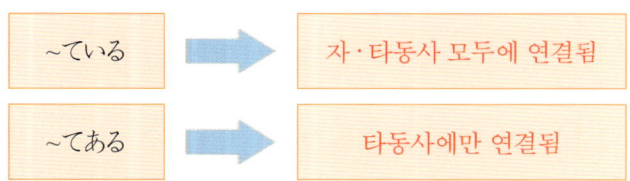

다시 말해「~てある」는 앞에 자동사를 세우지 않는다는 문법적인 특징을 가지고 있습니다. 그리고 이것은 기본적으로「동작의 결과 상태」라는 문법격 기능을 나타냅니다. 한편,「~ている」는 자·타동사 모두에 연결되어「동작의 진행」을 나타내기도 하고「동작의 결과 상태」를 나타내기도 합니다.

자동사 + ている	• 花子が 泣いている。 (하나코가 울고 있다.) 〈동작의 진행〉 • ドアが 開いている。 (문이 열려 있다.) 〈결과 상태〉
타동사 + ている	• 花子が 食堂で ご飯を 食べている。 (하나코가 식당에서 밥을 먹고 있다.) 〈동작의 진행〉 • 花子は 眼鏡を かけている。 (하나코는 안경을 쓰고 있다.) 〈결과 상태〉

➡「~ている」는 자동사에 연결될 경우에도 타동사에 연결될 경우에도 문법적인 기능이 각각 두 가지로 나타나는데, 어떤 경우에「동작의 진행」을 나타내고, 어떤 경우에「동작의 결과 상태」를 나타내는가는「ている」의 앞에 오는 동사의 성질에 의해 결정됩니다.

3. 동사의 분류

일본어동사는 그 동사가 지니고 있는 성질에 따라「계속동사」「순간동사」「상태동사」「제4의 동사」의 네 가지로 분류할 수 있습니다.

계속동사(継続動詞)

일정 시간 계속되는 동작을 나타내는 동사를 가리킵니다

 飛ぶ 날다

 **Tip**

대표적인 계속동사

働く(일하다)	遊ぶ(놀다)	歩く(걷다)	泣く(울다)
笑う(웃다)	泳ぐ(수영하다)	走る(달리다)	流れる(흐르다)
住む(살다)	休む(쉬다)	降る(내리다)	燃える(타다)
吹く(불다)	読む(읽다)	書く(쓰다)	話す(얘기하다)
聞く(듣다)	見る(보다)	作る(만들다)	勉強する(공부하다)
待つ(기다리다)	歌う(노래하다)	食べる(먹다)	飲む(마시다)
考える(생각하다)	心配する(걱정하다)		

순간동사(瞬間動詞)

동작이나 사건이 순간적으로 변하는 동사를 가리킵니다. 동작이 일어나기 전과 후에 변화가 일어나기 때문에 「변화동사」라고도 불립니다.

예 (電気が) 付く (전기가) 켜지다

 **Tip**

대표적인 순간동사

死ぬ(죽다)	開く(열리다)	閉まる(닫히다)	消える(꺼지다)
折れる(꺾이다)	壊れる(깨지다)	割れる(갈라지다)	溶ける(녹다)
倒れる(쓰러지다)	並ぶ(늘어서다)	止まる(멈추다)	立つ(서다)
座る(앉다)	起きる(일어나다)	寝る(자다)	行く(가다)
来る(오다)	帰る(돌아가[오]다)	出る(나가[오]다)	着く(도착하다)
入る(들어가[오]다)	卒業する(졸업하다)	咲く(피다)	落ちる(떨어지다)
始まる(시작되다)	終わる(끝나다)	結婚する(결혼하다)	

상태동사(状態動詞)

원래부터 상태를 나타내는 동사를 말하며, 기본형으로 현재의 상태를 나타냅니다. 동사 뒤에「ている」가 붙지 않습니다.

예
- ある(식물이나 사물이 있다)
- いる(사람이나 동물이 있다)
- 要る(필요하다)
- できる(할 수 있다) 등

- (×)机の上に 本が あっている。(책상 위에 책이 있다.)

제4의 동사(第4の動詞)

사람이나 동물, 그리고 사물 등의 상태나 성질을 나타내고, 형용사에 가까운 동사입니다. 술어로는 항상「~ている」의 형태로 사용되어 상태를 나타냅니다.

| 예 | ・優れる(뛰어나다/우수하다) ・そびえる(높이 솟다/치솟다)
・とがる(뾰족해지다) ・ばかげる(바보스럽게 느껴지다)
・澄む(맑다/맑아지다) ・似る(닮다)
・ありふれる(흔하게 있다)

- 水が 澄んでいる。(물이 맑다.)
- 鉛筆の芯が とがっている。(연필심이 뾰족하다.)
- 私は 母に 似ている。(나는 엄마를 닮았다.)

4.「~ている」의 의미

「~ている」는 앞에 오는 동사의 성질에 따라「동작의 진행」을 나타내기도 하고「동작의 결과 상태」를 나타내기도 합니다.

01 동작의 진행 ← [계속동사 + ている]

「読む(읽다), 泣く(울다), 降る(비 등이 내리다)」등과 같이 동작이나 사건이 일정 시간 동안 지속적으로 이루어지는 동사, 즉 계속동사에「ている」를 붙이면「~(하)고 있다」라는「동작의 진행」을 나타냅니다.

| 예 | ・父が 新聞を 読んでいる。(아버지가 신문을 읽고 있다.)
・母は 手紙を 書いている。(엄마는 편지를 쓰고 있다.)
・朝から 雨が 降っている。(아침부터 비가 내리고 있다.)
・花子が プールで 泳いでいる。(하나코가 수영장에서 헤엄치고 있다.)

02 동작의 결과 상태 ← [순간동사 + ている]

「死ぬ(죽다), 落ちる(떨어지다), 開く(열리다)」등과 같이 어떤 동작이 순간적으로 성립되는 동사, 즉 순간동사 뒤에「~ている」가 이어지면,「동작의 결과 상태」를 나타내며 우리말로는「~어 있다」라고 해석됩니다.

예
- 教室の 窓ガラスが 割れている。(교실 유리창이 깨져 있다.)
- 道路に 財布が 落ちている。(도로에 지갑이 떨어져 있다.)
- 犬が 死んでいる。(개가 죽어 있다.)
- エアコンが ついている。(에어컨이 켜져 있다.)

 **Tip**

예외적인 경우

착용에 관한 동사가「ている」앞에 올 경우에는 우리말 해석은「~고 있다」로 해석됩니다.

- 青い シャツを 着ています。(파란 샤츠를 입고 있습니다.)
- スカートを はいています。(스커트를 입고 있습니다.)
- 靴を はいています。(구두를 신고 있습니다.)
- 青い 帽子を 被っています。(파란 모자를 쓰고 있습니다.)
- 田中さんは 眼鏡を かけています。(다나카 씨는 안경을 쓰고 있습니다.)
- 赤い ネクタイを しめています。(빨간 넥타이를 차고 있습니다.)
- イヤリングを つけています。(귀걸이를 차고 있습니다.)
- 時計を はめています。(시계를 차고 있습니다.)
- 傘を 差しています。(우산을 쓰고 있습니다.)

「ている」의 형태로 쓰이는 동사 중에는 우리말「~고 있다」라고도「~어 있다」라고도 해석되지 않는 경우도 있습니다.

- 彼女をよく 知っている。(그녀를 잘 안다.)
- 中村先生は 結婚している。(나카무라선생님은 결혼했다.)
- 彼を 愛している。(그를 사랑한다.)
- 私は 母に 似ている。(나는 엄마를 닮았다.)

「순간동사 + ている」라도 과정성을 갖게 하는 부사나 조동사 등과 함께 사용되면,「동작의 진행」을 나타낼 수 있습니다.

- a. ドアが 閉まっている。(문이 닫혀있다.) <동작의 결과 상태>
  b. ドアが ゆっくりと 閉まっている。(문이 천천히 닫히고 있다.) <동작의 진행>
- a. 桜の花びらが 落ちている。(벚꽃의 꽃잎이 떨어져 있다) <동작의 결과 상태>
  b. 桜の花びらが ひらひらと 落ちている。(벚꽃의 꽃잎이 팔랑팔랑 떨어지고 있다.) <동작의 진행>
- a. ソウルに 行っている。(서울에 가있다) <동작의 결과 상태>
  b. ソウルに 行っている ところだ。(서울에 가고 있는 중이다) <동작의 진행>

5.「~てある」의 의미

「~てある」는 동작의 진행을 나타내지는 않습니다. 일반적으로는「~어 있다」라는「결과 상태」를 나타냅니다. 그러나 문맥에 따라서는「~해 놓았다(해 두었다)」라는「준비적 동작의 완료」의 뜻을 나타내기도 합니다.

01 결과 상태 ← [타동사 + てある]

「타동사 + てある」의 형태로「~어 있다)라는「결과 상태」를 나타낼 경우에는 동사의 대상은 항상 조사「が」를 취합니다.

예
- ノートに 名前が 書いてある。(노트에 이름이 쓰여 있다.)
- 机の上に 本が 置いてある。(책상 위에 책이 놓여 있다.)
- 冷蔵庫にビールが 入れてある。(냉장고에 맥주가 넣어져 있다.)
- エアコンが つけてある。(에어컨이 켜져 있다.)

02 준비적 동작의 완료 ← [타동사 + てある]

「타동사+てある」의 형태로 미리를 위한 준비적 동작의 완료를 나타낼 경우에는 「~해 놓았다(두었다)」로 해석되고, 동작의 대상은 조사 「が」도 「を」도 쓸 수 있습니다.

예
- 日本に 来る 前に 日本語を 習ってある。(일본에 오기 전에 일본어를 배워뒀다.)
- よく 練習してあるから、大丈夫だ。(충분히 연습해 두었으니까 괜찮다.)
- 予め 会場を 予約してある。(미리 회장을 예약해 두었다.)
- ご飯は 炊いてある。(밥은 지어 놓았다.)

6. 결과 상태를 나타내는 「~ている」와 「~てある」의 차이

일본어에서 동작이나 사건의 「결과 상태」를 나타나는 표현에는 「~ている」와 「~てある」가 있습니다. 아래에 양자를 간단히 비교하면 다음과 같습니다.

	「~ている」	「~てある」
형식	・~が＋自動詞(순간동사)＋ている	・「~が」＋ 他動詞 ＋ てある
예문	・窓が 開いている。(창문이 열려있다.) →자연히 열렸는지 누군가에 의해 열렸는지 모르지만, 현재의 결과로서 창문이 열려있는 것임.	・窓が 開けてある。(창문이 열려있다.) →누군가가 어떤 목적이나 의도가 있어서 창문을 연 결과로써 창문이 열려 있는 것임.
특징	・단지 상황을 눈에 보이는 대로 묘사한 것으로 동작의 결과나 변화에 주목한 표현 ・인간 등의 의도성이 포함되어 있지 않고, 자연력의 영향 등으로 사건이 일어났다는 것을 암시.	・행위 및 행위를 한 사람(동작주)에 주목한 표현. ・인간이 의도적인 목적을 가지고 행위를 했다는 것이 내재됨.

7. 「~ている」의 파생적 의미

「~ている」는 「동작의 진행」과 「결과상태」를 나타내는 것이 기본적인 용법이지만, 그 외에 문맥에 따라 다음과 같은 의미를 나타냅니다.

01 습관·반복 ← [동사의 종류에 관계없음]

「~ている」는 동사의 종류에 관계없이 「毎日, よく, 時々, ごとに」와 같은 빈도를 나타내는 말과 함께 사용되면 반복의 의미를 나타냅니다.

예
- 私は 毎日 テレビを 見ています。(나는 매일 TV를 보고 있습니다.)
- 毎日 家を 八時に 出ています。(매일 집을 8시에 나오고 있어요.)
- 彼は 週末ごとに プサンに 行っています。(그는 주말마다 부산에 가고 있어요.)
- ここで 有名人が よく 死んでいる。(여기에서 유명인이 자주 죽고 있다.)

02 경험 ← [동사의 종류에 관계없음]

「~ている」는 동사의 종류에 관계없이 문맥적인 요인으로 인해 경험을 나타내기도 합니다. 이 경우에는 「~ている」를 「~たことがある(~한 적이 있다)」로 바꿔 쓸 수 있습니다.

예
- 花子は 学生時代に 富士山に 登っている[=登ったことがある]。
  (하나코는 학생시절에 후지산에 오른 적이 있다.)
- この魚は 前にも 食べている[=食べたことがある]。
  (이 생선은 전에도 먹어 본적이 있다.)
- アメリカには 去年 行っている[=行ったことがある]。
  (미국에는 작년에 간적이 있다.)
- 彼は 4年前に その映画を 見ている[=見たことがある]。
  (그는 4년 전에 그 영화를 본 적이 있다.)

03 단순상태 ← [상태동사 + ている]

외견이나 성질 등이 원래부터 그런 상태였음을 나타내며, 이런 종류의 동사는 문장을 끝맺을 때 항상 「~ている」형을 취해야 합니다.

> 예
> - 妹は 母に 似ています。(여동생은 엄마를 닮았습니다.)
> - 山が そびえている。(산이 솟아있다.)
> - 彼女は やせている。(그녀는 말랐다.)
> - 先が 尖っている。(끝이 뾰족하다.)

 「~ている」와「~てある」의 표현 익히기

1. 각 그림을 보고 무엇을 하고 있는지 적어 봅시다.(今 何を していますか。)

① 本を読む

② 音楽を聞く

③ 手紙を書く

④ 友達とビールを飲む

⑤ たばこをすう

⑥ 勉強をする

⑦ おすしを食べる

⑧ テレビを見る

2. 각 그림을 관찰하고 보기와 같이 상태표현을 두 가지로 만들어 봅시다.

〈보기〉 窓が開く

❖ 자동사+ている
窓が開いています。
❖ 타동사+てある
窓が開けてあります。

① 車が止まる

❖ 자동사+ている

❖ 타동사+てある

② コップがきれいに並らぶ

❖ 자동사+ている

❖ 타동사+てある

③ 電気が付く

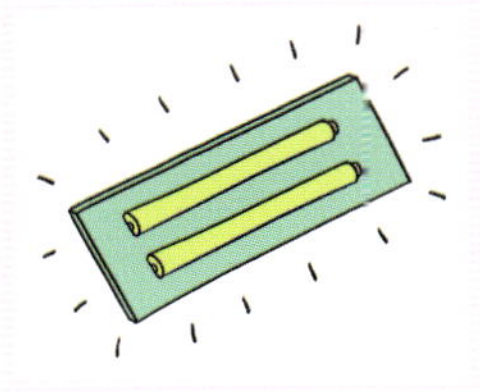

❖ 자동사+ている

❖ 타동사+てある

④ 教室に時計が掛かる

❖ 자동사+ている

❖ 타동사-てある

⑤ ドアが閉まる

❖ 자동사+ている

❖ 타동사-てある

회화 및 독해연습

雑誌や ポーチなどが 入っています。

なみこ ：あの、すみません。昨日の夕方、ここの前にある 公園で
　　　　かばんを なくしてしまったんですが、届いていませんか。

警官　 ：どんな かばんですか。

なみこ ：皮で できている かばんで、色は 茶色です。

警官　 ：中に 何が 入っていますか。

なみこ ：雑誌や ポーチなどが 入っています。

警官　 ：お金も 入っていますか。

なみこ ：いいえ、入っていません。

警官　 ：雑誌は どんな 雑誌ですか。

なみこ ：音楽の 雑誌です。表紙に「K-POP」と 書いてあります。

警官　 ：調べてみます。ちょっと 待ってください。

❀ 상황

데사카 나미코가 어제 공원에서 가방을 분실하여 파출소에 찾아가 분실신고를 하면서 경찰관(남자)과 나누는 대화 장면입니다.

낱말과 표현

- 夕方(ゆうがた) 해질녘, 저녁때
- 届(とど)く 닿다, 이르다, 달(達)하다
- できる 만들어지다, 완성되다
- 茶色(ちゃいろ) 다색, 갈색
- ポーチ 파우치, 조그마한 물건을 넣는 소형가방
- 表紙(ひょうし) 표지
- 無(な)くす 없애다, 잃다, 분실하다
- 皮(かわ) 가죽
- 色(いろ) 색, 빛깔

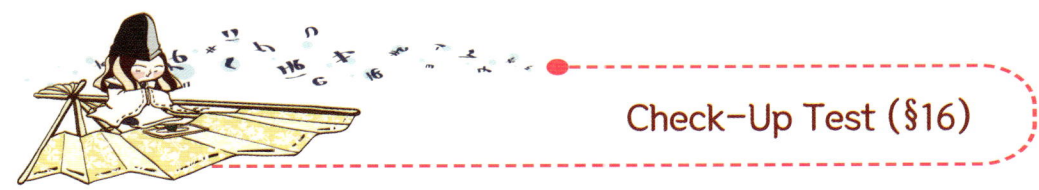

Check-Up Test (§16)

Q1. 다음 동사를 「계속동사」와 「순간동사」로 나누어 보세요.

1) 考える [ ]	2) 聞く [ ]	3) 使う [ ]
4) 起きる [ ]	5) 話す [ ]	6) 立つ [ ]
7) 待つ [ ]	8) 終わる [ ]	9) 走る [ ]
10) 倒れる [ ]	11) 死ぬ [ ]	12) 落ちる [ ]

Q2. 다음 문장 중에서 「~ている」와 「~てある」의 쓰임이 잘못 된 것을 고르시오.

① 寒いので、窓が 閉めてあります。
② 寒いので、窓が 閉まっています。
③ 寒いので、窓が 閉まってあります。
④ 教室には かぎが かけてあります。
　*かぎを かける: 열쇠를 채우다

Q3. 다음 「~ている」의 의미가 나타내는 의미를 보기에서 골라 쓰시오.

> 동작의 진행　　결과 상태　　습관 및 반복　　경험

1) 彼女は 毎年 日本へ 行っている。　[　　　　]
2) 学校の 前に 車が 止まっている。　[　　　　]
3) 私は 今 音楽を 聞いています。　　[　　　　]
4) 人が 死んでいます。　　　　　　　[　　　　]
5) 彼は 前にも 事故を 起こしています。[　　　　]

　*事故を 起こす 사고를 일으키다.

Q4. 다음을 보기와 같이 바꿔보시오.

> 窓を 開けます ⇒ 窓が 開けてあります。

1) ノートに 名前を 書きます ⇒ ＿＿＿＿＿＿＿＿＿＿＿＿＿
2) 机の上に 本を 置きます ⇒ ＿＿＿＿＿＿＿＿＿＿＿＿＿
3) 玄関のかぎを かけます。 ⇒ ＿＿＿＿＿＿＿＿＿＿＿＿＿

Q5. 다음 빈칸에 들어갈 말로「あります」와「います」중 알맞은 것을 고르시오.

1) エアコンは つけて [(A)あります。/ (B)います。]
2) 歌を 歌って [(A)あります。/ (B)います。]
3) 山田さんは 今 本を 読んで [(A)あります。/ (B)います。]
4) 中村さんの傘には 名前が 書いて[(A)あります。/ (B)います。]

Chapter 17

수수 표현

학습목표

- 수수동사 「あげる」, 「くれる」, 「もらう」의 쓰임을 익혀 수수 표현(사물이나 행위를 주고받는 표현)을 적절하게 사용할 수 있다.

학습포인트

- 수수 표현의 정의, 동사, 구분
- 사물의 수수 표현(あげる, くれる, もらう)
- 동작의 수수 표현(~てあげる, ~てくれる, ~てもらう)
- 「~てもらう」와 「~てくれる」의 비교
- 수수 표현을 활용한 회화 및 독해연습

Chapter 17
수수 표현

1. 수수 표현

1) 수수 표현(授受表現)의 정의

수수 표현	대인관계에서 사물이나 은혜적인 행위의 주고받음을 나타내는 표현을 말합니다. 이는 「수급 표현(受給表現)」「やりもらい 표현」「あげもらい 표현」이라고도 불립니다.

2) 수수를 나타내는 대표적인 동사

일본어에서 수수를 나타내는 대표적인 동사로는 「あげる(주다)」「くれる(주다)」「もらう(받다)」가 있습니다.

あげる(주다)	나 —주다→ 타인
くれる(주다)	나 ←주다— 타인
もらう(받다)	나 ←받다— 타인

일본어 수수 표현은「받다」보다「주다」란 표현이 좀 더 복잡합니다. 우리말은 내가 타인에게 사물을 줄 때도 타인이 나에게 사물을 줄 때도 똑같이 "주다"라고 표현합니다. 그러나 일본어에서는 내가 타인에게 사물을 줄 때는「あげる(주다)」를 사용해야 하며, 반대로 타인이 나에게 사물을 줄 때는「くれる(주다)」를 사용해야합니다. 이와 같이「주다」란 표현은 동작의 주체에 따라「あげる」「くれる」로 구분해서 사용합니다.

3) 수수 표현의 구분

일본어 수수 표현은 크게 사물의 수수 표현과 동작의 수수 표현으로 구분할 수 있습니다.

사물의 수수 표현	あげる(주다) くれる(주다), もらう(받다) 등
동작의 수수 표현	~てあげる(~해 주다), ~てくれる(~해 주다), ~てもらう(~해 받다) 등

2. 사물의 수수 표현

사물의 수수 표현이란「あげる(주다)」「くれる(주다)」「もらう(받다)」등의 동사를 사용해서 사물을 주고받는 관계를 나타내는 표현을 말합니다.

1) あげる

기본적으로 내(가족, 동료도 포함)가 타인에게 사물을 건네줄 때 사용하는데, 타인이 타인에게 사물을 건네줄 때도 사용합니다. 또한 이것은 물건을 주는 사람을 주어로 한 표현이고, 대등한 관계나 손아랫사람에게 사물을 줄 때 사용합니다(주는 이≧받는 이).

[물건 주는 사람]   あげる   [물건 받는 사람]

<나(가족, 동료)>   <타인>
<타인>   <타인>

Basic Pattern	(주는사람)が/は　(받는사람)に　(사물)を　あげる。 　　　~이/은　　　　~에게　　~을　주다

예
- 私は 田中さんに プレゼントを あげました。
  (나는 다나카 씨에게 선물을 주었습니다)
- 私は 母に お花を あげました。(나는 엄마에게 꽃을 주었습니다.)
- 妹は 田中さんに 本を あげました。(여동생은 다나카 씨에게 책을 주었습니다.)
- 木村さんは 田中さんに ネクタイを あげました。
  (기무라 씨는 다나카 씨에게 넥타이를 주었습니다.)

그밖에 「あげる」와 같은 조건하에서 사용할 수 있는 표현으로서 「さしあげる」와 「やる」가 있습니다.

さしあげる	▪ 「あげる」의 겸양어로 우리말 「드리다」에 해당 ▪ 물건을 받는 쪽이 물건을 건네주는 쪽보다 손윗사람인 경우에 사용
やる	▪ 동·식물에게 먹이나 물 등을 줄 때, 그리고 손아랫사람에게 「주다」란 뜻으로 사용

예
- 私は 先生に プレゼントを さしあげました。(나는 선생님에게 선물을 드렸습니다.)
- あなたは 先生に 何を さしあげましたか。(당신은 선생님에게 무엇을 드렸습니까?)
- 私は 娘に お小遣いを やりません。(나는 딸에게 용돈을 주지 않습니다.)
- 先輩が 後輩に 花束を やりました。(선배가 후배에게 꽃다발을 주었습니다.)
- 母は 猫に 魚を やりました。(엄마는 고양이에게 생선을 주었습니다.)
- 私は 花に 水を やりました。(나는 꽃에 물을 주었습니다.)

2) くれる

기본적으로 타인이 나(가족, 동료)에게 사물을 건네줄 때 사용하는 동사입니다. 이것은 타인을 주어로 한 것이며, 사물을 주는 사람이 나(가족, 동료)와 대등한 관계이거나 손아랫사람일 때 사용하는 표현입니다(주는이 ≤ 받는이).

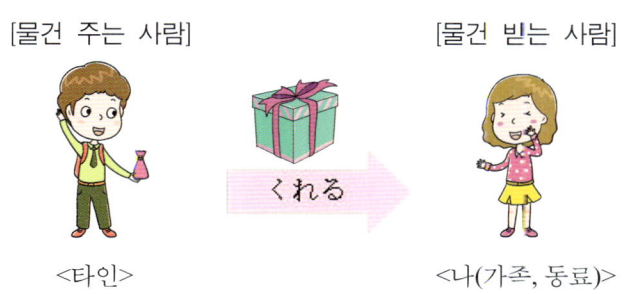

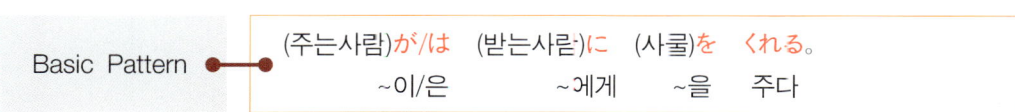

예
- 田中さんが 私に ケーキを くれました。(다나카 씨가 나에게 케익을 주었습니다.)
- 田中さんが 妹に 映画のチケットを くれました。
  (다나카 씨가 여동생에게 영화 티켓을 주었습니다.)
- 母が 私に お小遣いを くれました。(엄마가 나에게 용돈을 주었습니다.)
- 友だちが 私に プレゼントを くれました。(친구가 나에게 선물을 주었습니다.)

그밖에「くれる」와 같은 문장 환경에서 사용할 수 있는 표현으로는「くださる」가 있습니다.

くださる
- 「くれる(주다)」의 존경어로 우리말「주시다」에 해당
- 손윗사람이 나(가족, 동료)에게 사물을 줄 때 사용

예
- 先生が 私に 本を くださいました。(선생님이 저에게 책을 주셨습니다.)
- 先生が 弟に 日本のマンガを くださいました。
  (선생님이 남동생에게 일본만화를 주셨습니다.)
- 部長が 私に コンサートのチケットを くださいました。
  (부장님이 나에게 콘서트 티켓을 주셨습니다.)

3) もらう

우리말의 「받다」에 해당하는 말입니다. 기본적으로 타인한테 내(가족, 동료)가 사물을 받을 때 사용하는데, 타인이 타인한테 사물을 받을 때도 사용합니다. 「あげる」와 「くれる」와는 달리 물건을 받는 사람을 주어로 한 것이고, 대등한 관계나 손아랫사람에게 사물을 받을 때 사용합니다(받는 이 ≧ 주는 이).

Basic Pattern → (받는사람)が/は (주는사람)に/から (사물)を もらう。
　　　　　　　　　~이/은　　　　~에게/로부터　　~을 받다

※ 「もらう」는 주는 쪽을 조사 「に(에게)」나 「から(에게서, 로부터)」로 나타낼 수 있지만, 주는 쪽이 회사, 학교 등 단체인 경우에는 「から」만 사용됩니다.

예
- 私は 学生に 花束を もらいました。(나는 학생에게 꽃다발을 받았습니다.)
- 私は 友だちに クリスマスカードを もらった。
  (나는 친구한테 크리스마스카드를 받았다.)
- 南さんは 奈良さんから チョコレートを もらいました。
  (미나미 씨는 나라 씨로부터 쵸코렛을 받았습니다.)
- あやこは 恋人に ネックレスを もらった。(아야코는 애인에게 목걸이를 받았다.)

그밖에 「もらう」와 같은 문장 환경에서 사용할 수 있는 표현으로는 「いただく」가 있습니다.

| いただく | ▪ もらう(받다)」의 겸양어
▪ 받는 사람보다 주는 상대가 손윗사람일 경우에 사용함 |

예
- 私は 中村課長から 珍しい 果物を いただいた。
  (나는 나카무라 과장님으로부터 희귀한 과일을 받았다.)
- きれいな 絵はがきを 先生に いただきました。
  (예쁜 그림엽서를 선생님께 받았습니다.)

한편, 「もらう」란 동사는 기본적으로 말하는 사람 자신이 타인에게 무언가 받는 것을 나타내므로 존경어는 없고, 겸양어만 존재합니다.

3. 동작의 수수 표현

「사물의 수수 표현」이 사물을 주고받는 것과 관련된 표현을 가리키는데 반해, 「동작의 수수 표현」은 이익이 되는 행위를 주고받는 것과 관련된 표현을 말합니다. 대표적인 표현형식으로는 수수동사가 동사의 て형에 붙어 보조동사로 사용된 「~てあげる(~해 주다)」「~てくれる(~해 주다)」「~てもらう(~해 받다)」가 있습니다. 동작의 수수방향과 주어는 사물의 수수 표현과 동일하게 이루어집니다.

1) 「~てあげる」

기본적으로 내(가족, 동료)가 타인에게 도움이 되는 행위를 제공할 때 쓰이는 표현인데, 타인이 타인에게 이익이 되는 행위를 제공할 때도 쓰입니다. 동작을 행하는 사람을 주어로 하고, 상대방이 대등한 관계이거나 손아래인 경우에 사용합니다(주는이≧받는이).

Basic Pattern → (주는사람)が/は (받는사람)に (일/물건)を ~てあげる。
  ~이/은   ~에게   ~을   ~해주다

예
- 私は 田中さんに パソコンを 貸してあげた。
  (나는 다나카 씨에게 컴퓨터를 빌려주었다.)
- 母は 田中さんに スカートを 作ってあげました。
  (엄마는 다나카 씨에게 스커트를 만들어주었습니다.)

- 田中さんが 佐藤さんに 電子辞書を 貸してあげました。
  (다나카 씨가 사토 씨에게 전자사전을 빌려주었습니다.)
- 佐藤君は 彼女に 歌を 歌ってあげました。
  (사토 군은 여자친구에게 노래를 불러주었습니다.)

「~てあげる(~해 주다)」와 같은 조건하에서 사용할 수 있는 표현으로는 이 외에도 「~てさしあげる」와 「~てやる」가 있는데, 이것들은 그 사용법에 제약이 있습니다.

~てさしあげる	• 주로 손윗사람에게 경의를 표해야 한다고 판단할 때에 쓰임
~てやる	• 서로 친밀한 사이 혹은 손윗사람이 손아래사람에 대해서 사용하지만, 말이 거칠게 들리는 수가 있기 때문에 주의가 필요함 → 여성의 경우는 「~てやる」는 거의 사용하지 않고, 「~てあげる」를 주로 사용

- 私は 先生に 手紙を 書いてさしあげました。
  (나는 선생님께 편지를 써 드렸습니다.)
- 先日、ゴルフの帰りに 車で 社長を 駅まで 送ってさしあげた。
  (지난번 골프하고 돌아오는 길에 차로 사장님을 역까지 모셔다 드렸다.)
- 弟に 本を 読んでやりました。(남동생에게 책을 읽어주었습니다.)
- <친구 사이의 대화>
  A: 今日の授業、さぼっちゃった。(오늘 수업 빼먹어버렸다.)
  B: あとで 僕が ノート、見せてやるよ。(나중에 내가 노트 보여주마.)
- 部下: ファックスの使い方が 分からないんですが。(팩스 사용법을 모릅니다만.)
  上司: 今 おれが 教えてやるよ。(지금 내가 가르쳐 주지.)

Tip

「~てさしあげる」와 「てあげる」의 문제점

「~てさしあげる」와 「てあげる」는 내가 상대방을 위하여 도움이 되는 행위를 해줄 때 사용

하기 때문에 자신이 다른 사람을 위하여 은혜를 베푼다는 느낌이 강합니다. 따라서 손윗사람을 향해서 직접 말하는 것은 적절한 용법이라고 할 수 없습니다.

> 예 <학생이 선생님을 향하여>
> ・(?) 先生、私が お荷物を 持ってさしあげます。
> ・(?) 先生、私が 黒板を 消してあげます。

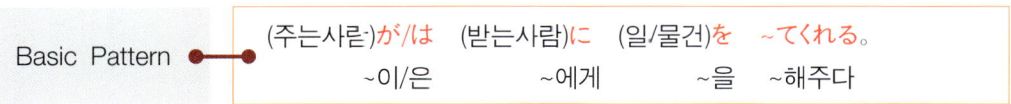

> 예 ・先生、私が お荷物を お持ちします。(선생님, 제가 짐을 들겠습니다.)
> ↑ 겸양표현 형식(「お+ます형+する」)
> ・先生、私が 黒板を 消しましょう。(선생님, 제가 칠판을 지우지요.)

2) 「~てくれる」

기본적으로 타인이 나(가족, 동료)에게 도움이 되는 동작을 제공할 때 쓰이는 표현입니다. 즉, 동작을 받는 사람이 나(화자)인 경우에 사용합니다. 동작을 제공해주는 타인을 주어로 하고, 대등한 관계나 손아랫사람이 동작을 제공해 줄 때 사용합니다(주는이≦받는이).

Basic Pattern — (주는사람)が/は (받는사람)に (일/물건)を ~てくれる。
~이/은 ~에게 ~을 ~해주다

> 예 ・なみこさんが 私に 本を 貸してくれました。
> (나미코 씨가 나에게 책을 빌려주었습니다.)
> ・友だちは 私に 写真を 見せてくれました。(친구는 나에게 사진을 보여주었습니다.)
> ・兄が 私に パンを 買ってくれました。(오빠가 나에게 빵을 사 주었습니다.)
> ・かよこさんが 娘に 日本語を 教えてくれた。
> (가요코 씨가 딸에게 일본어를 가르쳐 주었다.)

「~てくれる」와 같은 조건하에서 사용할 수 있는 표현으로는 이 외에도 「~てくださる」가 있습니다.

~てくださる	▪ 우리말 「~해 주시다」에 해당하고, 동작을 제공해주는 사람이 손윗사람으로 경의를 표해야할 경우에 사용함.

예
- 先生は 私に 推薦状を 書いてくださった。(선생님은 저에게 추천장을 써 주셨다.)
- 部長が 私に カメラを 貸してくださいました。
  (부장님이 저에게 카메라를 빌려주셨습니다.)

 주의

「くださる」에 「ます」를 연결할 경우, 우리가 앞서 학습한 「ます접속」 규칙대로 라면, 「くださる＋ます」는 「くださります」가 되겠지만, 이것은 예외적으로 「くださいます」라고 표현합니다.

3) 「~てもらう」

기본적으로 타인한테 내(가족, 동료)가 이익이 되는 동작을 받을 때 사용하는 것입니다만, 타인이 타인한테 이익이 되는 동작을 받을 때도 사용 가능합니다. 동작을 제공해 받는 사람을 주어로 사용하고, 대등한 관계나 손아랫사람에게 이익이 되는 동작을 받을 때 사용합니다 (받는 이 ≧ 주는 이).

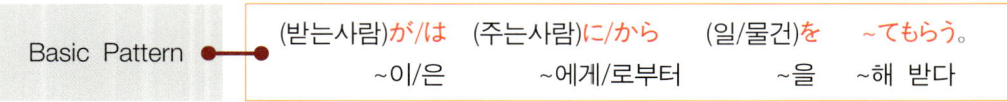

예
- 私は 川上さんに タイ語を 教えてもらった。
  (가와카미 씨는 나에게 태국어를 가르쳐주었습니다.)
- 妹は 田中さんから このCDを 貸してもらいました。
  (여동생은 다나카 씨로부터 이 CD를 빌렸습니다.)
- わたしは 友だちに 写真を 見せてもらいました。
  (친구는 나에게 사진을 보여주었습니다.)
- なみこさんは 李さんに 韓国語を 教えてもらいました。
  (나미코 씨는 이 씨한테 한국어를 배웠습니다.)

「~てもらう」는 우리말「~해 받다」로 해석할 수 있으나, 대부분의 경우 어색한 해석이 되고 맙니다. 따라서「てもらう」표현은 주는 사람과 받는 사람의 위치를 바꾸고「てもらう」대신「てくれる」로 바꿔서 해석하면 자연스러운 우리말 번역이 됩니다.

한편,「~てもらう」와 거의 같은 조건하에서 사용할 수 있는 것이「~ていただく」입니다.

~ていただく	・「~てもらう(받다)」의 겸양표현임 ・ 동작을 제공해 주는 사람이 손윗사람일 경우에 사용함 ・ 어떤 동작을 화자 자신이 제공 받는 표현이기 때문에 존경표현은 없고, 겸양표현만 존재함

예
- 私は 先生に 推薦状を 書いていただきました。
  (선생님께서 저에게 추천장을 써 주셨습니다.)
- 部長は 社長から 傘を 貸していただきました。
  (부장님은 사장님으로부터 우산을 빌렸습니다.)

4.「~てもらう」와「~てくれる」의 비교

「~てもらう」표현은 받는 사람의 입장에서 서술하는 것입니다. 즉, 받는 사람을 주어로 사용하고, 주는 사람을 목적어로 사용합니다. 그런데 이때 받는 사람과 주는 사람의 위치를 맞바꾸면「~てくれる」로도 바꿔 쓸 수 있습니다. 단, 타인(3인칭)끼리 행위를 주고받는 경우에는 바꿔 쓸 수 없습니다.

예
- 私は 田中さんに 傘を 貸してもらいました。
  田中さんは 私に 傘を 貸してくれました。
- 私は 母に かばんを 買ってもらいました。
  母は 私に かばんを 買ってくれました。

내가 남에게 이익이 되는 어떤 행위를 받는 경우에는「~てもらう」로도「~てくれる」로도 나타낼 수 있지만, 두 표현에는 약간의 뉘앙스적인 차이가 있습니다.「~てくれる」가 동작주의 자발적인 행위를 나타내는 데 반해「~てもらう」는 동작을 받는 사람이 동작주에게 부탁해서 행위가 실현된다고 하는 뉘앙스가 강합니다.

회화 및 독해연습

どうして これを 私に くださるのですか。

お客　　：ごちそうさま。おいしかったです。
従業員　：毎度、ありがとうございます。
お客　　：いつも 頑張っていますね。
　　　　　はい、これ、あげます。どうぞ。
従業員　：何ですか。えっ、宝くじですか。
お客　　：はい。あなたに 夢を プレゼントします。
従業員　：どうして これを 私にくださるのですか。
お客　　：僕は 夢を 売る 男ですから。ハハハ。
従業員　：本当に いただいて よろしいですか。
お客　　：はい、どうぞ。
従業員　：どうも ありがとうございます。また いらっしゃってください。

❉ 상황

생선초밥집에서 손님(중년 남성)이 식사를 한 후,「꿈을 준다」며 종업원(여자)에게 복권을 건네주는 이야기입니다.

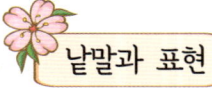 낱말과 표현

- お客 손님
- 従業員 종업원
- どうして 왜
- 宝くじ 복권
- 毎度 매번
- 夢 꿈, 희망
- プレゼントする 선사하다

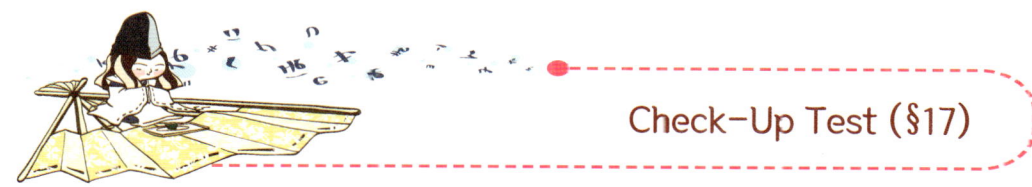

Check-Up Test (§17)

Q1. 다음 괄호 안에 들어갈 수수동사를 둘 중에서 하나 고르시오.

1) にわとりに えさを (くれる / やる)のを 忘れました。
2) 今年 はじめて 私は 母に カーネーションを (あげました / くれました)。
3) 私は あやこさんに 本を (もらった / くれた)。

Q2. 다음 보기와 같이 문장을 만들어 보시오.

> 恋人が 私に ネックレスを 買ってくれました。
> → 私は 恋人に ネックレスを 買ってもらいました。

1) 兄が レポートを 手伝ってくれました。
   →

2) 母は 私に かき氷を 作ってくれます。
   →

3) 田中さんは 息子に 絵本を 読んでくれました。
   →

Q3. 다음 대화문에 적합한 대답을 고르시오.

> 1) A: だれに 送ってもらいましたか。
>   B:

① 李さんが 送ってもらいました。　② 田中さんが 送ってあげました。
③ 中村さんが 送ってくれました。　④ 先生が 送っていただきました。

2)　A: このマンガ、とても おもしろいですね。
　　B:

① 貸してくれましょうか。　　　② 貸してあげましょうか。
③ 貸してもらいましょうか。　　④ 貸してくださいましょうか。

3)　A: ゆうべは タクシーで 帰りましたか。
　　B: いいえ、

① 部長に 車で 送っていただきました。
② 部長が 車で 送っていただきました。
③ 部長が 車で 送ってさしあげました。
④ 部長に 送ってくださいました。

Chapter 18

가능 표현

학습목표

- 동사를 가능 표현으로 만들 수 있고, 동사의 가능형 앞에 오는 조사를 바르게 사용할 수 있다.

학습포인트

- 가능 표현의 정의, 자긍 표현방식
- 「동사의 기본형 + ことができる」
- 가능 표현의 의미
- 가능 표현을 활용한 회화 및 독해 연습
- 동사의 가능형
- 가능형과 「~ことができる」의 비교
- ら抜きことば

Chapter 18
가능 표현

1. 가능 표현

1) 가능 표현의 정의

| 가능 표현 | 어떤 동작이나 상태를 실현하는 능력을 갖는(또는 갖지 못하는) 것을 나타내는 표현을 말하며, 우리말 「~할 수 있다(~할 수 없다)」라는 의미를 나타냅니다. |

2) 가능 표현의 자격

가능 표현을 만들 수 있는 것은 의지동사만 가능합니다.

| 의지동사 | 「話す(말하다), 読む(읽다), 行く(가다)」 등 인간의 의지에 의한 동작을 나타내는 동사 |
| 무의지동사 | 「降る(내리다), 咲く(꽃피다), 乾く(건조하다)」 등 인간의 의지에 의한 컨트롤이 불가능한 동작을 나타내는 동사 |

3) 가능 표현의 표현방식

가능을 나타내는 대표적인 표현방식에는 다음의 두 가지가 있습니다.
① 동사의 가능형(~e る형/~られる형)
② 「동사의 기본형 + ことができる」

2. 동사의 가능형

동사의 가능형은 동사 활용의 종류(1그룹동사/2그룹동사/3그룹동사)에 따라 만드는 방법이 다릅니다.

1) 동사의 가능형 만들기

① 1그룹동사(5단활용동사)

동사의 어미 「う」단을 「え」단으로 바꾸고 「る」를 붙입니다

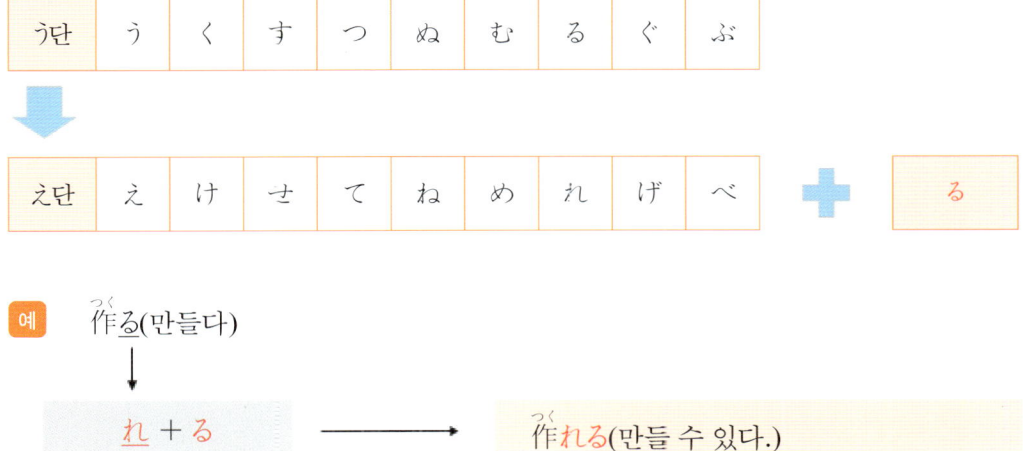

예 作る(만들다)
↓
れ + る → 作れる(만들 수 있다.)

고쳐보기 1

- 買う(사다) → 買える(살 수 있다)
- 話す(말하다) → 話せる(말할 수 있다)
- 遊ぶ(놀다) → 遊べる(놀 수 있다)
- 飲む(마시다) → 飲める(마실 수 있다)
- 帰る(돌아가[오]다) → 帰れる(돌아갈[올] 수 있다)

➡ 1그룹동사를 가능형으로 바꾸면, 2그룹동사 활용을 하는 동사가 됩니다.

문장연습 1

- 彼女はドイツ語が(を) 話せる。 (그녀는 독일어를 말할 수 있다.)
- 幸せは お金で 買えますか。 (행복은 돈으로 살 수 있습니까?)
- 今日は 宿題が 多すぎて 遊べません。 (오늘은 숙제가 너무 많아서 놀 수 없습니다.)
- 僕は お酒が(を) 飲めない。 (나는 술을 못 마신다.)
- 地震で 家に 帰れない 人が たくさん いる。

  (지진으로 집에 돌아갈 수 없는 사람이 많이 있다.)

② 2그룹동사(1단활용동사)

동사의 「ない형」에 「られる」를 붙입니다. 즉, 동사 어미 「る」를 없애고, 가능의 뜻을 지닌 「られる」를 붙입니다.

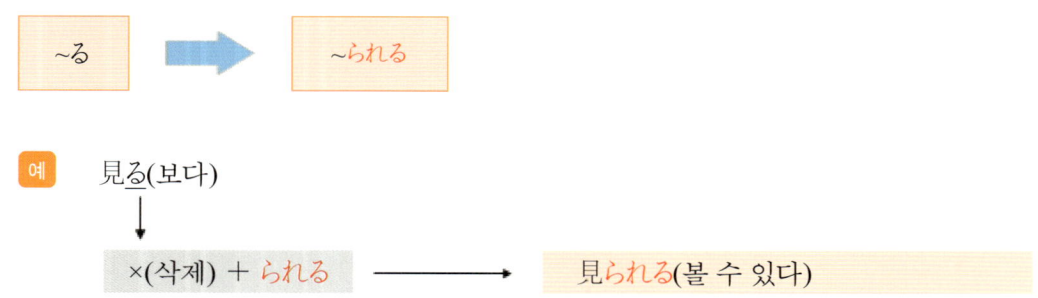

고쳐보기 2

- 起きる(일어나다) → 起きられる(일어날 수 있다)
- 借りる(빌리다) → 借りられる(빌릴 수 있다)
- 育てる(기르다) → 育てられる(기를 수 있다)
- 食べる(먹다) → 食べられる(먹을 수 있다)
- 寝る(자다) → 寝られる(잘 수 있다)

문장연습 2

- あなたは 毎朝 6時に 起きられますか。(당신은 매일 아침 6시에 일어날 수 있습니까?)
- この図書館では、本は 10冊まで、2週間 借りられる。

  (이 도서관에서는 책은 10권까지 2주간 빌릴 수 있다.)
- 私は 日本語で 電話が(を) 掛けられません。(나는 일본어로 전화를 걸 수 없습니다.)
- 夫のいびきが うるさくて 寝られない。(남편의 코골이가 시끄러워서 잘 수 없다.)
- 世の中には、食べたくても 食べられない 人が たくさん いる。

  (세상에는 먹고 싶어도 먹을 수 없는 사람이 많이 있다.)

③ 3그룹동사(불규칙활용동사/변격활용동사)

3그룹동사「来る」「する」는 다음과 같이 불규칙적으로 활용을 하므로 그냥 암기합시다!

> 예
> - 来る(오다) → 来られる(올 수 있다)
> - する(하다) → できる(할 수 있다)

문장연습 3

- あなたは 毎朝 8時までに 学校に 来られますか。

  (당신은 매일 아침 8시까지 학교에 올 수 있습니까?)
- 明日は 遊びに 来られないよ。(내일은 놀러올 수 없어.)
- 私は 料理が できます。(나는 요리를 할 수 있습니다.)
- この部屋で 歌の練習が できない。(이 방에서 노래 연습을 할 수 없다.)

 **Tip**

「できる」의 기타 의미

「できる」는 「할 수 있다」라는 가능의 의미 외에 많은 의미가 있는데, 대표적인 것을 들면 아래와 같습니다.

- <완성>
  用意が できた。(준비가 되었다)
- <출생>
  あの夫婦には 去年 子供が できた。(저 부부에게는 작년 아이가 태어났다.)
- <생성(무→유)>
  朴さんは 日本に 来て 新しい 友達が たくさん できた。
  (박 씨는 일본에 와서 새로운 친구가 많이 생겼다.)
- <우수>
  キムさんは 勉強が よく できます。(김씨는 공부를 아주 잘 합니다.)

2) 동사의 가능형과 조사

문장 속의 동사를 가능형으로 하면 동작의 대상을 나타내는 조사「を」는「が」로 바꾸는 것이 문법적으로 바른 표현입니다.

01	<기본문> 私は 漢字を 書きます。(나는 한자를 씁니다.) ↓ <가능문> 私は 漢字が 書けます。(나는 한자를 쓸 수 있습니다.)
02	<기본문> 私は 納豆を 食べる。(나는 낫토를 먹는다.) ↓ <가능문> 私は 納豆が 食べられる。(나는 낫토를 먹을 수 있다.)

그러나 요즘은 동작의 대상을 조사「が」로 바꾸지 않고, 그대로「を」로 나타내기도 합니다. 단, する의 가능형인「できる」는 실제 언어생활에서도 동작의 대상을「が」로 표현합니다.

> **예** ・私は 漢字が 書けます。(○) / 私は 漢字を 書けます。(○)
> ・私は 料理が できます。(○) / 私は 料理を できます。(×)

한편, 「会（あ）う」 「乗（の）る」 등과 같이 원래 조사 「に」를 취하는 동사는 가능형으로 사용되어도 조사를 「が」로 바꾸지 않고 그대로 사용합니다.

> **예** ・友達に 会います。(친구를 만납니다.)
> → 友達に 会えます。(○)(친구를 만날 수 있습니다.)
> → 友達が 会えます。(×)
> ・花子は 自転車（じてんしゃ）に 乗ります。(하나코는 자전거를 탑니다.)
> → 花子は 自転車に 乗れます。(○)(하나코는 자전거를 탈 수 있습니다.)
> → 花子は 自転車が 乗れます。(×)

이동동사에 쓰이는 통과점이나 출발점을 나타내는 조사 「を」도 동사 가능형 앞에서 「を」를 그대로 사용하는 것이 자연스럽습니다.

> **예** ・ペンギンは 空を 飛べない。(펭귄은 하늘을 날 수 없다.)
> ・隣（となり）の犬は 階段（かいだん）を 降りられない。(이웃집 개는 계단을 내려갈[올] 수 없다.)

3. 「동사의 기본형 + ことができる」

일본어의 가능 표현은 동사의 기본형에 「ことができる」를 연결해서도 표현합니다. 이 형식은 동사활용의 종류에 상관없이 모두 사용할 수 있습니다.

1그룹 동사	・なみこさんは ピアノを ひく ことができます。 (나미코 씨는 피아노를 칠 수가 있습니다.) ・自転車に 乗る ことができますか。 (자전거를 탈 수가 있습니까?)

2그룹 동사	▪ 何冊まで 本を 借りる ことができますか。 (몇 권까지 책을 빌릴 수가 있습니까?) ▪ 私は 韓国語を 教える ことができません。 (나는 한국어를 가르칠 수 없습니다.)
3그룹 동사	▪ 僕は 君を 愛する ことができない。 (나는 너를 사랑할 수가 없다.) ▪ 学校まで 約 25分で 来る ことができます。 (학교까지 약 25분에 올 수가 있습니다.)

4. 가능형과「~ことができる」의 비교

이상에서 공부했듯이 일본어에서 동사를 가능 표현으로 만드는 방법은 동사 자체를 가능형으로 바꾸는 것과 동사의 기본형에「~ことができる」를 붙이는 것이 있습니다.

> 예　私は カタカナを 書く。(나는 가타카나를 쓴다.)
> 　　→ ・私は カタカナが 書ける。(나는 가타카나를 쓸 수 있다.)
> 　　→ ・私は カタカナを 書く ことができる。(나는 가타카나를 쓸 수 있다.)

「가능형」과「~ことができる」는 서로 바꿔 쓸 수 있고, 의미적 차이도 거의 없지만, 양자의 특징을 정리하면 다음과 같습니다.

가능형	~ことができる
・구어체에서 주로 쓰임. ・「食べる」「飲む」「買う」등 일상생활에 자주 쓰이는 동사가 사용되기 쉬움.	・표현이 다소 문어적 ・「述べる」「まとめる」등 논리적인 동사에 사용되기 쉬움. ・2・3그룹동사는 가능형과 수동형이 같은 형태이기 때문에 혼동을 막기위해「~ことができる」가 사용되는 경우가 있음. ・「済ませる(끝내다)」등과 같이「せる」로 끝나는 동사에 사용되기 쉬움. 　예　早く 済ませる ことができる。 　　　(빨리 마칠 수 있다)

5. 가능 표현의 의미

일본어 가능 표현은 다음과 같이 두 가지 의미용법으로 쓰입니다.

01 기술적·신체적인 능력을 나타내는 경우

- 妹は 泳ぐ ことができます。 (여동생은 수영을 할 수 있습니다.)
- 私は お酒が 少ししか 飲めません。 (나는 술을 조금밖에 못 마십니다.)
- この子は 自転車に 乗れます。 (이 아이는 자전거를 탈 수 있습니다.)
- 彼女は 運転が できます。 (그녀는 운전을 할 수 있습니다.)

02 상황이나 규칙 등으로 인한 가능, 불가능의 경우

- このプールでは 10時まで 泳げます。 (이 수영장에서는 10시까지 수영할 수 있습니다.)
- 教室では 韓国語が 話せません。 (교실에서는 한국어를 말할 수 없습니다.)
- 会議中は 中に 入れません。 (회의 중에는 안에 들어갈 수 없습니다.)
- 雨の日でも サッカーが できます。 (비오는 날이라도 축구를 할 수 있습니다.)

6. ら抜きことば

2그룹동사와 3그룹동사「来る」의 가능형은 동사의「ない형」에「られる」를 붙여서 표현하지만, 실제 회화에서는 대부분 다음과 같이 표현합니다.

2그룹 동사	• 食べる(먹다) : 食べられる → 食べれる • 見る(보다) : 見られる → 見れる
3그룹 동사	• 来る(오다) : 来られる → 来れる

위와 같이 2그룹과 3그룹 동사의 가능 표현은 「ら」를 빼고 말하는 것을 볼 수 있는데, 이와 같이 표현하는 것을 「ら抜きことば(ら를 생략한 말)」라고 합니다. 이것은 1그룹동사의 가능형의 영향을 받아서 생겨난 말인데, 현재는 젊은이들 사이에서 뿐만 아니라 일반적으로도 널리 사용되고 있습니다. 심지어는 문장체에서까지도 사용되고 있습니다.

회화 및 독해연습

読めるだけでも すごいよ。

祐作(ゆうさく) : お久しぶり！最近 全然 見掛けなかったけど、どうしていたの。

佳乃(よしの) : 韓国に 一年間 留学していたんだ。

祐作 : えっ？韓国に？
じゃ、韓国語が 読める？

佳乃 : うん、読むことは できるけど、話す
ことは あまり できない。

祐作 : でも 読めるだけでも すごいよ。
キムチとかの 辛いものも 食べられる？

佳乃 : うん、食べられる。
キムチや メウンタンなどは 本当に おいしいよ。

祐作 : メウンタン？ 聞いたことが ないけど、それは 何？

佳乃 : 魚(さかな)や 野菜(やさい)などを 材料(ざいりょう)にした 辛口(からくち)の 鍋料理(なべりょうり)だよ。

祐作 : そうなんだ。本場(ほんば)の 料理を いろいろ 味(あじ)わえたなんて うらやましいね。

✿ 상황

우주대학의 교환학생이었던 스에히로 요시노(여자)가 일본 동경에 돌아가 친구인 다나카 유사쿠(남자)를 만나 이야기를 나누는 장면입니다.

낱말과 표현

- 全然(ぜんぜん) <否定의 말이 따르며> 전연, 전혀, 조금도
- 見掛(みか)ける 눈에 띄다, (언뜻)보다
- の <조사> 문장 끝에 붙어 의문을 나타냄. ~것입니까?, ~것이니?
- すごい 굉장하다, 대단하다
- メウンタン 매운탕
- 材料(ざいりょう) 재료
- ~にする ~로 하다
- 辛口(からくち) 짜거나 독함, 매콤함 ↔ 甘口(あまくち)
- 鍋料理(なべりょうり) 냄비 요리
- 本場(ほんば) 본장소, 본고장
- 味(あじ)わう 맛보다
- なんて <조사> ~이라니, ~하다니
- うらやましい 부럽다, 샘이 나다

Check-Up Test (§18)

Q1. 표 안의 동사를 각각 가능형으로 바꾸시오.

1) 歩く		6) する	
2) 走る		7) 来る	
3) 遊ぶ		8) 止める	
4) 泳ぐ		9) 借りる	
5) 立つ		10) 行く	

Q2. 주어진 단어를 가능의 형태로 바꾸어 문장을 완성하시오.

1) あなたは 着物が (　　　　)ますか。(作る)
2) 僕も 行きたいですが、忙しくて (　　　　)ません。(行く)
3) ここでは スキーが (　　　　)ます。(する)
4) 朝、ひとりで (　　　　)ますか。(起きる)

Q3. 다음은 보기와 같이 가능 표현으로 바꾸어 보시오.

> お酒を 飲む。 → お酒が 飲めます。

1) キムチを 食べません。
　→
2) インターネットを 使います。
　→
3) 漢字を 読みます。
　→

Q4. 다음을 「~ことができる」의 가능 표현으로 바꾸시오.

1) 月曜日は 来られますか。
    →

2) 明日まで レポートが 出せます。
    →

3) 李さんは 英語で 話せます。
    →

4) インターネットが 利用できます。
    →

Q5. 다음은 가능 표현의 구체적 의미가 다른 하나를 고르시오.

① 私は フランス語を 話すことが できない。
② 中村さんは 1,000メートルを 泳げます。
③ 箸も スプーンも ないから、お弁当が 食べられない。
④ 娘は 自転車に 乗れます。

Chapter 19
추측 표현

학습목표

- 추측 표현의 종류와 그 의미용법을 이해하고, 바르게 표현할 수 있다.

학습포인트

- 추측 표현의 종류
- 「~だろう/~でしょう」의 접속방법 및 용법
- 「~かもしれない」의 접속방법 및 용법
- 「~そうだ」의 접속방법, 용법, 부정표현
- 「~ようだ/~みたいだ」의 접속방법 및 용법
- 「~らしい」의 접속방법 및 용법
- 추측 표현의 비교
- 추측 표현을 활용한 회화 및 독해 연습

Chapter 19
추측 표현

1. 추측 표현의 종류

일본어의 추측 표현은 매우 다양하지만, 대표적인 것으로는 아래와 같은 것이 있습니다.

보통체	정중체
・~だろう (~일(할) 것이다)	・~でしょう (~일(할) 것입니다)
・~かもしれない (~일(할)지도 모른다)	・~かもしれません (~일(할)지도모릅니다)
・~ようだ/~みたいだ (~인(한) 것 같다/~인(한) 듯하다)	・~ようです/~みたいです (~인(한) 것 같습니다/~인(한) 듯합니다)
・~らしい (~인(한) 것 같다/~인(한) 듯 하다)	・~らしいです (~인(한) 것 같습니다/~인(한) 듯 합니다)
・~そうだ (~을(할) 것 같다/~일(할) 듯하다)	・~そうです (~을(할) 것 같습니다/~일(할) 듯 합니다)

2. 「~だろう/~でしょう」

「~だろう」는「~일 것이다, ~할 것이다」라는 의미를 나타내며, 정중체로 표현할 때는「~でしょう(~일(할) 것입니다)」를 사용합니다.

1) 「~だろう/~でしょう」의 접속방법

품사	접속방법	예
명사	보통형 + だろう (단, 비과거시제 긍정문은 だ + だろう)	・学生だろう(학생일 것이다) ・学生ではないだろう(학생이 아닐 것이다) ・学生だっただろう(학생이었을 것입니다) ・学生ではなかっただろう(학생이 아니었을 것이다)
い형용사	보통형 + だろう	・寒いだろう(추울 것이다) ・寒くないだろう(춥지 않을 것이다) ・寒かっただろう(추웠을 것이다) ・寒くなかっただろう(춥지 않았을 것이다)
な형용사	보통형 + だろう (단, 비과거시제 긍정문은 だ + だろう)	・便利だろう(편리할 것이다) ・便利ではないだろう(편리하지 않을 것이다) ・便利だっただろう(편리했을 것이다) ・便利ではなかっただろう(편리하지 않았을 것이다)
동사	보통형 + だろう	・行くだろう(갈 것이다) ・行かないだろう(가지 않을 것이다) ・行っただろう(갔을 것이다) ・行かなかっただろう(가지 않았을 것이다)

2) 「~だろう/~でしょう」의 용법

01 미래의 일이나 불확실한 일에 대한 추측을 나타냅니다.

・それは梅の花だろう。(그것은 매화꽃일 거야.)

・明日は祭りで賑やかでしょう。(내일은 축제로 북적북적하겠죠.)

02 「たぶん(아마)」「きっと(분명히)」「おそらく(필시)」 등의 부사와 함께 사용되는 경우가 많고, 약간 가능성이 높은 추량을 나타냅니다. 「~だろう」는 회화체에서는 주로 남성이 사용하고, 문장체나 혼잣말의 경우에는 남녀 모두 사용할 수 있습니다.

・たぶん今晩村山さんが来るだろう。(아마 오늘밤 무라야마 씨가 올 거야.)

・どうしてあんなことを言ったんだろう。(왜 그런 일을 말한 것일까.)

03 의문의 형태(상승조 억양)로 상대의 판단·의견을 듣거나 확인할 때도 사용됩니다.

- A: 君も そう 思うだろう。↗ (너도 그렇게 생각하겠지?)
  B: うん、そうだね。 (응, 그래.)
- A: 明日 パーティーに 行くでしょう。↗ (내일 파티에 가지요?)
  B: ええ、行きます。 (네, 갑니다.)

04 「と思う」와 결합해서 자신의 의견이나 추측을 상대에게 말할 때 씁니다.

- 日本語で レポートを 書くのは 大変だろうと 思います。
  (일본어로 레포트를 쓰는 것은 힘들 거라고 생각해요.)
- 来年は たぶん 物価が 上がるだろうと 思います。
  (내년에는 아마 물가가 올라갈 거라고 생각해요.)

3.「~かもしれない」

「~かもしれない」는「~일(할)지도 모른다」라는 의미이고, 정중체는「~かもしれません(~일(할)지도 모릅니다)」입니다.

1)「~かもしれない」의 접속방법

품사	접속방법	예
명사	보통형 + かもしれない (단, 비과거시제 긍정문은 だ + かもしれない)	・学生かもしれない (학생일지도 모른다) ・学生ではないかもしれない (학생이 아닐지도 모른다) ・学生だったかもしれない (학생이었을지도 모른다) ・学生ではなかったかもしれない (학생이 아니었을지 모른다)
い형용사	보통형 + かもしれない	・寒いかもしれない (추울지 모른다) ・寒くないかもしれない (춥지 않을지도 모른다) ・寒かったかもしれない (추웠을지도 모른다) ・寒くなかったかもしれない (춥지 않았을지도 모른다)
な형용사	보통형 + かもしれない (단, 비과거시제 긍정문은 だ + かもしれない)	・便利かもしれない (편리할지도 모른다) ・便利ではないかもしれない (편리하지 않을지도 모른다) ・便利だったかもしれない (편리했을지도 모른다) ・便利ではなかったかもしれない (편리하지 않았을지도 모른다)

품사	접속방법	예
동사	보통형 + かもしれない	・行くかもしれない(갈지도 모른다) ・行かないかもしれない(가지 않을지도 모른다) ・行ったかもしれない(갔을지도 모른다) ・行かなかったかもしれない(가지 않았을지도 모른다)

2) 「~かもしれない」의 용법

01 미래의 일이나 불확실한 일에 대한 추측 표현으로 사용되는데, 「だろう/でしょう」에 비교해서, 가능성이 낮은 경우에 사용합니다. 그래서 긍정적 내용뿐만 아니라, 부정적 표현도 함께 사용되기 쉽습니다.

・宇宙人が いるかもしれない。(우주인이 있을지도 모른다.)

・中村さんは 来るかもしれない。でも 来ないかもしれない。

 (나카무라 씨는 올지도 모른다. 하지만 오지 않을지도 모른다.)

02 「ひょっとしたら(어쩌면)」「ひょっとすると(어쩌면)」「もしかしたら(어쩌면)」「もしかすると(어쩌면)」 등의 부사와 함께 사용되는 경우가 많습니다.

・ひょっとしたら そこで 会えるかもしれない。(어쩌면 거기서 만날 수 있을지도 모른다.)

・もしかしたら 僕は 天才かもしれません。(어쩌면 나는 천재일지도 모릅니다.)

4. 「~そうだ」

추측(양태)의 용법으로 사용되는 「~そうだ」는 명사에는 접속되지 않고, い형용사, な형용사, 동사에 접속되어 「~을(할) 것 같다, ~일(할) 듯하다」라는 뜻을 나타냅니다. 정중체는 「そうです」입니다.

1) 「~そうだ」의 접속방법

품사	접속방법	예
い형용사	어간 + そうだ	・寒そうだ (추울 것 같다) Cf　いい(좋다) → よさそうだ(좋을 것 같다) 　　ない(없다) → なさそうだ(없을 것 같다)
な형용사	어간 + そうだ	・便利そうだ (편리할 것 같다)
동사	ます형 + そうだ	・行きそうだ (갈 것 같다)

2) 「~そうだ」의 용법

01 화자가 관찰대상의 외관적인 모습이나 인상 등 시각적인 정보를 근거로 추측할 때 쓰입니다.

- 彼は 性格が よさそうですね。(그는 성격이 좋을 것 같군요.)
- ボタンが とれそうだ。(단추가 떨어질 것 같다.)

02 사태에 대한 화자의 막연한 예상이나 예감 등을 나타낼 때 쓰입니다.
(시각으로 파악할 수 없는 동사에 「そうだ」가 붙었을 때)

- 昼までには 着きそうだ。(점심때(정오) 까지는 도착할 것 같다.)
- ああ、寒い。風邪を 引きそうだ。(아아, 춥다. 감기 걸릴 것 같다.)

03 추측을 나타내는 「そうだ」는 명사에는 접속되지 않습니다. 명사를 추측의 의미로 쓸 때는 「ようだ」로 표현합니다.

- あっ、お客さんのようですよ。(아, 손님인 것 같아요.)
- あの人は どうやら 日本人のようだ。(저 사람은 아무래도 일본사람인 것 같아요.)

3) 「~そうだ」의 부정표현

추측을 나타내는 「そうだ」의 부정표현은 조금 독특하며, 크게 다음과 같이 분류할 수 있습니다.

① い형용사/な형용사 + 「そうだ」의 부정

| ~なさそうだ | ← 앞을 부정하는 경우 | そうだ | 뒤를 부정하는 경우 → | ~そうではない |

예
- このマンガは おもしろそうだ。(이 만화는 재미있을 것 같다.)
  → このマンガは おもしろくなさそうだ。(이 만화는 재미없을 것 같다.)
  → このマンガは おもしろそうではない。(이 만화는 재미있을 것 같지 않다.)

- このカメラは 便利そうだ。(이 카메라는 편리할 것 같다.)
  →このカメラは 便利ではなさそうだ。(이 카메라는 편리하지 않을 것 같다.)
  →このカメラは 便利そうではない。(이 카메라는 편리할 것 같지 않다.)

② 동사 + 「そうだ」의 부정

| ~な(さ)そうだ | ← 앞을 부정하는 경우 | そうだ | 뒤를 부정하는 경우 → | ~そうにもない / ~そうもない / ~そうにない |

예
- 雨が 降りそうだ。비가 내릴 것 같다.
  →雨が 降らなそうだ。(비가 내리지 않을 것 같다.) ◀ 문법적으로 바른 표현
  →雨が 降らなさそうだ。(비가 내리지 않을 것 같다.) ◀ 비문법적이지만 흔히 사용됨
  →雨が 降りそうにもない。(비가 내릴 것 같지 않다.)
  →雨が 降りそうもない。(비가 내릴 것 같지 않다.)
  →雨が 降りそうにない。(비가 내릴 것 같지 않다.)

Tip

「~そうだ」의 전문 용법

「~そうだ」는 추측(양태)의 용법 외에 전문의 용법으로도 사용되는데, 이때는 명사, い형용사, な형용사, 동사 등 모두에 접속되고「~라고 한다」라는 뜻을 나타냅니다. 정중체는「そうです」입니다.

01 접속방법

품사	접속방법	예
명사	보통형 + そうだ	・学生だそうだ (학생이라고 한다) ・学生ではないそうだ (학생이 아니라고 한다) ・学生だったそうだ (학생이었다고 한다) ・学生ではなかったそうだ (학생이 아니었다고 한다)
い형용사	보통형 + そうだ	・寒いそうだ (춥다고 한다) ・寒くないそうだ (춥지 않다고 한다) ・寒かったそうだ (추웠다고 한다) ・寒くなかったそうだ (춥지 않았다고 한다)
な형용사	보통형 + そうだ	・便利だそうだ (편리하다고 한다) ・便利ではないそうだ (편리하지 않다고 한다) ・便利だったそうだ (편리했다고 한다) ・便利ではなかったそうだ (편리하지 않았다고 한다)
동사	보통형 + そうだ	・行くそうだ (간다고 한다) ・行かないそうだ (가지 않는다고 한다) ・行ったそうだ (갔다고 한다) ・行かなかったそうだ (가지 않았다고 한다)

02 용법

화자가 보거나 듣거나 책을 읽거나 해서 얻은 정보를 그대로 상대에게 전할 때 사용됩니다. 정보의 출처를 나타낼 경우에는 「~によると(~에 의하면)」「~の話では(~의 얘기로는)」「~から聞いたんだけど(~에게 들었는데)」 등이 사용됩니다.

예
・山田さんは 毎朝 早く 起きるそうです。
(야마다 씨는 매일 아침 일찍 일어난다고 합니다.)
・新聞によると、昨日 北海道で 地震が あったそうだ。
(신문에 의하면 어제 홋카이도에서 지진이 있었다고 한다.)

5.「~ようだ(~みたいだ)」

「~ようだ」와「~みたいだ」는「~인(한) 것 같다, ~인(한)듯 하다」라는 같은 의미 용법으로 사용되지만, 명사와 な형용사의 접속 방법이 서로 다릅니다. 또한「ようだ」는 문장체나 격식 차린 회화체에서 사용되는데 반해,「みたいだ」는 격식 차리지 않은 회화체에서 사용됩니다. 정중체는 각각「ようです」「みたいです」입니다.

1)「~ようだ(~みたいだ)」의 접속방법

①「~ようだ」의 경우

품사	접속방법	예
명사	명사 수식형(연체형)	・学生のようだ(학생인 것 같다) ・学生ではないようだ(학생이 아닌 것 같다) ・学生だったようだ(학생이었던 것 같다) ・学生ではなかったようだ(학생이 아니었던 것 같다)
い형용사	명사 수식형(연체형)	・寒いようだ(추운 것 같다) ・寒くないようだ(춥지 않은 것 같다) ・寒かったようだ(추웠던 것 같다) ・寒くなかったようだ(춥지 않았던 것 같다)
な형용사	명사 수식형(연체형)	・便利なようだ(편리한 것 같다) ・便利ではないようだ(편리하지 않은 것 같다) ・便利だったようだ(편리했던 것 같다) ・便利ではなかったようだ(편리하지 않았던 것 같다)
동사	명사 수식형(연체형)	・行くようだ(가는 것 같다) ・行かないようだ(가지 않는 것 같다) ・行ったようだ(갔던 것 같다) ・行かなかったようだ(가지 않았던 것 같다)

②「~みたいだ」의 경우

품사	접속방법	예
명사	보통형 + みたいだ (단, 비과거시제 긍정문은 ~だ + みたいだ)	・学生みたいだ(학생인 것 같다) ・学生ではないみたいだ(학생이 아닌 것 같다) ・学生だったみたいだ(학생이었던 것 같다) ・学生ではなかったみたいだ(학생이 아니었던 것 같다)

품사	접속방법	예
い형용사	보통형 + みたいだ	・寒いみたいだ(추운 것 같다) ・寒くないみたいだ(춥지 않은 것 같다) ・寒かったみたいだ(추웠던 것 같다) ・寒くなかったみたいだ(춥지 않았던 것 같다)
な형용사	보통형 + みたいだ (단, 비과거시제 긍정문은 ~だ + みたいだ)	・便利みたいだ(편리한 것 같다) ・便利ではないみたいだ(편리하지 않은 것 같다) ・便利だったみたいだ(편리했던 것 같다) ・便利ではなかったみたいだ(편리하지 않았던 것 같다)
동사	보통형 + みたいだ	・行くみたいだ(가는 것 같다) ・行かないみたいだ(가지 않는 것 같다) ・行ったみたいだ(갔던 것 같다) ・行かなかったみたいだ(가지 않았던 것 같다)

2) 「~ようだ(~みたいだ)」의 용법

01 화자 자신이 직접 체험한 것(시각, 자신의 조사 등)을 근거로 한 주관적인 추측을 나타냅니다.

- (私は) どうも 風邪を 引いたようだ。((나는)아무래도 감기 든 것 같다.)
- 金さんは どうやら 結婚しているようだ。(김 씨는 아무래도 결혼한 것 같다.)

02 추측의 용법 이외에 「비유」나 「예시」의 의미로도 사용됩니다.

- 비유 : 모양이나 상태를 다른 무언가에 비유할 때 씁니다(마치 ~와 같다).
  - 人生は まるで 夢のようだ。(인생은 마치 꿈과 같다.)
  - 雲を つかむような 話だ。(구름을 잡는 것 같은(종잡을 수 없는) 이야기이다.)
- 예시 : 조건에 맞는 것을 구체적으로 예시할 때 쓴다(예를 들면 ~와 같다).
  - 君のような お人好しは 見た ことが ない。(너와 같은 호인은 본 적이 없다.)
  - あなたの ような 人が 好きです。(당신과 같은 사람을 좋아합니다.)

6. 「~らしい」

「~らしい」는「~인(한)것 같다, ~인(한)듯 하다」라는 의미를 나타내고, 정중체는「~らしいです(~인(한)것 같습니다, ~인(한)듯 합니다)」입니다.

1) 「~らしい」의 접속방법

품사	접속방법	예
명사	보통형 + らしい (단, 비과거시제 긍정문은 だ + らしい)	・学生らしい(학생인 것 같다) ・学生ではないらしい(학생이 아닌 것 같다) ・学生だったらしい(학생이었던 것 같다) ・学生ではなかったらしい(학생이 아니었던 것 같다)
い형용사	보통형 + らしい	・寒いらしい(추운 것 같다) ・寒くないらしい(춥지 않은 것 같다) ・寒かったらしい(추웠던 것 같다) ・寒くなかったらしい(춥지 않았던 것 같다)
な형용사	보통형 + らしい (단, 비과거시제 긍정문은 だ + らしい)	・便利らしい(편리한 것 같다) ・便利ではないらしい(편리하지 않은 것 같다) ・便利だったらしい(편리했던 것 같다) ・便利ではなかったらしい(편리하지 않았던 것 같다)
동사	보통형 + らしい	・行くらしい(가는 것 같다) ・行かないらしい(가지 않는 것 같다) ・行ったらしい(간 것 같다) ・行かなかったらしい(가지 않았던 것 같다)

2) 「~らしい」의 용법

01 간접적인 경험(전문, 타인의 조사 결과 등)을 근거로 하여 추측할 때 쓰입니다.

・今度の試験は 易しいらしいです。(이번 시험은 쉬운 것 같아요.)
・ここに 花屋が できるらしいです。(여기에 꽃집이 들어서는 것 같아요.)

02 화자의 외부에 존재하는 어떤 객관적인 근거로 추측할 때 쓰입니다.

- 花子は せきをしている。風邪を 引いているらしい。
 (하나코는 기침을 하고 있다. 감기에 걸린 것 같다.)
- もう 寝ているらしいです。電気が 消してあります。
 (이미 자고 있는 것 같아요. 전기가 꺼져 있어요.)

🚨 주의

한편, 「~らしい」는 추측을 나타내는 용법 외에 주로 명사에 접속하여 성질이나 상태를 나타내는 접미어로도 쓰입니다. 우리말로는 「~답다, ~다운」으로 해석됩니다.

- たいへん 男らしい。(매우 남자답다.)
- 田中君の 態度は 学生らしくない。(다나카 군의 태도는 학생답지 않다.)

7. 추측 표현의 비교

1) 「~ようだ」, 「~そうだ」, 「~だろう」의 비교

	~ようだ	~そうだ	~だろう
정보	• 체험이나 경험에 의한 판단, 직감	• 외관에 나타나는 느낌, 인상, 조짐 • 막연한 예상이나 예감	• 특히 정보는 없어도 됨
판단 기준	• 약간 주관적	• 주관적	• 주관적
예	• 雨が 降っているようだ。 (비가 내리고 있는 것 같다/비 오고 있는가 보다). → 도로가 젖어있음. 사람들이 우산을 쓰고 걷고 있음. • 雨が 降るようだ。 (비가 내릴 것 같다/비 올 모양이다.) → 모두들 우산을 들고 있음	• 雨が 降りそうだ。 (비가 내릴 것 같다.) → 하늘 모양을 보고	• 雨が 降るだろう。 (비가 내릴 것이다.) → 가능성이 높은 추측

※ 「정보」: 추측을 할 때 근거로 하는 것

2) 「~らしい」와 「~ようだ」의 비교

「らしい」와 「ようだ」의 경우는 다음과 같은 차이가 있다고 할 수 있습니다.

	~らしい	~ようだ
정보	• 귀를 통한 정보가 많음	• 눈을 통한 정보가 많음 • 체험, 경험에 의한 판단
판단 기준	•「ようだ」보다 객관적	•「らしい」보다 주관적
예	• 彼女は 結婚している らしい。 　(그녀는 결혼한 것 같다.) → 그녀가 결혼한 것을 누구한테 들었음.	• 彼女に 結婚している ようだ。 　(그녀는 결혼한 것 같다.) → 반지를 끼고 있는 모습을 보고

회화 및 독해연습

コートは 暖かそうですね。

朴　　：今朝は 寒かったですね。
手坂：そうですね。ニュースでは 明日
　　　は もっと 寒いらしいですよ。
朴　　：そうですか。
　　　あっ、手坂さんのコートは
　　　暖かそうですね。
手坂：ええ。でも ちょっと 重いんです。
　　　朴さん、ゆうべ、あまり 寝ていないようですね。
朴　　：ええ。どうして 分かったんですか。
手坂：だって ウサギのように 目が 赤いですこ。
朴　　：そんなに 赤いですか。
　　　実は ゆうべ 遅くまで インターネットゲームを やってしまいまして…
手坂：そうですか。
　　　男の人は 本当に ゲームが 好きなようですね。
　　　うちの弟も ゲームが とても 好きで、休みのときなんかは 夜ふかしを
　　　してでも ゲームを やっていますよ。
朴　　：弟さんも 本当に ゲームが 好きみたいですね。
手坂：はい。でも あまり やりすぎて 心配なんです。

❁ 상황

박 혜성이 데사카 나미코와 날씨 등에 대해 나누는 일상적인 대화입니다

낱말과 표현

- だって <접속사> 하지만, 그런데, 왜냐하면
- ウサギ 토끼
- とき 때, 시기, ~경우, ~할 때
- やる 하다, 행하다
- 夜ふかしをする 밤늦게 까지 잠을 안자다, 밤새우다
- 目 눈, 안구
- なんか 등, 따위

Check-Up Test (§19)

Q1. 다음 문장을 보기와 같이 바꾸어 보시오.

> この店は おいしいです
> → この店は おいしいらしいです。

1) 中村先生の試験は むずかしいです。
   →

2) 李さんは もう いません。
   →

3) 祭りは とても にぎやかです。
   →

Q2. 다음 문장을 보기와 같이 바꾸어 보시오.

> 彼は とても 真面目です。
> → 彼は とても 真面目そうです。

1) このハムは おいしいです。
   →

2) 荷物が 落ちます。
   →

3) あまり むずかしくないです。
   →

Q3. 다음 보기 중에서 맞는 것을 고르시오.

| そうです | ようです | かもしれない | だろう |

1) A: 韓国の冬は 寒い(　　　　　)ね。
   B: ええ、日本より ずっと 寒いですよ
2) A: ラーメンも 持って 行くんですか。
   B: ええ、ハワイには 韓国の 食べ物が ない(　　　　　)から。
3) A: どうしたんですか。熱が あるんですか。
   B: ええ、風邪の(　　　　　)。喉が いたいです。

Q4. 다음 문장 중에서 뜻이 다른 하나를 고르시오.

① この箱は 大きくて、かばんに 入りそうもありません。
② この箱は 大きくて、かばんに 入るそうもありません。
③ この箱は 大きくて、かばんに 入りそうにもありません。
④ この箱は 大きくて、かばんに 入らなそうです。

Q5. 다음 밑줄 친 「そうだ」의 의미를 <보기>에서 골라 각각 기호로 대답하시오.

| A 전문　　B 추측(양태) |

1) 山は 雪が 降っている<u>そうだ</u>。 　[　　　]
2) この服は 暖か<u>そうだ</u>。 　[　　　]
3) あの荷物は 重<u>そうだ</u>。 　[　　　]
4) こっちの 道の方が 近<u>そうだ</u>。 　[　　　]
5) こっちの 道の方が 近い<u>そうだ</u>。 　[　　　]

Chapter 20
수동 표현

학습목표

- 동사를 수동형으로 바꿀 수 있고, 수동문의 종류 및 특징 등을 숙지하여 이를 바르게 사용할 수 있다.

학습포인트

- 수동 표현의 정의
- 수동문의 종류
- 수동 표현을 활용한 회화 및 독해연습
- 수동형 만들기
- 수동문의 동작주와 조사

Chapter 20
수동 표현

1. 수동 표현

수동 표현	▪ 사람이나 사물이 외부로부터 동작·작용에 의해 영향을 받는다는 의미를 나타내기 위하여 사용되는 표현입니다. ▪ 화자의 시점·관심·공감이 동작주보다도 동작의 대상 쪽에 있는 경우에 사용합니다.

예　a. <능동문> 先生は 妹を 叱った。 (선생님은 여동생을 꾸짖었다.)

　　b. <수동문> 妹は 先生に 叱られた。 (여동생은 선생님에게 꾸중 들었다.)

➡ ・a(능동문)는 화자가 시점을 선생님 쪽에 두고 서술한 문장이고, b(수동문)는 화자의 공감이 여동생 쪽에 있고, 여동생 쪽의 시점에서 문장을 서술하고 있습니다.
　・화자의 공감이 가족인 여동생 쪽에 있는 것은 당연하며, 일본인의 표현으로서는 a(능동문)보다는 b(수동문)가 더 자연스럽습니다.

2. 수동형 만들기

수동형은 동사 활용의 종류에 따라 조동사 「れる」나 「られる」를 붙여 만듭니다.

1) 1그룹동사(5단활용동사)

동사의 어미「う」단을「あ」단으로 바꾸고, 수동의 의미를 나타내는 조동사「れる」를 붙입니다.

예 作る(만들다)

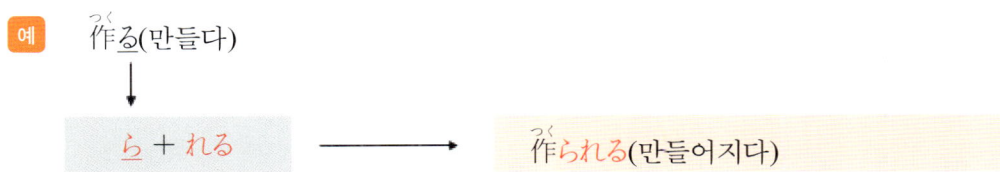

고쳐보기 1

- 噛む(물다) → 噛まれる(물리다)
- 書く(쓰다) → 書かれる(쓰이다)
- 殴る(때리다) → 殴られる(맞다)
- 踏む(밟다) → 踏まれる(밟히다)

문장연습 1

- 猿に 手を 噛まれました。(원숭이에게 손을 물렸습니다.)
- のび太は ジャイアンに 何回 殴られましたか。(노비타는 쟈이언에게 몇 번 맞았습니까?)
- 人に 読まれる ブログの 題名の 付け方。(남에게 읽혀지는 블로그의 제목 붙이는 법)

2) 2그룹동사(1단활용동사)

동사 어미 「る」를 없애고, 수동의 의미를 나타내는 조동사 「られる」를 붙입니다.

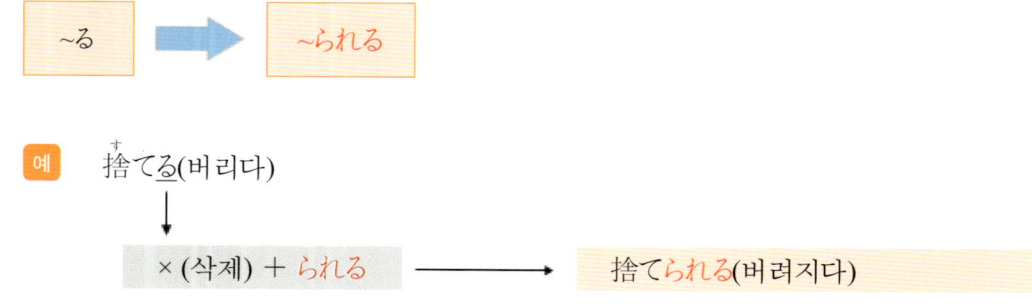

고쳐보기 2

· 苛める(괴롭히다) → 苛められる(괴롭힘을 당하다)

· 育てる(기르다, 양육하다) → 育てられる(길러지다, 양육되다)

· 投げる(던지다) → 投げられる(던져지다)

· 誉める(칭찬하다) → 誉められる(칭찬받다)

문장연습 2

· いじめる 子も 悪いが、いじめられる 子も 悪い。
 (괴롭히는 아이도 나쁘지만, 괴롭힘을 당하는 아이도 나쁘다.)

· 私は 祖母に 育てられました。(나는 할머니에게 자랐습니다.)

· 日本語の 作文を 先生に 誉められました。(일본어작문을 선생님께 칭찬받았습니다.)

3) 3그룹동사(변격동사/불규칙동사)

3그룹동사 「来る」「する」는 불규칙적인 활용을 하므로 수동형도 그냥 암기합시다!

예
· 来る(오다) → 来られる(옴을 당하다→오다) ※능동으로 해석
· する(하다) → される(되다. 당하다. 받다)

> 문장연습 3

- 勉強しようと 思っていたのに、友達に 遊びに 来られたんです。

  (공부하려고 생각하고 있었는데 친구가 놀러 왔어요..)
- 二人の 男性に プロポーズされました。(두 명의 남성에게 프로포즈 받았습니다.)
- 先生に 授業に 遅れないように 注意されました。

  (선생님께 수업에 늦지 않도록 주의 받았습니다.)

3. 수동문의 종류

일본어의 수동문은 크게 「직접 수동문」과 「간접 수동문」, 그리고 「소유자 수동문」으로 분류할 수 있습니다.

1) 직접 수동문

수동문의 주어가 직접적으로 타인의 동작이나 행위의 영향을 받거나 대상이 되는 것을 말하며, 기본적으로 타동사가 사용됩니다.

01 사람이나 동물이 주어로 사용된 경우

수동문 중에서 가장 일반적인 형태이며, 우리말이나 영어에서도 흔히 볼 수 있는 수동문입니다.

예 a. <능동문> 兄が 弟を 殴った。(형이 동생을 때렸다.)

　　<수동문> 弟が 兄に 殴られた。(동생이 형에게 맞았다.)

　b. <능동문> 先輩は 私に いろいろなことを 聞いた。(선배는 나에게 여러 가지 것을 물었다.)

　　<수동문> 私は 先輩に いろいろなことを 聞かれた。(나는 선배에게 여러 가지 것을 질문 받았다.)

> 고치는 법

① a와 같이 능동문의 목적어를 수동문의 주어로 합니다. 단, b와 같이 술어가 수여동사일 경우에는 능동문의 간접목적어를 수동문의 주어로 하고, 직접목적어는 그대로 수동문의 목적어로 합니다.
② 능동문의 주어는 수동문에서 조사「に(또는 から, によって 등)」의 형태로 바꿉니다.
③ 능동문의 동사를 수동형「~れる/~られる」로 바꿉니다.

02　무생물이 주어로 사용된 경우

행위를 하는 사람이 특정한 사람이 아니거나 또는 사회적 사실 등을 말할 때 사용됩니다.

> 예
> ・入学試験を 11月に 行う。(입학시험을 11월에 실시한다.)
>   → 入学試験が 11月に 行われる。(입학시험이 11월에 실시된다.)
> ・2018年に 韓国で オリンピックを 開く。(2018년에 한국에서 올림픽을 연다.)
>   → 2018年に 韓国で オリンピックが 開かれる。
>   (2018년에 한국에서 올림픽이 열린다.)

이때는 동작을 행하는 주체는 표현되지 않는 경우가 많지만, 표현될 경우에는 주로「によって(에 의해서)」가 사용됩니다.

> 예
> ・最近 多くの 外国人が 日本語を 学習している。
>   (최근에 많은 외국인이 일본어를 학습하고 있다.)
>   → 日本語は 最近 多くの 外国人によって 学習されている。
>   (일본어는 최근에 많은 외국인에 의해 학습되고 있다.)
> ・若い 人たちが この 雑誌を 作っています。
>   (젊은 사람들이 이 잡지를 만들고 있습니다.)
>   → この 雑誌は 若い 人たちによって 作られています。
>   (이 잡지는 젊은 사람들에 의해 만들어지고 있습니다.)

 주의

직접 수동문은 일반적으로 타동사가 사용되지만,「噛み付く(달려들어 물다)」「話し掛ける(말을 걸다)」등과 같이 조사「に」를 취하는 자동사도 사용됩니다.

- 犬が 私に 噛み付いた。(개가 나에게 덤벼들어 물었다.)
  → 私は 犬に 噛み付かれた。(나는 개에게 물렸다.)
- 太郎が 花子に 話し掛けた。(타로가 하나코한테 말을 걸었다.)
  → 花子は 太郎に 話し掛けられた。(하나코는 타로한테 말이 걸려왔다.)

2) 간접 수동문

수동문의 주어가 어떤 사건으로부터 간접적으로 영향을 받는 것을 나타냅니다. 일반적으로 바람직하지 않은 영향(피해나 마이너스적인 영향)을 받기 때문에 피해수동이라고 불립니다. 주어로는 사람이 옵니다. 타동사뿐만 아니라 자동사로도 만들어지는데, 이것은 일본어 수동문의 특징이라고 할 수 있습니다.

01 자동사의 경우

<능동문>　　雨が 降った。(비가 내렸다.)
　　　　　　　↓　　↓
<수동문> 私は 雨に 降られた。(나는 비를 맞았다. 그래서 짜증났다.)

02 타동사의 경우

<능동문>　　隣の人が 5階建てのマンションを 建てた。(이웃사람이 5층짜리 맨션을
　　　　　　　↓　　　↓　　　　　　↓　　　지었다.)
<수동문> 私は 隣の人に 5階建てのマンションを 建てられた。
　　　　　(이웃사람이 5층짜리 맨션을 지었다. 그래서 나는 집이 그늘져 속상했다.)

> 고치는 법

① 능동문에 없던 사람을 수동문의 주어로 합니다.
② 능동문의 주어(동작을 하는 주체)는 수동문에서 항상 조사「に」를 붙여 사용합니다.
③ 능동문의 동사를 수동형「~れる/~られる」로 바꿉니다.

간접수동문은 우리말에는 없는 수동이므로 해석을 할 때 일단 능동문으로 해석하고, 피해를 입는다는 의미를 부가시킵니다.

> 예
> ・母が 死んだ。(엄마가 죽었다.)
>   → 私は 母に 死なれた。(나는 엄마가 죽었다. 그래서 고생했다(힘들었다 등).
> ・明け方、にわとりが 泣いて 目が 覚めてしまいました。
>   (새벽녘, 닭이 울어서 잠이 깨버렸습니다.)
>   → 私は 明け方、にわとりに 泣かれて 目が 覚めてしまいました。
>   (나는 새벽녘, 닭이 울어서 잠이 깨버렸습니다.)
> ・クモが 巣を 作った。(거미가 집을 지었다.)
>   → 私は クモに 巣を 作られた。(나는 거미가 집을 지어 곤란했다.)

3) 소유자 수동문

소유자수동문은 직접수동문과 간접수동문의 중간적인 성격의 것으로 수동문 주어의 신체 일부나 소유물, 친족 등의 관계자가 다른 사람(것)의 동작이나 작용을 받았을 때 사용하는 것입니다. 능동문의 주어가 하는 동작이나 행위로부터 1차적으로 신체부위, 소유물, 관계자 등이 직접적인 작용이나 영향을 받고, 이로 인해 수동문의 주어도 직·간접적으로 영향을 받습니다.

일반적으로 수동문의 주어에는 사람이나 동물이 오고, 타동사가 사용됩니다.「피해를 받았다」는 의미로 사용되는 경우가 많지만, 예문 b에서 볼 수 있듯이 반드시 그런 것만은 아닙니다.

> 예 a. <능동문> 部長が 私の頭を 叩いた。(부장님이 나의 머리를 쳤다.)
>
>   <수동문> 私は 部長に 頭を 叩かれた。(나는 부장님께 머리를 맞았다.)

b. <능동문> 先生が 私の娘を 誉めて うれしかった。(선생님이 나의 딸을 칭찬해서 기뻤다.)

   <수동문> 私は 先生に 娘を 誉められて うれしかった。(나는 선생님께 딸을 칭찬받아서 기뻤다.)

> **고치는 법**

① 능동문의 목적어 중(私の頭, 私の娘)에서 소유자(조사「の」의 앞부분)만을 수동문의 주어로 합니다.
② 능동문의 주어(部長, 先生)는 수동문에서 조사「に(혹은 から)」의 형태로 바꿉니다.
③ 신체부분이나 소유물, 혹은 관계자를 나타내는 명사는 그대로 둡니다.
④ 능동문의 동사를 수동형「~れる/~られる」로 바꿉니다.

4. 수동문의 동작주와 조사

수동문에서 동작주(행위자)는 일반적으로 조사「に」로 표현되지만, 그 밖에「から」나「によって」에 의해 표현되는 경우도 있습니다.

01 「から」로 표현되는 경우

「与える(주다), 渡す(건네다), 送る(보내다), 伝える(전하다)」등과 같이 능동문에서「AがBにCを~する(A가 B에게 C를 ~하다)」의 구조로 표현되는 동사가 사용됩니다. 능동문에서 뭔가를 받는 대상이「に」로 표현되는 경우 수동문의 동작주가「に」로 표시되면 혼란이 일어나기 때문에 동작주는「から」로 표현되는 것입니다.

> **예**
> ・市長が 佐藤君に メダルを 渡した。(시장이 사토 군에게 메달을 건넸다.)
> → 市長から 佐藤君に メダルが 渡された。
>   (시장님으로부터 사토 군에게 메달이 건네졌다.
> ・社長が 社員全員に 記念品を 送った。(사장님이 사원 전원에게 기념품을 보냈다.)
> → 社長から 社員全員に 記念品が 送られた。
>   (사장님으로부터 사원 전원에게 기념품이 보내졌다.)

02 「に」와 「から」가 둘 다 사용되는 경우

「慰める(위로하다)」「憎む(미워하다)」「愛する(사랑하다)」「誘う(권유하다)」「尊敬する(존경하다)」「招待する(초대하다)」 등과 같이 직접 접촉을 하지 않는 동작을 나타내는 동사는 양쪽 모두 사용할 수 있습니다.

예
- みんなが 花子を 愛している。(모두가 하나코를 사랑한다.)
  → 花子は みんな{に/から} 愛されている。(하나코는 모두에게 사랑받는다.)
- 中村さんが 私を パーティーに 招待した。(나카무라 씨가 나를 파티에 초대했다.)
  → 私は 中村さん{に/から} パーティーに 招待された。
  (나는 나카무라 씨에게(로부터) 파티에 초대받았다.)

03 「によって」로 표현되는 경우

「作る」「書く」「建てる」「発見する」「設計する」등 작성이나 창조의 의미를 갖는 동사는 「によって」로 표현됩니다.

예
- ニュートンは、万有引力を 発見した。(뉴튼은 만유인력을 발견했다.)
  → 万有引力は、ニュートンによって 発見された。
  (만유인력은 뉴튼에 의해 발견되었다.)
- 古代のファラオは、ピラミッドを 建てた。(고대의 파라오는 피라미드를 지었다.)
  → ピラミッドは、古代のファラオによって 建てられた。
  (피라미드는 고대의 파라오에 의해 지어졌다.)

회화 및 독해연습

母に 怒られちゃったんです。

手坂 : 朴さん、おはよう！
朴 : あ、おはよ。
手坂 : どうしたんですか。
　　　元気ないですね。
朴 : ゆうべ、母に 怒られちゃったんです。
手坂 : どうして 怒られたんですか。
朴 : いつもより テストの 点数が
　　　悪かったからです。
手坂 : そうでしたか。
　　　じゃ、次のテストで 頑張れば いいじゃないですか。
朴 : そうですね。^^
　　　次のテストは 点数を 上げて 母に 誉められるように 頑張ります。
手坂 : はい、頑張ってください。
　　　じゃ、元気づけに おいしいものでも 食べて カラオケに 行きましょう。
　　　ご飯は 私が おごります。
朴 : 本当ですか。
　　　じゃ、カラオケは 僕が 出します。
　　　レッツ・ゴー！

❀ 상황

박혜성이 좋지 않은 성적으로 엄마에게 꾸중을 들어 우울해 있자, 데사카 나미코가 위로해 주며, 기분전환으로 맛있는 것 먹고, 가라오케에 가자고 권유하는 장면입니다.

낱말과 표현

- 元気(げんき)ない 기운이 없다, 기운이 없어 보인다, 맥이 없다
- 怒(おこ)る 화내다, 꾸짖다, 야단하다
- 点数(てんすう) 점수
- ~ように ~하도록
- カラオケ 노래방
- 出(だ)す 내다, (값을)치르다, 지급하다
- レッツ・ゴー 레츠고(let's go), 자 가자
- 誉(ほ)める 칭찬하다
- 元気(げんき)づける 기운을 북돋다
- おごる 한턱내다

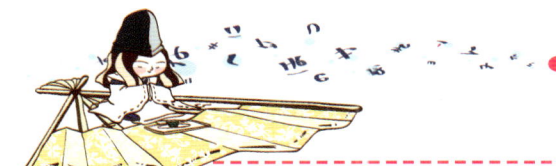

Check-Up Test (§20)

Q1. 표 안의 동사를 수동형으로 각각 써 보시오.

1) 書く		8) 盗む	
2) 読む		9) 買う	
3) 叱る		10) 殺す	
4) 見る		11) 発見する	
5) 食べる		12) 守る	
6) 死ぬ		13) 誉める	
7) 禁止する		14) キスする	

Q2. 다음은 능동문을 수동문으로 바꾸어 보시오.

1) 入学試験を 11月に 行う。

　→ _____

2) 先生は 李さんを 叱りました。

　→ _____

3) 泥棒が 妹の 財布を 盗みました。

　→ _____

4) 若い 人たちが この 雑誌を 作っています。

　→ _____

Q3. 다음은 수동문을 능동문으로 바꾸어 보시오.

1) キムさんが 林さんに 借金を 頼まれた。
→

2) アンさんは スミスさんに キスを される。
→

3) 飼い主が ネコに 飛びつかれる。
→

4) 森さんが 林さんに 文句を 言われる。
→

Q4. 사람들이 말한 내용을 ( )안의 동사를 사용하여 수동문으로 나타내보시오.

> 田中 : 中村さん、こんどの日曜日に 一緒に 映画に 行きませんか。(誘う)
> → 中村さんは、田中さんに 映画に 誘われました。

1) 山田 : 吉田さん、引っ越しの 手伝いを お願いします。＜頼む＞
→ 吉田さんは、

2) 先生 : 日本では、4月に 入学式を 行います。＜行う＞
→ 日本では、入学式は

3) 李 : 大切な ウイスキーを 息子が 飲んでしまったんだ。＜飲む＞
→ 李さんは、

Q5. 다음 밑줄 친 「れる/られる」의미가 다른 하나를 고르시오.

① この本は 私でも 借りられますか。
② 試合中に ボールを ぶつけられる。　　*ぶつける: 부딪치다, 던져 맞히다
③ 昨日は 雨に 降られました。
④ 今朝 電車の 中で、隣の 人に 足を 踏まれた。

Chapter 21
사역 표현

학습목표

- 동사를 사역형으로 바꿀 수 있고, 사역문의 종류와 용법을 익혀 바르게 표현할 수 있다. 또한 사역을 사용한 「사역수동 표현」, 「사역수수 표현」에 대해서도 숙지하여 이들을 바르게 표현할 수 있다.

학습포인트

- 사역 표현의 정의
- 사역형 만들기
- 사역문의 종류(자동사 사역문, 타동사 사역문)
- 사역문의 의미
- 사역을 사용한 기타 표현(사역수동, 사역수수 표현)
- 사역 표현을 활용한 회화 및 독해 연습

Chapter 21
사역 표현

1. 사역 표현

사역 표현	▪ 문장의 주체가 어떤 행위를 자기 스스로 행하지 않고, 타인에게 그 행위를 강요하거나 허용하는 것 등을 나타내는 표현을 말합니다. ▪ 동사활용의 종류에 따라 「せる」나 「させる」를 연결하여 표현합니다.

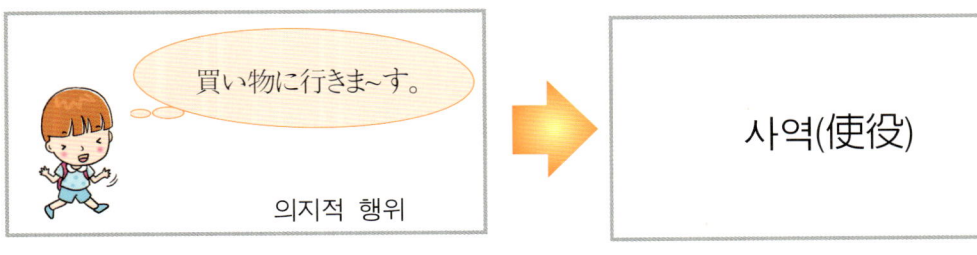

↑ 子供が買い物に行く。(아이가 물건 사러 가다)
↓ 子供を買い物に行かせる。(아이를 물건 사러 가게 하다)<사역 표현>

사역 : 타인에게 어떤 행위를 시키는 것

2. 사역형 만들기

1) 1그룹동사(5단활용동사)

동사 어미 「う」단을 「あ」단으로 바꾸고, 사역의 의미를 나타내는 조동사 「せる」를 붙입니다.

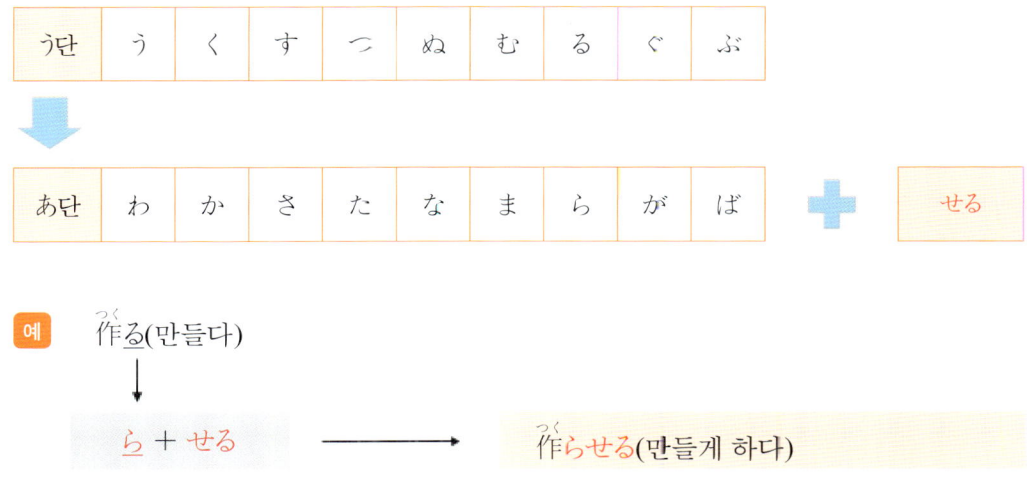

예 作る(만들다)
↓
ら + せる ⟶ 作らせる(만들게 하다)

고쳐보기 1

- 手伝う(돕다) → 手伝わせる(돕게 하다)
- 話す(말하다) → 話させる(말하게 하다)
- 遊ぶ(놀다) → 遊ばせる(놀게 하다)
- 読む(읽다) → 読ませる(읽게 하다)

문장연습 1

- 先生は 学生たちを 走らせた。(선생님은 학생들을 달리게 했다.)
- 私は 娘に 家事を 手伝わせる。(나는 딸에게 가사일을 돕게 한다.)
- 子どもを 遊ばせる 公園が 近所に ない。(아이를 놀게 할 공원이 근처에 없다.)

2) 2그룹동사(1단활용동사)

동사 어미「る」를 없애고, 사역의 의미를 나타내는 조동사「させる」를 붙입니다.

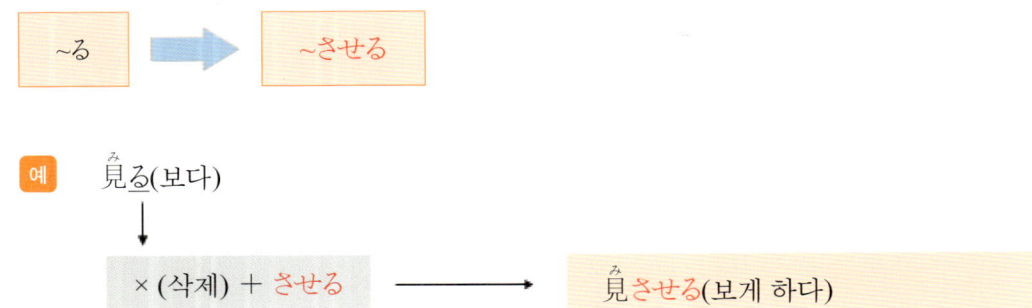

고쳐보기 2

- 入れる(넣다) → 入れさせる(넣게 하다)
- 答える(대답하다) → 答えさせる(대답하게 하다)
- 捨てる(버리다) → 捨てさせる(버리게 하다)
- 食べる(먹다) → 食べさせる(먹이다)

문장연습 2

- 生徒を 指して 答えさせる。(학생을 가리키며 대답시킨다.)
- 姉が 妹に ご飯を 食べさせる。(언니가 여동생에게 밥을 먹인다.)
- 僕は 妹に 窓を 閉めさせた。(나는 여동생에게 창문을 닫게 했다.)

3) 3그룹동사(변격동사/불규칙동사)

3그룹동사「来る」「する」는 불규칙적인 활용을 하므로 무조건 암기합시다.

예
- 来る(오다) → 来させる(오게 하다)
- する(하다) → させる(시키다)

> 문장연습 3

- 店長は店員を9時前に店へ 来させます。
  (점장은 점원을 9시 전에 가게에 오게 합니다.)
- 先生はミラさんに何回も練習をさせました。
  (선생님은 미라 씨에게 몇 번이나 연습을 시켰습니다.)
- 彼女は息子を外国で勉強させました。(그녀는 아들을 외국에서 공부시켰습니다.)

 **Tip**

단축 사역형

「せる」「させる」 대신에 「す」「さす」를 연결하여 사역 표현을 만들기도 합니다. 「す」는 1그룹동사에 연결되고, 「さす」는 2그룹동사에 연결됩니다.

- [1그룹] 作らせる → 作らす (만들게 하다)
- [2그룹] 食べさせる → 食べさす (먹이다)
- [3그룹] 来させる → 来さす (오게 하다)
  　　　　散歩させる → 散歩さす (산책시키다)

3. 사역문의 종류

일본어 사역문은 형태상 「자동사 사역문」과 「타동사 사역문」으로 나눌 수 있습니다.

1) 자동사 사역문

　　<능동문>　　　子供が　プールへ　行った。(아이가 수영장에 갔다.)
　　　　　　　　　 ↓　　　　↓　　　　↓
　　<사역문> (母が) 子供を/に　プールへ　行かせた。(엄마가 아이를 수영장에 가게 했다.)
　　　　　　　사역자　동작주　　　　　동사 사역형

> 고치는 법

① 능동문에 존재하지 않는 사람을 사역자로 해서 사역문의 주어로 합니다. 사역문의 주어(지시, 명령하는 사람)는 생략하는 경우도 많습니다.
② 능동문의 주어는 사역문에서 조사를 「を」나 「に」로 바꿉니다.
③ 동사를 사역형 「~せる/~させる」로 바꿉니다.

자동사 사역문에서 동작주(피사역자)를 나타내는 조사는 「を」나 「に」 둘 다 가능하지만, 의미상 다음과 같은 차이를 보입니다.

「を」	동작주에게 일방적으로 명령한 「강요」의 의미.
「に」	동작주의 의지를 수용하고 그 행위를 시키는 「허용」의 의미.

예　a. 母が 子供を プールへ 行かせる。
　　→ ((아이가 수영장에 가기 싫어하는데) 엄마가 아이를 수영장에 보낸다.)
　　b. 母が 子供に プールへ 行かせる。
　　→ ((아이가 수영장에 가고 싶다고 엄마에게 부탁하자 이에 동의한) 엄마가 아이를 수영장에 보낸다.)

그러나, 동사에 따라서는 동작주(피사역자)를 나타낼 때 조사 「を」만을 취하는 경우가 있고, 한편으로는 조사 「に」만을 취하는 경우가 있습니다.

01 조사 「を」만 취하는 경우

감정을 나타내는 동사

笑う(웃다), 泣く(울다), 悩む(고민하다), 驚く(놀라다), 怒る(화내다), 失望する(실망하다), 安心する(안심하다) 등

예　弟が 泣いた。(남동생이 울었다.)
　　→(僕は) 弟を 泣かせた。(나는 남동생을 울렸다.)

자연현상을 나타내는 동사

降る(내리다), 吹く((바람이) 불다), 咲く((꽃이)피다), 光る(빛나다), 凍る(얼다), 腐る(썩다) 등

> 예) 稲が 腐る。(벼가 썩다.)
> → 稲を 腐らせる。(벼를 썩게 하다.)

02 조사 「に」만 취하는 경우

이동의 의미를 나타내는 동사

走る(달리다), 渡る(건너다), 歩く(걷다), 泳ぐ(수영하다), 飛ぶ(날다) 등

> 예) 選手が 運動場を 走りました。(선수가 운동장을 달렸습니다.)
> → (コーチが) 選手に 運動場を 走らせました。
> ((코치가) 선수에게 운동장을 달리게 했습니다.)

2) 타동사 사역문

```
<능동문>        娘が  テレビを  消す。(아이가 TV를 끈다.)
                 ↓     ↓       ↓
<사역문> (私は)  娘に  テレビを  消させる。(나는 딸에게 TV를 끄게 한다.)
         사역자 동작주  대상    동사 사역형
```

고치는 법

① 타동사 사역문도 자동사 사역문과 마찬가지로 능동문에 존재하지 않던 사람을 사역주체(사역자)로 해서 사역문의 주어로 합니다. 사역문의 주어(지시, 명령하는 사람) 또한 생략하는 경우가 많습니다.
② 능동문의 목적어는 사역문에서도 그대로 목적어로 남깁니다.
③ 능동문의 주어는 사역문에서 반드시 조사「に」를 붙입니다. 이때 동작주에 조사「を」를 붙이지 않는 이유는 능동문(타동사)의 목적어가 사역문에 그대로 남기 때문입니다.

> 예) a. 私は 娘に テレビを 消させる。(○) (나는 딸에게 TV를 끄게 한다.)
> b. 私は 娘を テレビを 消させる。(×)

4. 사역문의 의미

사역형을 사용한 문장은 기본적으로 다른 사람에게 어떤 행위를 강요하는 것을 나타내지만, 문맥에 따라 다음과 같이 여러 가지 의미로 사용됩니다.

01 강요 : 사역자가 동작주의 의지를 무시하고, 동작이나 행위를 강요하는 경우

예
- 彼女は 嫌がる 息子に ピアノの 練習を させた。
  (그녀는 싫어하는 아들에게 피아노 연습을 시켰다.)

02 허가·방임 : 동작주가 그 동작이나 행위를 원하고 있는 경우

예
- (息子が 行きたいと 言ったので)息子を 日本に 留学させた。<허가>
  ((아들이 가고 싶다고 말했기 때문에) 아들을 일본에 유학시켰다.)
- 悪口を 言いたい 者には、言わせて おけば いい。<방임>
  (욕을 하고 싶은 자에게는 말하게 해 두면 된다.)

03 불본의(不本意) : 사역자의 본의가 아닌 사건을 나타내는 경우

예
- (私は) 病気で 子供を 死なせた。((나는) 병으로 아이를 죽게 했다.)

04 유발 : 사역자가 동작주에게 특정의 감정이나 현상을 일으키는 경우

예
- 悪い ことばかりして、親を 心配させた。(나쁜 짓만 해서 부모를 걱정시켰다.)

5. 사역을 사용한 기타 표현

1) 사역수동 표현

① 사역수동 표현이란?

사역수동 표현	▪ 사역형을 가지고 다시 수동형으로 만든 것으로 자기가 하는 행위나 동작이 자기의 의지와는 상관없이 다른 사람의 강요에 의해 행위나 동작을 하게 될 때 사용하는 표현입니다. ▪ 우리말로는 「누가 시켜서 어쩔 수 없이(할 수 없이/마지못해) ~하다」란 의미를 나타냅니다. ▪ 동사활용의 종류에 따라 「せられる」나 「させられる」를 연결하여 표현합니다

예
<능동형>　　　彼は　　たばこを やめた。(그는 담배를 끊었다.)
<사역형>　　　妻は 彼に たばこを やめさせた。
　　　　　　　(마누라는 그에게 담배를 끊게 했다.)
<사역수동형>　彼は 妻に たばこを やめさせられた。
　　　　　　　(그는 마누라의 강요에 의해 담배를 마지못해 끊었다.)

② 사역수동형 만들기

사역수동형 만드는 법은 사역형 「せる・させる」와 동일합니다.

1그룹동사(오단활용동사)

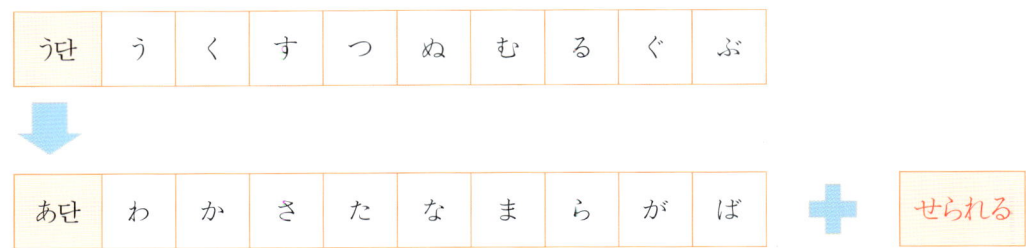

예 作る(만들다)
↓
ら + せられる ⟶ 作らせられる(마지못해 만들다)

고쳐보기 4

- 手伝う(돕다) → 手伝わせられる(마지못해 돕다)
- 話す(말하다) → 話させられる(마지못해 말하다)
- 遊ぶ(놀다) → 遊ばせられる(마지못해 놀다)
- 読む(읽다) → 読ませられる(마지못해 읽다)

문장연습 4

- 私たちは 体育の先生に 走らせられました。
  (우리들은 체육선생님이 시켜서 마지못해 달렸습니다.)
- 弟は 母に テレビを 消させられました。
  (남동생은 엄마가 시켜서 어쩔 수 없이 TV를 껐습니다.)
- 私は 忘年会で 部長に 歌を 歌わせられた。
  (나는 망년회에서 부장님이 시켜서 마지못해 노래를 했다.)

2그룹동사(1단활용동사)

동사 어미「る」를 없애고, 사역수동의 의미를 나타내는「させられる」를 붙입니다.

| 예 | 見る(보다)
↓
×(삭제) + させられる ⟶ 見させられる(마지못해 보다)

고쳐보기 5

- 入れる(넣다) → 入れさせられる(할 수 없이 넣다)
- 答える(대답하다) → 答えさせられる(마지못해 대답하다)
- 捨てる(버리다) → 捨てさせられる(할 수 없이 버리다)
- 食べる(먹다) → 食べさせられる(마지못해 먹다)

문장연습 5

- 私は 父に アルバイトを やめさせられました。
 (나는 아버지의 강요로 어쩔 수 없이 아르바이트를 그만두었습니다.)
- 子供のとき、嫌いな 食べ物を 食べさせられた ことが ありますか。
 (어렸을 때 싫어하는 음식을 마지못해 먹은 적이 있습니까?)
- 松山さんは その事件を 調べさせられた。
 (마츠야마 씨는 마음이 내키지 않는데도 그 사건을 조사했다.)

3그룹동사(변격동사/불규칙동사)

3그룹동사「来る」「する」는 불규칙적인 활용을 하므로 두조건 암기합시다!

| 예 |
- 来る(오다) → 来させられる(마지못해 오다)
- する(하다) → させられる(마지못해 하다)

문장연습 6

- 私は 母に 掃除を させられました。
  (나는 엄마가 시켜서 마지못해 청소를 했습니다.)
- 吉田くんは 上司(じょうし)に 残業(ざんぎょう)させられました。
  (요시다 군은 상사가 시켜서 어쩔 수 없이 잔업을 했습니다.)
- 私たちは 部長に 休みの日にも 会社に 来させられました。
  (우리들은 부장의 강요에 의해 휴일에도 어쩔 수 없이 회사에 왔습니다.)

 Tip

축약 사역수동형

1그룹동사에 한해서 「~せられる」는 「~される」로 축약해서 사용하기도 합니다. 단, 어미가 「す」로 끝나는 동사는 축약형을 사용하지 않습니다. 이 축약형은 특히 회화체에서 많이 사용합니다.

書く	書かせられる → 書かされる
作る	作らせられる → 作らされる
歌う	歌わせられる → 歌わされる
話す	話させられる → 話さされる(×)

③ 사역수동문 만들기

<능동문>　　彼は　　　お酒を　飲みました。(그는 술을 마셨습니다.)
　　　　　　 ↓　　　　 ↓　　　 ↓
<사역수동문> 彼は 先輩に お酒を 飲ませられました。
　　　　　　 (그는 선배의 강요에 의해 억지로 술을 마셨습니다.)

> 고치는 법

① 능동문의 주어를 그대로 사역수동문의 주어로 합니다.
② 능동문에 없던 사역자에 조사「に」를 붙입니다.
③ 능동문의 목적어는 그대로 사용합니다.
④ 동사를 사역수동형(~せられる/~させられる)으로 바꿉니다.
⑤ 사역수동은 우리말에 없는 표현이므로 직역을 하면 어색한 표현이 됩니다. 따라서「사역자가 시켜서(강요에 의해) 어쩔 수 없이 ~한다」라는 의미를 부가시켜서 능동문과 같이 해석합니다.

> 예
> · 妹は 兄に 泣かせられました。(여동생은 오빠가 울려서 울었습니다.)
> · 弟は 父に たばこを 買いに 行かせられました。
> (남동생은 아버지가 시켜서 마지못해 담배를 사러 갔습니다.)

2) 사역수수 표현

타인에게 어떤 행동을 하도록 시키는 사역 표현에 수수 표현「~てくれる/~てもらう」등이 결합된 것을 말합니다. 대표적인 사역수수 표현에는 다음과 같은 것이 있습니다.

01　「~させていただきます」: ~하겠습니다.

이 표현은 직역하면「~하게 해 받습니다/~시켜 받습니다」란 뜻으로 다른 사람의 허가를 받아서 조심스럽게 행동하겠다는 표현입니다. 동사의 겸양표현이라고 할 수 있습니다.

> 예
> · ここで もう すこし 待たせていただきます。(여기서 좀 더 기다리겠습니다.)
> · 今から 発表させていただきます。(지금부터 발표하겠습니다.)

02　「~させてもらえますか/ ~させていただけますか」: ~해도 되겠습니까?

상대에게 겸손하게 허가를 구하는 표현으로「~해도 되겠습니까?」란 뜻입니다. 이때「もらう」「いただく」는 반드시 가능형으로 사용됩니다. 또한 이를 부정형으로 하면 더욱 정중한 느낌의 표현이 됩니다.

예
- 私が 司会を 勤めさせてもらえますか。(제가 사회를 맡아도 되겠습니까?)
- 写真を 撮らせていただけますか。(사진을 찍어도 되겠습니까?)
- 写真を 撮らせていただけませんか。(사진을 찍게 해 주실 수 없습니까?)

03 「~させてくれませんか/ ~させてくださいませんか」: ~하게 해 주지 않겠습니까?/ ~하게 해 주시지 않겠습니까?

이 표현도 상대에게 겸손하게 허가를 구하는 표현입니다.

예
- 私にも 翻訳を させてくれませんか。
 (저에게도 번역을 하도록 해주지 않겠습니까?)
- 私にも 翻訳を させてくださいませんか。
 (저에게도 번역을 하도록 해주시지 않겠습니까?)

회화 및 독해연습

何でも させています

部長　：吉田くん、帰らないの。
吉田　：ええ、まだ 仕事が 片づかなくて...
部長　：厳しい 上司に いつも 残業させられて
　　　　大変ね。
吉田　：いいえ、それほどでもありません。
部長　：でも、あなたは たしか 新婚でしょう。
　　　　あまり 奥さんを さびしがらせちゃ だめよ。
吉田　：^^ ああ、でも 家内には 好きな ことを 何でも させているので...
部長　：まあ、とにかく 今日は 早く 帰りなさい。
吉田　：ああ、それが 実は... ゆうべ 怒らせちゃって...
　　　　実家に 帰ってしまったんですよ。
部長　：えっ！？ それは 大変ね。
　　　　とにかく 少しでも 早く 奥さんと 話し合った ほうが いいわよ。
吉田　：そうですね。後で 電話でも かけてみます。
　　　　部長、ありがとうございます。

❁ **상황**

회사에서 신혼인 요시다(남자/평사원) 씨가 잔업을 하고 있습니다. 그때 부장(여자)이 들어와 대화를 나누는 장면입니다.

낱말과 표현

- 片(かた)づく 정돈되다, 해결되다, 끝나다
- 上司(じょうし) 상사
- 大変(たいへん)だ 큰일이다, 힘들다, 고생스럽다
- たしか 분명히, 확실히, 아마
- 奥(おく)さん 남의 아내의 높임말. 부인
- ~がる <접미어> ~해 하다
    うれしい(기쁘다) → うれし<u>がる</u>(기뻐하다)
    食(た)べたい(먹고 싶다) → 食(た)べた<u>がる</u>(먹고 싶어하다)
- だめだ 안 된다
- とにかく 어쨌든, 아무튼
- 残業(ざんぎょう)する 잔업하다
- 新婚(しんこん) 신혼
- 家内(かない) 아내, 집사람
- 話(はな)し合(あ)う 서로 얘기하다

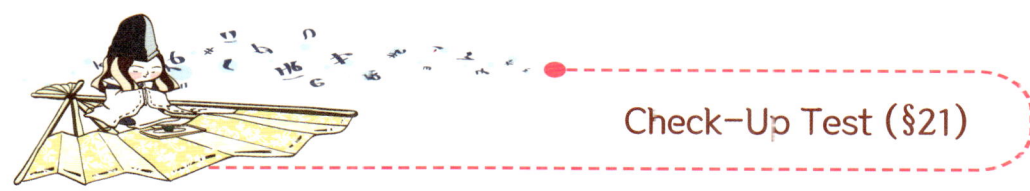

Check-Up Test (§21)

Q1. 다음 각 동사들을 사역형 및 사역수동형으로 바꾸어 보시오.

사전형	사역형	사역수동형
1) 読む		
2) 待つ		
3) 会う		
4) 来る		
5) 散歩する		
6) 着る		
7) 切る		

Q2. 보기와 같이 능동문을 사역문으로 바꾸시오.

> 子供が 学校へ 行く。 → 母が 子供を 学校へ 行かせる。

1) 学生たちは 日記を 書きました。
 → 先生は
2) 子供が 野菜を 食べる。
 → 母が
3) 弟は 掃除をしました。
 → 父は

Q3. 다음 사역문을 사역수동문으로 바꾸시오.

1) 先生は 私たちを 走らせました。
　→ _____

2) 母は 兄に 重い 荷物を 運ばせました。
　→ _____

3) 彼女は 僕を 2時間も 待たせました。
　→ _____

4) 先輩が たばこを 吸わせました。
　→ _____

Q4. 다음 능동문을 (　)안에 제시한 사역자를 사용하여 각각 사역수동문으로 바꾸시오.

1) 学生たちは 日記を 書きました。(先生)
　→ _____

2) 子供が 野菜を 食べる。(母)
　→ _____

3) 弟は 掃除をしました。(父)
　→ _____

4) 子供が 学校へ 行く。(母)
　→ _____

Chapter 22

조건 표현

학습목표

- 조건 표현의 형식 「~と」, 「~ば」, 「~たら」, 「~なら」의 접속방법과 의미용법, 특징을 익혀 바르게 표현할 수 있다.

학습포인트

- 조건 표현의 정의 및 표현형식
- 「~と」의 접속방법, 의미용법, 특징
- 「~ば」의 접속방법, 의미용법, 특징
- 「~たら」의 접속방법, 의미용법, 특징
- 「~なら」의 접속방법, 의미용법, 특징
- 조건 표현을 활용한 회화 및 독해 연습

Chapter 22
조건 표현

1. 조건 표현

| 조건 표현 | 문장 속에서 두 가지 사건 (전건 [A] 와 후건 [B])의 의존관계를 나타낸 것으로 전건 [A]가 후건 [B]의 조건이 되는 것을 나타내는 표현을 말합니다. |

예 お菓子を 食べると 太ります。(과자를 먹으면 살찝니다.)

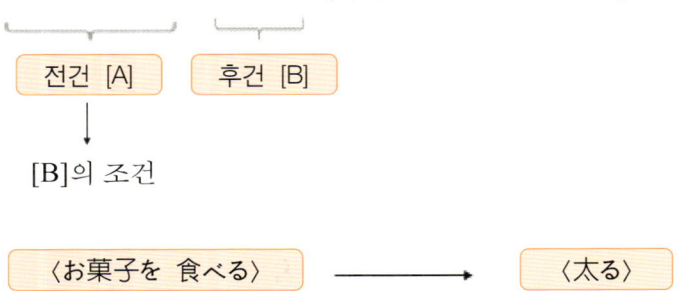

일본어에서 이와 같은 조건 표현을 나타내는 대표적인 형식은「~と」「~ば」「~たら」「~なら」의 4가지가 있습니다.

2. 「~と」

1) 「~と」의 접속방법

품사	접속방법	예
명사	보통형(비과거시제) + と	・休みだと(휴일이라면) ・休みでないと(휴일이 아니면)
い형용사	보통형(비과거시제) + と	・うるさいと(시끄러우면) ・うるさくないと(시끄럽지 않으면)
な형용사	보통형(비과거시제) + と	・静かだと(조용하면) ・静かでないと(조용하지 않으면)
동사	보통형(비과거시제) + と	・読むと(읽으면) ・読まないと(읽지 않으면)

※ 「~と」는 보통형에 접속되는데 과거시제에는 접속되지 않고, 비과거시제에만 접속됩니다.

2) 「~と」의 의미용법

「~と」는 가정이라기보다도 문장의 전건이 성립하면 후건의 현상이 자연발생적으로 발생한다는 의미가 강한 표현입니다. 우리말로는 「~하면」「~하자」「~더니」의 뜻으로 해석됩니다.

01 필연적인 결과, 자연현상, 예상 가능한 일 등을 나타낼 때

예
・春になると、花が咲きます。(봄이 되면 꽃이 핍니다.)
・このボタンを押すと、切符が出ます。(이 버튼을 누르면 표가 나옵니다.)
・1と2を足すと、3になります。(1과 2를 더하면 3이 됩니다.)

02 발견을 나타낼 때

예
・デパートに行くと、休みだった。(백화점에 가자 휴일이었다.)
・朝、窓を開けると、地面は雪で真っ白だった。
(아침에 창문을 열자 지면은 눈으로 새하였다.)

- うちへ 帰ると、友達が 私を 待っていた。
  (집에 돌아갔더니 친구가 나를 기다리고 있었다.)

03 습관이나 반복을 나타낼 때

예
- 毎朝 起きると、コーヒーを 一杯 飲みます。
  (매일 아침 일어나면 커피를 한 잔 마십니다.)
- 天気が いいと、毎朝 ジョギングに 行きます。
  (날씨가 좋으면 매일 아침 조깅하러 갑니다.)
- 彼は お金が あると、すぐ 使ってしまいます。
  (그는 돈이 있으면 바로 사용해버립니다.)

04 전건과 후건의 연속되는 동작을 나타낼 때

예
- 彼女は 立ち上がると、部屋を 出て行った。(그녀는 일어서자 방을 나갔다.)
- 男は 部屋に 入ると、友だちに 電話した。
  (남자는 방에 들어가자 친구에게 전화했다.)
- この 新幹線は 京都駅に 着くと、五分間 停車した。
  (이 신칸센은 교토역에 도착하자 5분간 정차했다.)

3)「~と」의 특징

① 문장체에도 회화체에도 쓰입니다.
② 전건과 후건에 시간적인 전후관계를 필요로 합니다(즉, 전건이 일어난 다음에 후건이 일어나는 것을 나타냄).
  예 北海道へ 行くと、いつも ラーメンを 食べる。
    (홋카이도에 가면 언제나 라면을 먹는다.)
    → 北海道へ 行ってから、ラーメンを 食べる。
      (홋카이도에 간 후에 라면을 먹는다.)
③ 기본적으로 필연적인 결과를 나타내므로 후건에「화자의 의지, 명령, 금지, 충고, 권유, 희망」등을 나타내는 문장이 올 수 없습니다. ➡「たら」는 사용가능.

예

・午後に ┌ (×)なると ┐
         │ (×)なれば │ 散歩しなさい。<명령>
         └ (○)なったら ┘ (오후가 되면 산책해라.)

・┌ (×)会社をやめると ┐
  │ (×)会社をやめれば │ 本を書きたいです。<희망>
  └ (○)会社をやめたら ┘ (회사를 그만두면 책을 쓰고 싶어요.)

3.「~ば」

1)「~ば」의 접속방법

품사	접속방법	예
명사	가정형+(ば) [명사+なら]	・休みなら(ば)(휴일이라면) ・休みでなければ(휴일이 아니라면)
い형용사	가정형+ば [어간+けれ]	・うるさければ(시끄러우면) ・うるさくなければ(시끄럽지 않으면) **Cf** いい(좋다) → よければ(좋으면) 　　　　　　　よくなければ(좋지 않으면)
な형용사	가정형+(ば) [어간+なら]	・静かなら(ば)(조용하면) 　静かでなければ(조용하지 않으면)
동사	가정형+ば [어미를 え단으로 함]	・読めば(읽으면) ・読まなければ(읽지 않으면)

※ 가정형은 조건형이라고도 불립니다. 명사와 な형용사의 경우는「ば」가 생략되는 경우가 많습니다. 각 품사별 두 번째 용례는 부정문의 예를 참고로 들었습니다.

2)「~ば」의 의미용법

　일본어의 가장 대표적인 조건 표현으로 어떤 한 가지 일이 성립되기 위해 필요한 조건을 문장의 전건에 가정형(조건형)을 써서 나타내는 것입니다. 우리말로는「~하면」「~라면」의 뜻으로 해석됩니다.「と」와 용법상 중복되는 부분이 많으며,「たら」「なら」등과도 중복되는 부분이 있습니다.

01 가정 조건을 나타낼 때(일어날지 어떨지 모르는 일을 가정할 때)

예
- あした 晴れれば、でかけましょう。(내일 날씨가 개면 나갑시다.)
- 雨ならば どこへも 行きません。(비가 내리면 아무데도 가지 않겠습니다.)
- お金が なければ 働きなさい。(돈이 없으면 일하시오(일해라).)

02 반사실적 조건을 나타낼 때(현실과 반대되는 일을 가정할 때)
(→ 화자의 후회나 유감스러운 기분을 나타냄)

예
- 私が 鳥ならば あなたのところに 飛んでいけたのに。
  (내가 새라면 당신에게 날아갈 수 있었을 텐데.)
- お金が あれば 旅行に 行けたのに。
  (돈이 있었으면 여행을 갈 수 있었을 텐데.)
- 彼女が 僕と 結婚してくれれば よかったのになあ。
  (그녀가 나와 결혼해주었으면 좋았을 텐데.)

03 필연적인 결과나 자연현상, 예상 가능한 일등을 나타낼 때
(→「と」의 용법 **01** 과 비슷한 용법)

예
- 春に なれば 花が 咲きます。(봄이 되면 꽃이 핍니다.)
- このボタンを 押せば、切符が 出ます。(이 버튼을 누르면 표가 나옵니다.)
- 1と 2を 足せば、3に なります。(1과 2를 더하면 3이 됩니다.)

04 전건에「さえ」를 동반하여 후건이 성립하기 위한 최저조건을 나타낼 때

예
- お金さえ あれば、遊んで暮せる。(돈만 있으면 놀고 지낼 수 있다.)
- 行きさえ すれば よい。(가기만 하면 된다.)
- これさえ 食べれば 健康になる。(이것만 먹으면 건강해진다.)

05 습관이나 반복을 나타낼 때

예
- 天気が よければ、毎朝 ジョギングに 行く。
  (날씨가 좋으면, 매일 아침 조깅하러 간다.)
- 夏休みに なれば、いとこたちが 来た。(여름방학이 되면, 사촌들이 왔다.)
- 子供の頃 天気が よければ、よく 外で 遊んだ。
  (어렸을 때 날씨가 좋으면, 자주 밖에서 놀았다.)

3)「~ば」의 특징

① 문장체적이고, 약간 격식적인 말투에 사용됩니다.
② 전건과 후건에 시간적인 전후관계를 필요로 합니다.

예 北海道へ 行けば、スキーが できる。(홋카이도에 가면 스키를 할 수 있다.)
  → 北海道へ 行ってから、スキーを する。(홋카이도에 간 후에 스키를 한다.)

③ 전건의 술어가 동작성 동사일 경우에는 후건에「의지, 명령, 금지, 충고, 권유, 희망」등을 나타내는 표현은 올 수 없지만, 상태를 나타낼 경우에는 올 수 있습니다.

> 전건이 동작성을 나타내는 경우 → 문말 제한 있음

예
- 村山さんが { (×)来れば、 / (×)来ると、 / (○)来たら、 } パーティーを 始めましょう。<권유>
  (이 씨가 오면 파티를 시작합시다.)

- 試験が { (×)終われば、 / (×)終わると、 / (○)終わったら、 } 遊びに 行きたい。<희망>
  (시험이 끝나면 놀러 가고 싶다.)

| 전건이 상태를 나타내는 경우 → 문말 제한 없음 |

예
- ┌ (○)安ければ、 ┐
  │ (○)安かったら、 │ 買おう。<의지>
  └ (×)安いと、   ┘ (싸면 사야지(사야겠다).)

- 明日 ┌ (○)晴れれば、 ┐
       │ (○)晴れたら、 │ 買い物に 行きたいです。<희망>
       └ (×)晴れると、 ┘ (내일 날씨가 개면 쇼핑하러 가고 싶습니다.)

④ 화자가 반대의 상황을 머리에 두고 말하는 경우가 많습니다.

예
- 雨が 降れば ピクニックに 行きません。[でも、晴れれば 行きます。]
  (비가 오면 소풍을 안갑니다.[하지만, 비가 개면 갑니다.])
- もっと 練習すれば 日本語が 上手になります。[しなければ 上手になりません。]
  (더욱 연습하면 일본어가 능숙해 집니다.[하지 않으면 능숙해지지 않습니다.])

4. 「たら」

1) 「たら」의 접속방법

품사	접속방법	예
명사	보통형(과거시제) + ら	・休みだったら(휴일이라면) ・休みでなかったら(휴일이 아니라면)
い형용사	보통형(과거시제) + ら	・うるさかったら(시끄러우면) ・うるさくなかったら(시끄럽지 않으면) **Cf** いい(좋다) → よかったら(좋으면) 　よくなかったら(좋지 않으면)
な형용사	보통형(과거시제) + ら	・静かだったら(조용하면) ・静かでなかったら(조용하지 않으면)
동사	보통형(과거시제) + ら	・読んだら(읽으면) ・読まなかったら(읽지 않으면)

※ 각 품사에 「たら」를 접속할 때는 과거시제를 나타내는 「た」 대신 「たら」를 연결해주면 됩니다.

2) 「たら」의 의미용법

 「~たら」는 조건형식 중 가장 사용범위가 넓은 것으로 가정조건(전건의 사건이 성립될지 어떨지 모르는 경우)에도 확정조건(전건의 사건이 성립된다는 것을 이미 알고 있을 때)에도 사용됩니다. 우리말로는「~하면」「~라면」「~했더니」「~했는데」등의 의미로 사용됩니다.

01 확실한 미래를 나타낼 때(→「ば」나「と」로 바꿔 쓸 수 없음)

예
- 本を 読んだら 貸してください。(책을 읽으면 빌려주세요.)
- 大阪に ついたら 電話を ください。(오사카에 도착하면 전화를 주세요.)
- 仕事が 終わったら、プールへ 行こう。(일이 끝나면 수영장에 가자.)

02 가정조건을 나타낼 때(→「ば」와 바꿔 쓸 수 있음)

예
- 明日 雨が 降ったら 行きません。(내일 비가 오면 가지 않겠습니다.)
- 安かったら 買います。(싸면 사겠습니다.)
- もし、彼女が 独身だったら デートしたいです。
  (만약에 그녀가 독신이라면 데이트하고 싶어요.)

03 반사실적 조건을 나타낼 때 (→「ば」로 바꿔 쓸 수 있음)

예
- 私が 鳥だったら、あなたの ところに 飛んでいけたのに。
  (내가 새라면 당신에게 날아갈 수 있었을 텐데.)
- お金が あったら、旅行に 行けたのに。(돈이 있으면 여행을 갈 수 있었을 텐데.)
- 元気だったら、水泳を するのに。(건강하면 수영을 할 텐데.)

04 발견을 나타낼 때(→「と」로 바꿔 쓸 수 있음)

예
- 窓を 開けたら、海が 見えた。(창문을 열었더니 바다가 보였다.)
- デパートに 行ったら、休みだった。(백화점에 갔더니 휴일이었다.)
- ケーキの箱を 開けたら、中は 空っぽでした。
  (케이크 상자를 열었더니 안은 텅 비어 있었습니다.)

3)「たら」의 특징

① 회화체적인 성격이 강하므로 논문 등의 문장체에서는 쓰이지 않습니다.
②「ば」「と」와 마찬가지로 전건과 후건에 시간적인 전후관계를 필요로 합니다.

> 예 北海道に 行ったら、ラーメンが 食べたい。(홋카이도에 가면 라면을 먹고 싶다.)
> →北海道へ 行ってから、ラーメンを 食べる。(홋카이도에 간 후에 라면을 먹는다.)

③ 문말표현(후건) 사용에 제약이 없어서 사용할 수 있는 범위가 가장 넓은 조건 표현입니다.
④「たら」의 용법 중「확실한 미래」를 나타내는 것은「たら」의 독특한 용법으로「ば」「と」「なら」로 바꿔 쓸 수 없습니다.

5.「~なら」

1)「~なら」의 접속방법

품사	접속방법	예
명사	보통형 ＋ (の)なら (단, 긍정문은 だ＋(の)なら)	・休み(の)なら(휴일이라면) ・休みでない(の)なら(휴일이 아니라면)
い형용사	보통형 ＋ (の)なら	・うるさい(の)なら(시끄러우면) ・うるさくない(の)なら(시끄럽지 않으면)
な형용사	보통형 ＋ (の)なら (단, 긍정문은 だ＋(の)なら)	・静か(の)なら(조용하면) ・静かでない(の)なら(조용하지 않으면)
동사	보통형 ＋ (の)なら	・読む(の)なら(읽을거라면) ・読まない(の)なら(읽지 않을거라면)

2)「~なら」의 의미용법

「~なら」는 일반적으로 전건을 새로 알게 되고, 그것을 전제로 화자가 어떻게 대응할 것인지를 나타내는 조건 표현입니다. 우리말로는「~라면」「~할 거라면」「~한다면」의 뜻을 나타냅니다.

01 확정된 일이나 상대의 말을 받아서 조건으로 나타낼 때
(후건에는 주로 충고, 조언, 요구, 판단을 나타내는 표현이 많이 옴)

예
- A : 来週 中国に 行きます。(다음 주에 중국에 갑니다.)
  B : 中国に 行くなら、お茶を 買ってきてください。
  (중국에 가면 차를 사오세요(사와 주세요).
- A : 郵便局へ 行きます。(우체국에 갑니다.)
  B : 郵便局へ 行くなら、切手を 買ってきて下さい。
  (우체국에 가면 우표를 사오세요.)
- <아들이 공부하지 않는 것을 보고>
  母親(ははおや) : 勉強しないのなら、テレビゲームもだめよ。
  (엄마 : 공부하지 않으면 TV게임도 안 돼.)

02 가정조건을 나타낼 때

예
- 雨なら 行きません。(비가 내린다면 가지 않겠습니다.)
- 静かなら 大丈夫だよ。(조용하면 괜찮아.)
- 吉田さんが 来るなら、会は 盛り上がるだろう。
  (요시다 씨가 온다면, 모임은 분위기가 고조될 것이다.)

03 주제를 나타낼 때(=は)

예
- サッカーなら、ブラジルが 一番 強い。(축구라면(는) 브라질이 가장 강하다.)
- ビールなら、生ビール。(맥주라면(는) 생맥주.)

3) 「~なら」의 특징

① 문장체에도 회화체에도 사용되지만, 회화체적인 성격이 강합니다.
② 「~なら」는 「~と」「~たら」「~ば」와 달리 시간적인 전후관계가 있을 때에도 없을 때에도 사용할 수 있습니다.

예
- 北海道へ 行く(の)なら、スキーが できる。
  (홋카이도에 간다면 스키를 할 수 있다.) ➡ 시간적 전후관계가 있음
- 北海道へ 行く(の)なら、飛行機が 一番 安上がりだ。
  (홋카이도에 간다면 비행기가 제일 싸게 든다.) ➡ 시간적 전후관계가 없음

③「~たら」와 같이 문말표현(후건) 사용에 제약이 없습니다.

예
- 買い物に 行くのなら、メロンを 買ってきてください。<의뢰>
  (쇼핑하러 간다면 멜론을 사 오세요.)
- 3日が 無理なら、4日に しましょう。<권유>
  (3일이 무리라면 4일로 합시다.)

④「~なら」는 과거에는 사용되지 않습니다.

예
- (?)彼は 酒を 飲むなら、暴力を 振るった。(그는 술을 마시면 폭력을 휘둘렀다.)

회화 및 독해연습

大阪に 着いたら、電話してね。

息子 : ああ、もう 8時に なっちゃった。急がないと…。

母親 : あんまり 急ぐと、怪我するわよ。
「急がば 回れ」という 諺も あるでしょう。

息子 : うん、分かったよ
9時半の 新幹線に 間に 合わなかったら、次のに するから、
心配しないで。

母親 : 大阪に 着いたら、電話してね。

息子 : うん、お土産に 何か ほしい もの ある?

母親 : そうね。
ああ、たこ焼きようかんが おいしいって 言うから 一度 食べてみたいわ。
それ 買ってきて。

息子 : 他には ない?

母親 : もし 帰りに 京都に 寄るなら、漬物も お願い。

息子 : うん、わかった。それじゃ、行ってきま~す。

母親 : 車に 気を 付けるのよ。行ってらっしゃい。

✿ 상황

오사카에 가는 아들을 엄마가 배웅하면서 이루어지는 대화입니다.

낱말과 표현

- 急がば回れ <속담> 급하면 돌아가라, 급할수록 돌더라도 안전한 길로 가라
- 諺 속담
- 新幹線 신간선, JR(일본철도)의 도시간(都市間) 고속 간선철도
- 間に合う 시간에 늦지 않게 대다
- 次 다음
- 土産 여행지 등에서 사 오는 그곳의 산물, 선물
- たこ焼きようかん 다코야끼양갱
- って 인용을 나타내는 격조사「と」((이)라고)와 같음
- 他 그 밖, 이외
- 寄る 다가서다, 접근하다, 들르다
- 漬物 채소절임, 채소를 절인 식품, (일본식)김치

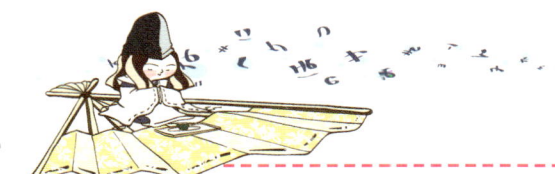

Check-Up Test (§22)

Q1. 다음 [ ] 안의 각 동사에 대해서 「と」「ば」「たら」「なら」의 순으로 조건 표현을 만들어 보시오.

> 大学へ [行く] → (行くと)　(行けば)　(行ったら)　(行くなら)

1) 山に [登る]
　→ (　　　) (　　　　) (　　　　) (　　　　)

2) 値段が [高い]
　→ (　　　) (　　　　) (　　　　) (　　　　)

3) この町が [静かだ]
　→ (　　　) (　　　　) (　　　　) (　　　　)

4) 彼は [留学生だ]
　→ (　　　) (　　　　) (　　　　) (　　　　)

Q2. 다음은 두 개의 문장을 「なら」를 사용하여 하나의 문장으로 만들어 보시오.

> 50メートルぐらいです。泳げます。
> → 50メートルぐらいなら 泳げます。

1) あした いい天気です。ハイキングに 行きます。
　→

2) 海を 見に 行きたいんです。沖縄は どうですか。
　→

3) この方法が だめです。あの方法で やりましょう。
　→

Chapter22_조건 표현

4) 博物館に 行きます。早く 行ったほうが いいですよ。
→ _____

Q3. 다음 조건 표현 중 문법적으로 틀린 것을 고르시오.

① 風邪を 引けば、この 薬を 飲んでください。
② 安かったら、買ってください。
③ 月曜日なら、行けます。
④ 料金は 安ければ 安いほど いいです。

Q4. 다음은「~と」뒤에 이어질 표현으로 알맞은 것을 고르시오.

1) このボタンを 押すと、{(A)テープが 止まります ／ (B)テープが 止めてください}。
2) 冬に なると、{(A)雪が 降ります ／ (B)スキーに 行く つもりです}。
3) うるさいと、{(A)よく 聞いてください ／ (B)よく 聞こえません}。
4) 天気が いいと、{(A)ここから 富士山が 見えます ／ (B)富士山に 行きましょう}。

Q5. 다음은 ( )안에「と」「ば」「たら」「なら」중 적합한 것을 골라 넣어 보세요.

1) 春に なる( )、花が 咲く。
2) 太陽が 西から 登っ( )、あなたと 結婚しても いいわ。
3) お金が あれ( )、すぐにでも 結婚できるのに。
4) お金を 入れて ボタンを 押す( )、缶ジュースが 出てきます。
5) 繰り返し練習すれ( )、上手に なります。
6) スーパーに 行く( )、牛乳を 買ってきて。

* 繰り返し練習する: 되풀이하여 연습하다.

Chapter 23

조사

학습목표

- 조사의 종류와 용법을 숙지하여, 이를 적절하게 사용할 수 있다..

학습포인트

- 조사의 특징과 종류
- 접속조사의 특징과 종류
- 종조사의 특징과 종류
- 격조사의 특징과 종류
- 부조사의 특징과 종류
- 조사를 활용한 회화 및 독해 연습

Chapter 23
조사

1. 조사의 특징과 종류

1) 조사의 특징

조사는 단독으로 사용되지 않고, 활용을 하지 않는 품사입니다. 명사나 동사 등 항상 단어 뒤에 붙어서 단어와 단어의 관계를 나타내거나 일정한 의미를 첨가하거나 하는 역할을 합니다.

01 단어와 단어의 관계를 나타내는 경우

예
- 花が 咲いた。(꽃이 피었다.)
  → 「が」는 「咲いた」에 대한 주어관계
- お金が ないから 買えない。(돈이 없으니까, 살 수 없다.)
  → 「から」는 「買えない」의 이유를 나타내는 접속관계

02 일정한 의미를 첨가하는 경우

예
- 水しか 飲まない。(물밖에 마시지 않는다.)
  → 「しか」는 「水」에 한한다는 의미를 덧붙이고 있음
- 行くな。(가지마!)
  → 「な」는 금지의 의미를 더하고 있음.

2) 조사의 종류

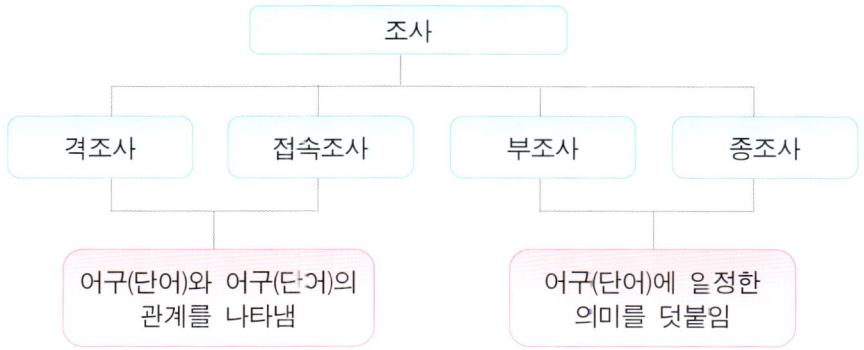

2. 격조사

1) 격조사의 특징

주로 체언에 붙어서 그 체언이 문장 속에서 다른 문절에 대해 어떤 관계에 있는가를 나타내는 조사이며, 그 관계에 따라 주격, 연체수식격, 연용수식격, 동격 등을 나타냅니다.

2) 격조사의 종류

격조사에는 「が, の, を, に, へ, と, から, より, で, や」가 있고, 이들 각각의 의미용법은 아래와 같습니다.

01 「が」(~이/가, ~을/를)

① [주어]
- 예 風が 吹く。(바람이 불다.)

② [술어의 대상]
- 예
  - ・水が 飲みたい。(물을 마시고 싶다.)
  - ・どうしたら 恋愛が できますか。(어떻게 하면 연애를 할 수 있습니까?)
  - ・山田君は 野球が 上手です。(야마다 군은 야구를 잘합니다.)

02 「の」(~의, ~의 것, 것, ~이/가)

① [체언 수식]
- 예 ・私の 靴(나의 구두)   ・魚の 料理(생선 요리)

② [체언 대용]
- 예 これが 私のです。(이것이 제 것입니다.)

③ [주어]
- 예 雨の降る 日は、家にいる。(비가 내리는 날은 집에 있다.)
- ➡ 「雨の」는 연체수식어(雨の降る) 중의 주어를 표시합니다.

03 「を」(~을/를)

① [동작의 대상(목적물)]
- 예 ・本を 読む。(책을 읽다.)   ・弟を 行かせる。(남동생을 가게 하다.)

② [통과 장소]
- 예 空を 飛ぶ。(하늘을 날다.)

③ [행동 기점]
- 예 なつかしい 故郷を 離れる。(그리운 고향을 떠나다.)

④ [경과 시간]
- 예 一日を 読書で 過ごす。(하루를 독서로 보내다.)

04 「に」(~에, ~에게, ~하러, ~으로, ~을/를, ~한데다가 또)

① [장소]
   예) その本は家にあります。(그 책은 집에 있습니다.)
② [시간]
   예) 六時に起きます。(6시에 일어납니다.)
③ [귀착점]
   예) 東京に着きます。(도쿄에 도착합니다.)
④ [변화의 결과]
   예) 老人になります。(노인이 됩니다.)
⑤ [동작·작용의 대상]
   예) ・彼に聞いてみます。(그에게 물어보겠습니다.)
       ・きのう友達に会った。(어제 친구를 만났다.)
⑥ [목적]
   예) 映画を見に行きます。(영화를 보러 갑니다.)
⑦ [병립]
   예) 馬に牛に羊がある。(말과 소와 양이 있다.)
⑧ [이유·원인]
   예) 恋に悩む。(사랑에 고민하다.)
⑨ [강조]
   예) 待ちに待ったこの日。(기다리고 기다리던 이날.)

05 「へ」(~에, ~으로, ~에게)

① [방향]
   예) 大阪へ行く。(오사카에 가다.)
② [귀착점]
   예) 東京へ帰る。(도쿄에 들어오다.)
③ [상대]
   예) 彼へ手紙を出す。(그에게 편지를 보내다.)

06 「と」(~와/과, ~라고, ~고, ~이/가)

① [공동 행위자(상대)]
   예　友達と 旅行する。(친구와 여행하다.)
② [결과]
   예　父と なる。(아버지가 되다.)
③ [동작 대상]
   예　先生と 会う。(선생님과 만나다.)
④ [병립]
   예　右と 左。(오른쪽과 왼쪽)
⑤ [비교 대상]
   예　彼のと 同じだ。(그의 것과 같다.)
⑥ [인용]
   예　明日は 晴れると 思う。(내일은 개일 거라고 생각한다.)

07 「から」(~부터, ~에서, ~으로, ~때문에)

① [기점]
   예　今日から 新学期が 始まる。(오늘부터 신학기가 시작된다.)
② [원인·이유]
   예　風邪から 肺炎になる。(감기로 폐렴이 되다.)
③ [재료]
   예　鉄から 作る。(철로 만든다.)
④ [상대]
   예　友だちから 聞く。(친구로부터 듣다.)
⑤ [주어]
   예　父には 私から 伝えます。(아버지에게는 제가 전하겠습니다.)

08 「より」(~보다, ~밖에, ~부터, ~에서)

① [비교 기준]
　예　英語より 日本語が すきだ。(영어보다 일본어를 좋아한다.)
② [한정]
　예　手術するより 方法が ない。(수술하는 수밖에 방법이 없다.)
　　→ 뒤에 부정을 수반하여「오직 그것만으로, 그밖에는 없다」란 뜻을 나타냅니다.
③ [기점]
　예　入学式は 10時より 始まる。(입학식은 10시부터 시작된다.)

09 「で」(~에서, ~으로, ~때문에, ~에)

① [장소]
　예　公園で 遊ぶ。(공원에서 놀다.)
② [수단·방법]
　예　バスで 会社に 行く。(버스로 회사에 가다.)
③ [재료]
　예　紙で 鶴を 作った。(종이로 학을 만들었다.)
④ [시간]
　예　三日で 終わった。(3일에 끝났다.)
⑤ [원인·이유]
　예　不注意で 事故が 起こった。(부주의로 사고가 발생했다.)
⑥ [양적 한정]
　예　三個で 100円です。(3개에 100엔입니다.)

10 「や」(~이랑, ~이나)

[병립]

예 ・りんごや かきや みかんを 食べた。(사과랑 감이랑 귤을 먹었다.)

・考え方や やり方は 違っても、二人は とても 仲が いいです。

(사고방식이나 태도(하는 짓)는 달라도 둘은 매우 사이가 좋습니다.)

3. 접속조사

1) 접속조사의 특징

주로 활용하는 말에 붙어서 앞뒤의 문장을 잇고, 그 관계를 여러 가지로 나타내는 조사입니다.

순접관계	문장의 앞뒤 관계가 당연한 원인·결과가 되는 것을 나타냅니다. 예 雨が 降ったので 道が 悪い。(비가 와서 길이 나쁘다.)
역접관계	문장의 앞뒤 관계가 당연하지 않는 원인이나 결과를 나타냅니다. 예 春に なったが まだ 寒い。(봄이 되었지만, 아직 춥다.)
순접도 역접도 아닌 관계	▪ 단순접속(앞뒤를 순서대로 접속) 　예 冬が 過ぎて 春が きた。。(겨울이 지나가고, 봄이 왔다.) ▪ 동시동작 　예 歩きながら 音楽を 聞いた。(걸으면서 음악을 들었다.) ▪ 병립관계 　예 山へも 行くし、海へも 行く。(산에도 가고 바다에도 간다.)

2) 접속조사의 종류

접속조사에는「ば, と, ても/でも, から, ので, けれど/けれども, が, のに, て/で, ながら, し, たり/だり」가 있고, 이들이 각각 지니는 의미용법은 아래와 같습니다.

01 「ば」(~하면, ~고/~거니와)

① [순접 가정]
　　예　高ければ 買わない。(비싸면 사지 않을 것이다.)
　　　→가정조건「만약 ~하면(もし~ば)」의 의미로 쓰입니다.
② [순접 항상]
　　예　冬になれば 寒くなる。(겨울이 되면 추워진다.)
　　　→문장 앞의 조건이 있으면, 언제든 문장 뒤의 일이 일어날 것을 나타냅니다.
③ [병립]
　　예　野球もうまければ テニスもうまい。(야구도 잘 하고 테니스도 잘 한다.)
　　　→전후에「も(도)」가 붙습니다.

02 「と」(~하면, ~하자/하니, ~하든지/하든)

① [순접 가정]
　　예　その角を 曲ると、橋がある。(그 모퉁이를 돌면 다리가 있다.)
　　　→순접의 결과로 생기는 가정조건을 나타냅니다.
② [순접 항상]
　　예　朝になると、日が昇る。(아침이 되면 해가 뜬다)
　　　→문장 앞의 조건이 있으면, 언제든 문장 뒤의 일이 일어날 것을 나타냅니다.
③ [순접 기정(既定)]
　　예　家に帰ると、だれもいなかった。(집에 들어가자 아무도 없었다.)
④ [역접 가정]
　　예　どうなろうと ぼくには 関係がない。(어떻게 되든지 나에게는 관계가 없다.)
　　　→어떤 사실을 가정하여 그것에 얽매이지 않는 것을 나타냅니다.

 **Tip**

「と」의 접속조사 이외의 용법

「と」는 「격조사」로도 사용됩니다. 격조사는 일반적으로 체언에 붙지만, 인용문을 받는 용법도 있습니다. 이 경우에는 접속조사와 혼동되기 쉬우므로 주의해야 합니다.

> 예
> - 早く 帰ると 言った。(빨리 집에 가겠다고 말했다.)<인용>
> - 早く 帰ると よいが。(빨리 집에 가면 좋은데.)<접속조사>

03 「から」(~(이)니까, ~(이)므로)

[순접 원인・이유]

> 예 天気が よいから どこかへ 行こう。(날씨가 좋으니까, 어딘가에 가자.)

04 「ても/でも」(~해도, ~하더라도)

① [역접 가정]
> 예 おかしくても 笑わない。(우스워도 웃지 않는다.)
> → 예기된 결과와 반대의 사실이 일어나는 경우를 나타냅니다.

② [역접 확정]
> 예 どんなに 読んでも 意味が わからなかった。(아무리 읽어도 의미를 몰랐다.)
> → 가정이 아니고, 실제 어떤 동작을 했지만, 생각대로 결과가 일어나지 않는 것을 나타냅니다. 「~にもかかわらず(~인데도 불구하고)」의 뜻.

05 「ので」(~므로, ~때문에)

[순접 원인・이유]

> 예 気候が よいので 暮しやすい。(기후가 좋기 때문에 살기 좋다.)

06 「けれど(も)」(~이지만, ~는데)

① [역접 확정]
> 예 よく注意する けれども 失敗ばかりする。(잘 주의하지만, 실패만 한다.)
> → 「ても(でも)」의 ②와 같습니다.

② [병립(대비)]
> 예 声も よい けれども 節まわしも よい。(목소리도 좋지만, 곡조도 좋다.)

③ [단순 접속]
> 예 昨日も 会った けれども 立派な 人でした。
> (어제도 만났는데, 훌륭한 사람이었습니다.)

07 「が」(~이지만, ~는데)

① [역접 확정]
> 예 雪は 降るが 寒くない。(눈은 내리지만, 춥지 않다.)
> → 「けれど(も)」의 ①과 같은 의미용법입니다.

② [병립(대비)]
> 예 顔も 美しいが 心も やさしい。(얼굴도 아름답지만, 마음도 곱다.)
> → 「けれど(も)」의 ②와 같습니다.

③ [단순 접속]
> 예 駅に 行きたいのですが、どう 行ったら よいでしょうか。
> (역에 가고 싶습니다만, 어떻게 가면 좋을까요?)

08 「のに」(~인데도, ~임에도 불구하고)

[역접 확정]
> 예 一時間も 待ったのに まだ 来ない。(1시간이나 기다렸는데도 아직 오지 않는다.)
> → 「けれど(も)」의 ①과 같습니다.

09 「て/で」(~하고, ~해서, ~고, ~어)

① [단순접속]
> 예　冬が 過ぎて、春が 来た。(겨울이 지나고 봄이 왔다.)

② [병립]
> 예　安くて うまい。(싸고 맛있다.)

③ [순접 원인·이유]
> 예　せきが ひどくて 話が できない。(기침이 심해서 말을 할 수 없다.)

④ [보조동사에 연결]
> 예　絵が 掛けてある。(그림이 걸려있다.)

10 「ながら」(~하면서, ~이지만)

① [동시동작]
> 예　食事を しながら 話す。(식사하면서 이야기하다.)

② [역접 확정]
> 예　お金が ありながら、買おうと しない。(돈이 있지만, 사려고 하지 않는다.)

11 「し」(~하고, ~하니)

① [병립]
> 예　景色も いいし、食べ物も うまい。(경치도 좋고, 음식도 맛있다.)

② [원인·이유]
> 예　お金も あるし, 時間も あるし, 映画でも 見よう。
> (돈도 있고, 시간도 있으니 영화나 보자.)
> →문절을 둘 이상 열거하는 경우, 마지막 문절의「し」는 원인·이유를 의미합니다.

12 「たり/だり」(~하거나, ~하기도 하고)

[병립]

예
- 読んだり 書いたりする。(읽거나 쓰거나 한다.)
- 日曜日には 家で 洗濯をしたりします。
  (일요일에는 집에서 빨래를 하거나 합니다.)
  → 여러 가지 동작이나 상태를 열거하는 기능을 합니다. 보통 「~たり~たりする」의 형태로 쓰이며, 「~たり」가 한 번만 나오는 경우도 있고, 두 번 이상 나오는 경우도 있습니다.

4. 부조사

1) 부조사의 특징

체언이나 용언 또는 그밖에 여러 말에 붙어서 어떤 의미를 첨가하고, 또 그 문절을 부사같이 쓰이게끔 하는 조사입니다.

체언에 붙은 경우	예 犬さえ 食わない。(개조차 먹지 않는다.)
용언에 붙은 경우	예 努力するだけ 成果が あがる。(노력하는 만큼 성과가 오른다.)
조사에 붙은 경우	예 妹とでも 遊ぼう。(여동생하고로-도 놀아야지.)

2) 부조사의 종류

부조사에는 「は, も, こそ, さえ, でも, しか, だって, まで, ばかり, だけ, ほど, くらい/ぐらい, きり, など, なり, やら, か」가 있고, 이들이 지니는 각각의 의미용법은 아래와 같습니다.

01 「は」(~은/는)

① [다른 것과 구별]

예 たばこは 吸うが、酒は 飲まない。(담배는 피우지만, 술은 마시지 않는다.)

② [주어]
　예　私は 中村です。(저는 나카무라입니다.)
③ [강조]
　예　もう、そう 暑くは ありません。(이제 그렇게 덥지는 않습니다.)

02 「も」(~도, ~이나, 쯤, 정도)

① [같은 종류]
　예　私も 行きます。(저도 가겠습니다.)
② [강조]
　예　一週間に 6冊も 読んだ。(일주일간에 6권이나 읽었다.)
③ [병립]
　예　泣きも 笑いも しない。(울지도 웃지도 않는다.)
④ [정도]
　예　100円も あれば いい。(100엔 쯤 있으면 된다.)
　→뒤에 가정이나 추측의 문장이 올 경우

03 「こそ」(~야말로)

[강조]
　예　これこそ 長い間 探していた ものだ。
　　　(이것이야말로 오랫동안 찾고 있었던 것이다.)

04 「さえ」(~조차, ~만, ~마저)

① [유추]
　예　テレビさえ 見る 暇が ない。(TV조차 볼 틈이 없다.)
② [한정]
　예　これさえ あれば いい。(이것만 있으면 된다.)

③ [첨가]
- 예) 雨はしだいに 激しくなり、風さえ 吹き出してきた。
  (비는 차츰 격렬해져, 바람마저 불어오기 시작했다.)

05 「でも」(~라도, ~든지)

① [유추]
- 예) そんな ことは 子供でも 知っている。(그런 일은 아이라도 알고 있다.)

② [예시]
- 예) 映画でも 見たい。(영화라도 보고 싶다.)

③ [모두·전부]
- 예) 彼は 何でも 知っている。(그는 뭐든지 알고 있다.)
  → 의문사 뒤에 붙어서 전면적인 긍정을 나타냅니다.

06 「しか」(~밖에)

[한정]
- 예) 四人しか 来ない。(네 명밖에 오지 않는다.)
  → 뒤에는 반드시 부정표현이 옵니다.

07 「だって」(~라도, ~도, ~든지)

① [유추]
- 예) そんな ことは 子供だって 知っている。(그런 일은 아이라도 알고 있다.)

② [열거]
- 예) 吉田さんだって、小柳さんだって、もう みんな 来ていますよ。
  (요시다 씨도 고야나기 씨도 이미 모두 왔어요.)

③ [모두·전부]
- 예) 彼は 何だって 知っている。(그는 뭐든지 알고 있다.)

08 「まで」(~까지, ~조차, ~만, ~뿐, ~따름)

① [범위·한도]
  예 東京から 九州まで 旅行した。(도쿄에서 규슈까지 여행했다.)
  → 이경우의 「まで」는 격조사에 해당합니다.

② [유추]
  예 子供にまで ばかに される。(아이에게까지(조차) 바보 취급을 당하다.)

③ [첨가]
  예 子供の喧嘩に 親まで でしゃばる。(아이의 싸움에 부모까지 나선다.)

④ [한계]
  예 ちょっと 試してみたまでだ。(좀 시험해 보았을 따름이다.)

09 「ばかり」(~쯤, ~정도, ~만, 방금 ~했다.)

① [정도]
  예 三時間ばかり かかった。(3시간쯤 걸렸다.)
  → 「くらい/ぐらい」「ほど」의 뜻에 가깝습니다.

② [한정]
  예 肉ばかり 食べている。(고기만 먹고 있다.)
  → 「だけ」의 뜻에 가깝습니다.

③ [직후]
  예 今 来たばかりだ。(지금 막 왔다.)

10 「だけ」(~만, ~만큼)

① [한정]
  예 ここだけ 直してください。(여기만 고쳐주세요.)
  → 「ばかり」와 같습니다.

② [정도]
  예 これだけ あれば 十分だ。(이 만큼 있으면 충분하다.)
  → 「くらい/ぐらい」「ほど」의 의미입니다.

11 「ほど」(~가량, ~쯤, ~정도, ~만큼, ~(할)수록)

① [정도]
   예   100人ほど 集まった。(100명쯤/정도 모였다.)
② [비교의 기준]
   예   昨日ほどは 暑くない。(어제만큼은 덥지 않다.)
③ [비례]
   예   見れば 見るほど 美しい。(보면 볼수록 아름답다.)

12 「くらい/ぐらい」(~만큼, ~정도, ~가량, ~쯤)

① [정도]
   예   3時間ぐらい 勉強した。(3시간 정도 공부했다.)
        →「ばかり」「ほど」와 뜻이 비슷합니다.
② [비교의 기준]
   예   彼くらい けちな 男はいない。(그 사람만큼 인색한 남자는 없다.)

13 「きり」(~뿐, ~만, ~한 채, ~그 후)

① [한정]
   예   今日の おやつは、もう これきりだ。(오늘 간식은 이제 이것뿐이다.)
② [최후]
   예   部屋に 入ったきり 出て来ない。(방에 들어간 채 나오지 않는다.)

14 「など」(~등, ~와 같은 것, ~따위)

① [예시]
   예   ノートや 鉛筆や 本などが ある。(노트랑 연필이랑 책 등이 있다.)
② [경멸]
   예   君などの 出る 幕でない。(너 따위가 나설 자리가 아니다.)

③ [겸양]
  예 私などにはとても できません。(나같은 것한테는 도저히 불가능합니다.)

15 「なり」(~라도, ~든지)

① [예시]
  예 彼になり 頼めば 良かった。(그에게라도 부탁했으면 좋았을 것을.)
② [선택]
  예 行くなり やめるなり すきなようにしなさい。
  (가든지 그만두든지 좋을 대로 해라.)

16 「やら」(~인가, ~인지, ~와, ~하며)

① [불확실]
  예 向こうから、だれやら 来るようだ。(저편에서 누군가 오는 것 같다.)
② [병렬]
  예 本やら ノートやらを、たくさん 買った。(책이랑 노트를 많이 샀다.)
  → 병립관계를 나타내는 조사를 병립조사로서 취급하는 입장에 따를 경우에는 그 속에 포함시킵니다.

17 「か」(~인가, ~인지)

① [불확실]
  예 向こうから、だれか 来るようだ。(저편에서 누군가 오는 것 같다.)
② [선택]
  예 するか やめるかを 早く 決めなさい。(할지 말지를 빨리 정하세요.)
  → 병렬하여 어느 것인가 하나를 선택하는 의미를 나타냅니다.

5. 종조사

1) 종조사의 특징

종조사는 문장의 끝이나 문장이 끊어지는 곳에 붙어「희망, 의문, 금지, 강조, 감동, 영탄」 등 화자(글쓴이)의 기분을 나타내는 조사입니다.

의문	예 これは だれの本か。(이것은 누구의 책인가?)
금지	예 何も 言うな。(아무것도 말하지 마라.)
감동	예 よく やるなあ。(잘 하는구나~!)

2) 종조사의 종류

종조사에는「か, な, な(あ), ぞ, とも, よ, の, わ, や, な, ね, さ」가 있고, 이들이 지니는 각각의 의미용법은 아래와 같습니다.

01 「か」(~까, ~느냐, ~냐, ~이냐, ~는가)

① [의문]
　예 彼は 泳げるだろうか。(그는 헤엄칠 수 있을까?)
② [질문]
　예 暑く ありませんか。(덥지 않습니까?)
③ [반어]
　예 そんな ことが あるか。(그런 일이 있겠느냐. [그런 일은 없다])
④ [권유]
　예 映画でも 見に 行きませんか。(영화라도 보러 가지 않겠습니까?)
⑤ [의뢰]
　예 車を 貸してくれないか。(차를 빌려주지 않겠냐?)
⑥ [명령]
　예 早くしないか。(빨리 안 할래!)

⑦ [영탄]
　예　冬だなあ、とうとう 葉も 散ったか。(겨울이구나. 마침내 잎도 졌는가!)
⑧ [비난]
　예　こんな ことが 分からないのか。(이런 것을 모르느냐?)

02 「な」(~마라, ~구나, ~지)

① [금지]
　예　どこへも 行くな。(아무데도 가지마라)
② [확인]
　예　分かったな。(알았지?)
③ [감동・영탄]
　예　どの花を 見ても きれいだな。(어느 꽃을 보아도 예쁘구나!)

 Tip

종조사 「な」의 기타 용법

「な」는 금지, 영탄, 확인 등의 의미로 사용될 때는 동사의 보통체(종지형)에 이어지지만, 동사 ます형에 이어질 때는 부드러운 말투의 명령을 나타냅니다.

　예　・早くしな。(빨리 해라.)
　　　・さっさと 食べな。(빨리 먹어라)

03 「なあ」(~구나)

[감동・영탄]
　예　横浜の 夜景は きれいだなあ。(요코하마의 야경은 아름답구나!)

04 「ぞ」(~ㄴ데다, ~야, 말이야)

① [확인·다짐]
  예) 今日は 負けないぞ。(오늘은 지지 않을 테다.)
② [주장]
  예) しっかり 勉強するんだぞ。(열심히 공부해야 한단 말이야.)

05 「とも」(~고 말고)

[강조]
  예) 必ず 行くとも。(반드시 가고말고.)
    → 의심이나 반대의 여지가 전혀 없이 「물론~하다」라는 뜻으로 강한 확신의 기분을 나타냅니다.

06 「よ」(~요, ~이여, ~야)

① [주장]
  예) あの人はいい人ですよ。(저 사람은 좋은 사람이에요.)
② [부름]
  예) 風よ、吹け。(바람이여, 불어라.)

07 「の」(~(것)이냐, ~(것)이니, ~(것)이다, ~(것)이야)

① [의문·질문]
  예) 何か 悲しい ことでも あったの。(무언가 슬픈 일이라도 있었니?)
    → 문말을 높이 올려서 발음합니다.
② [단정]
  예) この家はとても静かなの。(이집은 매우 조용해.)
    → ②의 용법은 여자에게만 사용됩니다.

08 「わ」(~야, ~(하)네)

① [주장]
   예　私は 行かない**わ**。(나는 안 갈 거야.)
② [감동]
   예　まあ、雪が 降っている**わ**。(어머, 눈이 오네.)

09 「や」(~해라, ~야/~야)

① [영탄]
   예　とても おもしろい**や**。(매우 재미있기도 해라.)
② [부름]
   예　あやこ**や**、ちょっと おいで。(아야코야 이리 좀 오너라.)

10 「な」(~말이야)

[여운 첨가]
   예　わたしは**な** これでも**な** 代議士ですから**な**。
   (나는 말이야, 이래도 국회의원이란 말이야.)

11 「ね(え)」(~구나, ~군요, ~지요)

① [감탄]
   예　今日は いい 天気です**ね**。(오늘은 좋은 날씨군요.)
② [확인]
   예　集合時間は 10時です**ね**。(집합시간은 10시지요?)

12 「さ」(~이야, ~이지)

[가벼운 단언]
   예　心配する ことは ない**さ**。(걱정할 건 없지.)

회화 및 독해연습

3つほど 物件を 見せてもらったんです。

手坂 ： 朴さん、待たせて ごめんなさい。
朴　 ： いいえ、僕も 今 来たばかりです。
手坂 ： ええと、先週、紹介してもらった 不動産屋
　　　　 へ さっそく 行ってみました。
朴　 ： そうですか。それで どうでしたか。
手坂 ： ええ、それで、3つほど 物件を 見せてもらったん
　　　　 ですが、ワンルームで、
　　　　 新築の、日当たりの いい アパートが あったので、それに 決めました。
朴　 ： そうですか。それは よかったですね。場所は どこですか。
手坂 ： 学校の 正門から 歩いて 10分ぐらいの ところです。
朴　 ： そうですか。そのぐらいなら、運動するのに ちょうど いい 距離ですね。
手坂 ： ええ、とても いい ところです。
　　　　 ほんとうに 親切な 不動産屋さんを
　　　　 紹介してくれて ありがとうございました。
朴　 ： いいえ、どういたしまして。
　　　　 いい アパートが 見付かって よかったですね。

✿ 상황

데사카 나미코가 커피숍에서 박혜성을 만나 지난주 소개해 준 부동산에서 아파트를 빌렸다고 보고함과 동시에 감사의 말을 전하고 있습니다.

낱말과 표현

- ごめんなさい 미안해요
- それで 그러므로, 그래서
- ワンルーム 원룸(one-room), 방 하나
- 物件 물건
- 日当たりがいい 햇볕이 잘 든다
- のに <연어> ~을 하기 위해, ~을 하는 데
- 距離 거리
- 不動産屋 부동산소개소
- ほど <부조사> ~정도로, ~쯤, ~만큼
- 新築 신축
- 場所 장소
- 見付かる 찾게 되다, 발견되다.

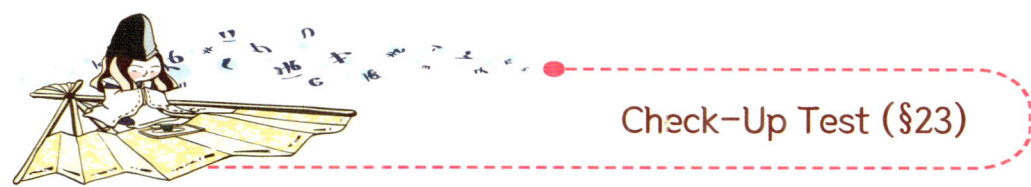

Check-Up Test (§23)

Q1. 다음 밑줄 친 조사 중 접속조사가 아닌 것을 고르시오.

① 学校から 帰ると、妹と 公園へ 行った。

② 雨が 降るから、早く 帰りましょう。

③ 風は ないが、波が 高い。

④ 風が ないので、枝が 動かない。　　＊枝：가지

Q2. 다음 문장에서 밑줄 친 부분의 조사는 무슨 조사인지 보기의 A~D에서 골라 쓰시오.

A 격조사　　B 접속조사　　C 부조사　　D 종조사

・東京へ 来てから もう 2年になるので、東京も だいたい 分かってきた。
　　　1)　　　2)　　　　　　3)　　　4)　　　　　　　5)

1) _____　　2) _____
3) _____　　4) _____
5) _____

Q3. 다음 각 문장에서 밑줄 친 부분은 무슨 조사인지 [　]에 각각 쓰시오.

1)「早く 出かけよう」と、彼女が 言った。　[　　　]

2) 秋に なると、空が 高く 見える。　[　　　]

3) 雨が 止んでから 出かけよう。　[　　　]

4) 雨が 止んだから 出かけよう。　[　　　]

Q4. (　)안에 알맞은 조사를 보기에서 골라 넣으시오.

> し，　から，　ば，　でも，　と，　まで，　より

1) 静かだ (　　　　　)、きれいだ。
2) 2と 2を たせ(　　　　　)、4になる。
3) 私は 家族(　　　　　) 日本へ 来ました。
4) 私は 9時(　　　　　) 6時(　　　　　) 働きます。
5) 中国は 日本(　　　　　) 大きいです。
6) そんな ことは 子供(　　　　　) 知っている。

Q5. 밑줄 친 부분과 같은 용법으로 쓰인 문장을 고르시오.

> 母の作った 料理は おいしいです。

① 私の部屋を きれいに 掃除した。
② 私の書いたレポートが ない。
③ この傘は キムさんのです。
④ 彼は 車の運転が できます。

Chapter 24

경어 표현

학습목표

- 일본어 경어체계와 종류를 바르게 이해하여 상대나 장소에 따라서 경어를 적절하게 사용할 수 있다.

학습포인트

- 경어의 정의, 체계, 종르
- 겸양어(謙讓語)의 표현방법
- 경어를 활용한 회화 및 독해연습
- 존경어(尊敬語)의 표현방법
- 정중어(丁寧語)의 표현방법

Chapter 24
경어 표현

1. 경어

1) 경어의 정의

| 경어 | 화자(글쓴이)가 상대나 화제 중에 나오는 인물에 대해서 존경하는 기분이나 격식 차린 마음을 표현하는 말을 경어라고 합니다. |

2) 우리말과 일본어의 경어체계 비교

　우리말과 마찬가지로 일본어에도 경어가 발달되어 있지만, 우리말과 일본어는 서로 경어체계가 다릅니다.

| 우리말 | 자기 측이든 타인 측이든 무조건 손윗사람에게는 경어를 사용하는 「절대경어체계」입니다. |
| 일본어 | 자기 측과 타인 측을 구별하여 경어를 사용하는 「상대경어체계」를 갖습니다. → 타인 측 앞에서 자기 측 사람을 화제로 할 때에는 아무리 자기 측 사람이 자신보다 손윗사람일지라도 높임말을 사용하지 않습니다. |

3) 경어의 종류

　일본어 경어는 표현 방법에 따라 보통 다음의 3종류로 분류됩니다.

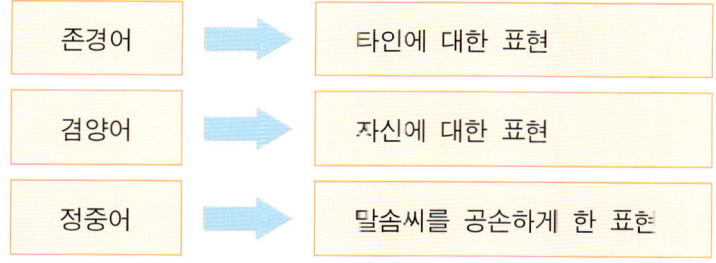

2. 존경어(尊敬語)

화자가(글쓴이)가 화지 속의 인물(상대나 상대측 인물, 또는 제3자 등)이나 그 인물에 관계된 것 등을 높여서 표현하는 말입니다.

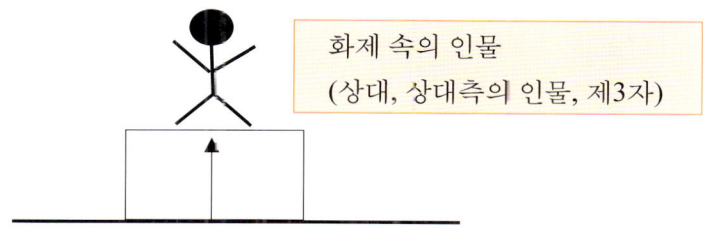

예
- あなたの おっしゃる とおりです。(당신이 말씀하신 대로입니다.)
- 中村先生が お話をしてくださる。(나카무라 교수님께서 말씀을 해 주신다.)

1) 체언의 존경어

01 접두어를 붙이는 방법

- お話(말씀)
- お名前(성함)
- お仕事(일, 직업)
- ご家族(가족)
- ご住所(주소)
- ご意見(고견)
- 貴意(귀의, 고견)
- 貴社(귀사)
- 貴校(귀교)
- (ご)芳名(방명, 존함)
- (ご)令兄(남의 형/오빠에 대한 높임말)

※ 괄호 안의 「ご」는 원래는 사용하지 않는 것이었으나 현대에는 이것을 붙이는 경우가 많습니다.

 **Tip**

접두어 「お」와 「ご」

원칙적으로 「お」는 고유어에, 「ご」는 한자어에 붙지만, 예외적인 경우도 있습니다. 이 예외적인 것들은 일상생활에서 사용하는 단어가 대부분입니다.

- お食事(식사)
- お宅(댁)
- お電話(전화)
- お料理(요리)
- お勉強(공부)

02 접미어를 붙이는 방법

- 息子さん(아드님)
- 娘さん(따님)
- 刑事さん(형사님)
- 神様(하느님)
- 田中様(다나카 님)
- 皆様(여러분)

03 접두어와 접미어 둘 다 붙이는 방법

- お父様(아버님)
- お姉様(누님)
- お子様(자녀분)
- お祖母さん(할머님)
- お祖父さん(할아버님)
- お兄さん(형님, 오라버니)

04 단어 자체에 존경의 의미가 포함된 것

- あなた(당신)
- 方(분)
- こちら(이 분)
- どなた(어느 분)
- 先生(선생님)

 **Tip**

접두어「お」와「ご」는 심지어 부사에도 붙어서 존경의 뜻을 나타내기도 합니다.

> 예   ごゆっくり(천천히, 느긋하게)

2) 용언의 존경어

01 존경의 특별 동사를 사용하는 방법

어떤 동작이나 존재를 나타내는 표현 중에는 그 단어 자체에 존경의 의미가 담겨 있는 동사가 있습니다. 이러한 특별동사를 사용하면 존경의 뜻을 나타낼 수 있습니다.

いらっしゃる(계시다, 오시다, 가시다)	「いる, 来る, 行く」의 존경어
おっしゃる(말씀하시다)	「言う」의 존경어
なさる(하시다)	「する」의 존경어
くださる(주시다)	「くれる」의 존경어
召し上がる(드시다, 잡수시다)	「飲む, 食べる」의 존경어
上がる(드시다, 잡수시다)	「飲む, 食べる, 吸う」의 존경어
ご覧になる(보시다)	「見る」의 존경어
おやすみになる(주무시다)	「寝る」의 존경어
見える(오시다)	「来る」의 존경어
召す(드시다, 입으시다)	「食べる, 着る」의 존경어

> 예
> ・たばこを 上がる。(담배를 피우시다.)
> ・お客さんが 食事を 召し上がる。(손님이 식사를 드시다.)
> ・話題の映画、もう ご覧になりましたか。(화제의 영화, 이미 보셨습니까?)

한편, 이상의 동사들 중 「いらっしゃる」「おっしゃる」「くださる」「なさる」는 「ます」에 접속될 때 일반 규칙과는 다른 어미변화가 일어납니다. 이것들은 모두 1그룹동사이지만, 어미가 「り」로 변하지 않고, 「い」로 변합니다.

> **예**
> - いらっしゃる → いらっしゃいます
> - おっしゃる → おっしゃいます
> - くださる → くださいます
> - なさる → なさいます

또한, 「いらっしゃる」「くださる」는 보조동사로서도 사용됩니다.

> **예**
> - 話していらっしゃる。(이야기하고 계신다.)
> - 書いてください。(써 주세요.)

02 문법형식을 사용하는 방법

문법적인 형식을 사용하여 존경어를 나타내는 방법은 「お/ご~になる」「お/ご~なさる」「お/ご~です」「お/ご~ください」 등의 형식이 있습니다. 「~」부분에는 「동사의 ます형」이나 「동작성명사」가 들어갑니다.

① 「お/ご + 동사의 ます형/동작성명사 + になる」

[1그룹]	使う(사용하다)	→	お使いになる(사용하시다)
	書く(쓰다)	→	お書きになる(쓰시다)
[2그룹]	出かける(외출하다)	→	お出かけになる(외출하시다)
	やめる(그만두다)	→	おやめになる(그만두시다)
[3그룹]	出席する(출석하다)	→	ご出席になる(출석하시다)
	訪問する(방문하다)	→	ご訪問になる(방문하시다)

> **예**
> ・その方は、さきほど お出かけになった。(그분은 아까 외출하셨다.)
> ・昨夜はよく お休みになりましたか。(어젯밤에는 잘 주무셨습니까?)
> ・部長は、あすの 会議に ご出席になりますか。
>   (부장님은 내일 회의에 출석하십니까?)

주의

「お/ご + 동사의 ます형/동작성명사 + になる」는 존경어를 만드는 대표적인 형식입니다만, 다음과 같은 경우에는 이 형식을 사용할 수 없습니다.

- 「来る(きます)」「いる(います)」「見る(みます)」「寝る(ねます)」등과 같이 「ます형」이 1음절인 동사는 이 형식을 사용하지 않습니다.
  ・来る → お来になる(×) → いらっしゃる(○)
  ・見る → お見になる(×) → ご覧になる(○)

- 「동작성명사+する」의 형태를 취하는 3그룹동사도 이러한 형식으로 존경어를 만드는 경우는 많지 않습니다. 특히 외래어의 경우는 이 형식을 사용하지 않습니다.
  ・運転する → ご運転になる(×) → 運転なさる/される(○)
  ・営業する → ご営業になる(×) → 営業なさる/される(○)
  ・メモする → おメモになる(×) → メモなさる/される(○)

②「お/ご + 동사의 ます형/동작성명사 + なさる」

약간 고풍스러운 느낌의 표현으로 고유어보다는 동작성명사에 더 많이 사용되는 표현입니다.

[1그룹]	話す(말하다)	→	お話しなさる(말씀하시다)
	書く(쓰다)	→	お書きなさる(쓰시다)
[2그룹]	起きる(일어나다)	→	お起きなさる(일어나시다)
	考える(생각하다)	→	お考えなさる(생각하시다)
[3그룹]	安心する(안심하다)	→	ご安心なさる(안심하시다)
	電話する(전화하다)	→	お電話なさる(전화하시다)

예
- お母様と お父様は 何語で お話しなさるんですか。
  (어머님과 아버님은 무슨 어(말)로 말씀하십니까?)
- お考えなさった ことを 遠慮なく お書きください。
  (생각하시는 것을 솔직히 써 주십시오)
- 早く お電話なさった ほうが いいと 思います。
  (빨리 전화를 하시는 편이 좋다고 생각합니다.)

③「お/ご + 동사의 ます형/동작성명사 + です」

현재의 상태나 이제 곧 일어날 수 있는 상태를 나타내는 표현으로 「お/ご + 동사의 ます형/동작성명사 + になる」보다 사용할 수 있는 어휘가 한정적입니다.

[1그룹]	過ごす(지내다)	→	お過ごしです(지내십니다)
	分かる(알다)	→	お分かりです(아십니다)
[2그룹]	出かける(외출하다)	→	お出かけです(외출하십니다)
	勤める(근무하다)	→	お勤めです(근무하십니다)
[3그룹]	研究する(연구하다)	→	ご研究です(연구하십니다)
	出発する(출발하다)	→	ご出発です(출발하십니다.)

| 예 | ・連休は いかが お過ごしですか。 (연휴는 어떻게 지내십니까?)
・この曲、お分かりですか。 (이 곡 아십니까?)
・いつ ご出発ですか。 (언제 출발하십니까?)

④ 「お/ご + 동사의 ます형/동작성명사 + ください」

상대방에게 정중하게 의뢰하거나 권유를 할 때 쓰는 표현으로 「~てください」보다 더욱 정중하고 격식 차린 표현입니다.

[1그룹]	使う(사용하다)	→	お使いください(사용해 주십시오)
	書く(쓰다)	→	お書きください(써 주십시오)
[2그룹]	伝える(전하다)	→	お伝えください(전해 주십시오)
	かける(앉다)	→	おかけください(앉아 주십시오)
[3그룹]	連絡する(연락하다)	→	ご連絡ください(연락 주십시오)
	出席する(출석하다)	→	ご出席ください(출석해 주십시오)

| 예 | ・そこに お名前を お書きください。 (거기에 성함을 써 주세요.)
・奥様に よろしく お伝えください。 (사모님께 안부 전해 주십시오.)
・ふるさとの 成人式に ぜひ ご出席ください。 (고향 성인식에 꼭 참석해 주세요.)

03 존경의 조동사 「れる・られる」를 붙이는 방법

동사 활용의 종류에 따라 「れる」나 「られる」를 붙이면 존경어가 됩니다. 이 형식은 수동형과 접속형태가 동일합니다.

[1그룹]	読む(읽다)	→	読まれる(읽으시다)
	着く(도착하다)	→	着かれる(도착하시다)
[2그룹]	借りる(빌리다)	→	借りられる(빌리시다)
	出かける(외출하다)	→	出かけられる(외출하시다)
[3그룹]	来る(오다)	→	来られる(오시다)
	外出する(외출하다)	→	外出される(외출하시다)

예
- お客さまは、いま 駅に 着かれた。(손님은 지금 역에 도착하셨다.)
- 奥様は 今、外出されて います。(사모님은 지금 외출해 계십니다.)
- 部長は 飛行機で 夕方、来られる そうです。
  (부장님은 비행기로 저녁때 오신다고 합니다.)

04 접두어를 붙이는 방법

い형용사와 な형용사에는 접두어 「お」「ご」를 붙여 존경의 뜻을 나타냅니다.

い형용사	な형용사
・お美しい(아름다우시다)	・お元気だ(건강하시다)
・おいそがしい(바쁘시다)	・ご立派だ(훌륭하시다)

예
- いつ 見ても おうつくしい。(언제 봐도 아름다우시다.)
- みなさん、お元気ですか。(여러분, 건강하십니까?)
- ご立派な 息子さんを お持ちですね(훌륭하신 아드님을 두셨군요.)

3. 겸양어

화자가(글쓴이)가 화제 속의 인물(자신이나 자기 측의 인물)이나 그 인물에 관계된 일 등을 낮추어 표현함으로써 그 인물의 상대방을 높이게 되는 말입니다.

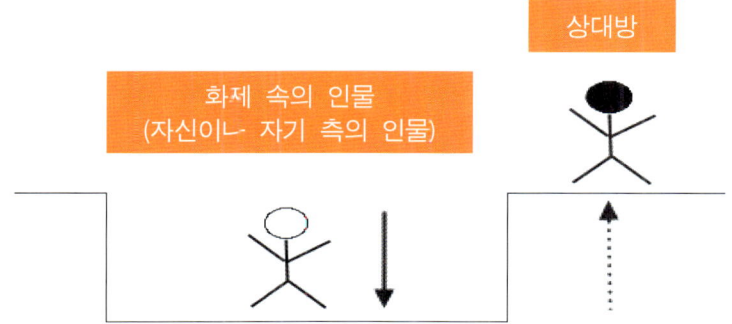

예
- 先生には、わたしから申し上げます。(선생님께는 제가 말씀 드리겠습니다.)
- お宅には、川上がうかがいます。(댁에는 가와카기가 찾아뵙겠습니다.)
- 先生から、何をいただいたのですか。(선생님께 무엇을 받은 거에요?)

위의「申しあげる(말씀드리다)」,「うかがう(방문하다)」,「いただく(받다)」는 존경받는 사람에게 화자나 화제에 오르는 인물의 동작을 화자가 낮춰서 표현한 것입니다.

1) 체언의 겸양어

01 접두어를 붙이는 방법

- お願い(부탁)
- お礼(인사, 사례, 감사)
- ご報告(보고)
- ご挨拶(인사)
- 小社(소사:자기 회사의 겸사말)
- 小生(소생:남자가 자기를 이르는 겸사말)
- 弊社(폐사:자기 회사에 대한 겸사말)
- 拙宅(자기 집의 겸사말) = 小宅
- 粗品(조품:남에게 선사하는 물건의 겸사말)

02 접미어를 붙이는 방법

- わたしども(저희)
- 息子ども(아들놈)

03 단어 자체에 겸양의 의미가 포함되어 있는 경우

- わたくし (저)
- ちち, はは 등 (남에게 자기 가족을 말할 때 부르는 호칭)

2) 용언의 겸양어

01 겸양의 특별 동사를 사용하는 방법

申す/申しあげる (말씀드리다, 해 드리다)	「言う, する」의 겸사말
参る (가다, 오다)	「行く, 来る」의 겸사말
いただく (받다, 먹다, 들다, 마시다)	「もらう, 食べる, 飲む」의 겸사말
さしあげる (드리다)	「あげる」의 겸사말
あがる (찾아뵙다)	「行く, 訪ねる」의 겸사말
頂戴する (받다)	「もらう」의 겸사말
いたす (하다)	「する, 行う」의 겸사말
うかがう (방문하다, 묻다, 듣다)	「訪ねる, 聞く」의 겸사말
承る (삼가 받다, 삼가 듣다, 삼가 전해 듣다)	「もらう, 聞く, 伝え聞く」의 겸사말
存ずる/存じる (알고 있다, 생각하다)	「知る, 思う, 考える」의 겸사말
拝見する (삼가 보다, 삼가 읽다)	「見る, 読む」의 겸사말
お目に掛かる (만나뵙다)	「会う」의 겸사말
お目に掛ける (보여드리다)	「見せる」의 겸사말
ご覧に入れる (보여드리다)	「見せる」의 겸사말

※ 위 가운데 「申す」「参る」는 이제는 단독으로 사용할 수 없게 되었으며, 「ます」를 수반한 「申します」「参ります」는 각각 「言う」「行く」의 정중어로 되었습니다.

예
- 明日 お邪魔に あがります。(내일 찾아뵙겠습니다.)
- 27日付けのお便り 拝見しました。(27일부의 편지 읽었습니다.)
- じっくりと ご疑問を 拝見して、その疑問に 答えてみようと 存じます。
  (곰곰이 의문을 읽고, 그 의문에 대답해 보려고 생각합니다.)

02 문법형식을 사용하는 방법

문법형식을 사용하여 겸양어를 만드는 방식은「お/ご~する」「お/ご~いただく」등이 있습니다.「~」부분에는「동사의 ます형」이나「동작성명사」가 들어갑니다.

①「お/ご + 동사의 ます형/동작성명사 + する」

[1그룹]	願う(부탁하다)	→	お願いする(부탁드리다)
	持つ(들다)	→	お持ちする(들어드리다)
[2그룹]	届ける(전하다)	→	お届けする(전해드리다)
	尋ねる(묻다)	→	お尋ねする(여쭈다)
[3그룹]	案内する(안내하다)	→	ご案内する(안내해 드리다)
	連絡する	→	ご連絡する(연락 드리다)

이 형식에서「する」대신「する」의 겸양어인「いたす」「申す」「申し上げる」등을 사용하면 더욱 겸양의 정도가 높은 표현이 됩니다.

- 先生、私が お持ちします。(교수님, 제가 들어드리겠습니다.)
- 教室まで 私が ご案内いたします。(교실까지 제가 안내해 드리겠습니다.)
- よろしく お願い申し上げます。(잘 부탁드립니다.)
- 会社に 戻ってから、ご連絡します。(회사에 돌아간 후에 연락드리겠습니다.)

🚨 주의

「お/ご + 동사의 ます형/동작성명사 + する」는 겸양어를 만드는 대표적인 형식으로 매우 생산성이 높지만,「来る, 見る, いる, 寝る」등과 같이「ます형」이 1음절인 동사는 이 형식으로 겸양어를 나타낼 수 없습니다.

② 「お/ご + 동사의 ます형/동작성명사 + いただく」

화자가 상대방에게 어떤 이익이 되는 행위를 받았다는 형태를 취하여 겸양표현을 나타냅니다. 「~ていただく」와 뜻은 같지만, 보다 정중하고 격식 차린 겸양표현입니다.

[1그룹]	書く(쓰다)	→	お書きいただく(써주시다)
	集まる(모이다)	→	お集まりいただく(모여주시다)
[2그룹]	教える(가르치다)	→	お教えいただく(가르쳐주시다)
	助ける(돕다)	→	お助けいただく(도와주시다)
[3그룹]	利用する(이용하다)	→	ご利用いただく(이용해주시다)
	出席する(출석하다)	→	ご出席いただく(출석해주시다)

예
- 本日は、お忙しい中 お集まりいただき、たいへん ありがとうございます。

  (오늘은 바쁘신 중 모여 주셔서 매우 감사합니다.)
- この度は 当店を ご利用いただき、誠に ありがとうございました。

  (이번에는 당점을 이용해 주셔서 대단히 고마웠습니다.)
- 結婚式に ご出席いただければ 幸いです。

  (결혼식에 출석해주신다면 행복하겠습니다.)

03 보조동사 「いただく」를 붙이는 방법(~ていただく)

화자가 어떤 행위를 해 받았다는 의미의 겸양표현 형식입니다. 우리말 해석은 「~해 받다」라고 하면 어색한 경우가 대부분이므로 「~해주시다」로 해석하면 되겠습니다.

- 買っていただく。(사주시다)
- 公演していただく。(공연해주시다)
- 守っていただく。(지켜주시다)
- 待っていただく。(기다려주시다)

> 예
> - 私の作った 人形を 買っていただきました。(내가 만든 인형을 사 주셨습니다.)
> - 先生に 診ていただく。(선생님께 진찰받다)
> - 木村さんに 部屋を 探していただきました。(기무라씨가 방을 찾아주셨습니다.)

최근에는 사역에 겸양을 결합한 형태인「~させていただく」의 표현이 자신의 행동을 겸손하게 표현할 때 많이 쓰이고 있습니다. 이것은「사전에 상대방의 어떤 승인이나 허락을 받아서」라는 뉘앙스를 줌으로써 상대방을 존중하고 있다는 느낌을 주는 표현입니다.

> 예
> - それでは 始めさせていただきます。(그럼 시작하겠습니다.)
> - 頭が いたいので、早退させていただきたいのですが…。
>   (머리가 아프기 때문에 조퇴하고 싶습니다만…)

4. 정중어(丁寧語)

화자(글쓴이)가 상대(청자나 독자)에게 격식을 차려서 표현하거나 사건을 아름답게 표현한 말입니다.

> 예
> - 今日は よい お天気 です。(오늘은 좋은 날씨입니다.)
> - わたしは 毎日 六時に 起きます。(나는 매일 6시에 일어납니다.)

「お天気」「です」「ます」는 존경어도 겸양어도 아니며, 말을 정중하게 하여 화자가 청자에게 얌전하게 마음을 표현한 것입니다.

1) 체언의 정중어

단어 앞에 접두어「お」「ご」를 붙여서 표현합니다. 이러한 단어는 미화어(美化語)가 되는 경우가 대부분입니다.

- お正月(설날)
- ご飯(밥)
- お天気(날씨)
- ごほうび(상, 포상)
- お米(쌀)

 Tip

미화어(美化語)

정중어 가운데 사건을 품위 있고 아름답게 표현하는 말을 미화어라고 합니다. 체언을 미화어로 하기 위해서는 다음과 같이 접두어「お」나「ご」를 붙입니다.

예
- お魚(생선)
- お箸(젓가락)
- お電話(전화)
- おふとん(이불)

그러나 어떤 체언이라도 미화어로 할 수 있는 것은 아닙니다. 예를 들면,「お猿」「お花」라고는 말하지만,「お猫」「お桜」라고는 말하지 않습니다. 무턱대고「お」를 붙이게 되면 부자연스런 표현이 되므로 주의가 필요합니다.

2) 용언의 정중어

01 정중한 특별 동사를 사용하는 방법

ございます(있습니다)	「ある」의 정중어
申します(말합니다)	「言う」의 정중어
参ります(갑니다)	「行く」의 정중어

예
- 時間はまだ十分にございます。(시간은 충분히 있습니다.)
- のちほど、参ります。(조금 후에 가겠습니다/찾아가겠습니다).
- はじめまして。私、市川と申します。
(처음뵙겠습니다. 저 이치카와라고 합니다.)

02 조동사 「です」「ます」 등을 붙이는 방법

「です」는 명사, い형용사, な형용사 등에 붙어 정중한 표현을 만들고, 「ます」는 동사에 붙어 정중한 표현을 만듭니다.

> **예**
> ・あれは富士山です。(저것은 후지산입니다.)
> ・美しいです。(아름답습니다.)
> ・行きます。(갑니다.)

03 「보조동사 + 조동사」(ございます, あります 등)를 붙이는 방법

> **예**
> ・私の妹でございます。(저의 여동생입니다.)
> ・計画は万全なはずであります。(계획은 만전할 것입니다.)

회화 및 독해연습

何時ごろ、お帰りになりましょうか。

朴　　：もしもし、中村先生の お宅ですか。
中村　：はい、中村でございます。
朴　　：私、韓国人の留学生で、朴と 申しますが、……。
中村　：ああ、朴さん。主人から お名前を 伺っております。
朴　　：あの、実は 先生の 携帯へ お電話を お掛けしても 繋がらなくて、
　　　　ご自宅の ほうに お電話させていただきました。
　　　　お手数をお掛けいたしますが、先生は いらっしゃいますか。
中村　：あいにく只今、出かけておりますが。
朴　　：何時ごろ、お帰りになりましょうか。
中村　：7時ごろには 帰ると 申しておりました。
朴　　：では、そのころ もう 一度
　　　　お電話させていただきます。
　　　　失礼します。
中村　：はい、ごめんください。

❀ 상황

일본에 교환학생으로 유학을 간 박혜성이 지도 교수님(나카무라) 댁에 전화를 걸었는데, 사모님이 전화를 받고 있습니다.

낱말과 표현

- お宅(たく) 상대편의 집·가정의 높임말. 댁
- でございます「です」보다 더 공손한 말. ~이옵니다
- 申(もう)す「言う(말하다)」의 공손한 말씨
- 主人(しゅじん) ① 주인, ② 가장, ③ (아내가 타인에게 자기 남편을 가리켜 하는 말) 바깥양반
- 繋(つな)がる 이어지다, 연결되다
- 当宅(じたく) 자택
- 手数(てすう)を掛(か)ける 폐를 끼치다
- いらっしゃる 계시다, 가시다, 오시다
- あいにく 공교롭게도
- 只今(ただいま) ① 지금, ② 방금, ③ 다녀왔습니다
- ~ております <「~ています」보다 공손한 말> ~하고 있습니다
- ごめんください 실례합니다.

Check-Up Test (§24)

Q1. 다음 경어의 사용법이 바르지 않는 것을 모두 고르시오.

① 私のお父さんは 外出しております。
② 小社の社長が 出席される 予定です。
③ 私から ご説明いたします。
④ この資料は、ここで 拝見してください。
⑤ いつでも 私のところを お訪ねしてください。

Q2. 밑줄 친 부분을 존경동사로 바꾸어 문장을 완성해 보시오.

1) 先生が 言います。
   先生が _____。
2) あなたはどちらへ 行きますか。
   あなたはどちらへ _____。
3) 先生が 教室に います。
   先生が 教室に _____。
4) お客さま、どうか しましたか。
   お客さま、どうか _____。

Q3. 다음 밑줄 친 부분의 경어는 <보기> 중 어느 것에 해당하는지 기호로 쓰시오.

A---尊敬語　　B---謙譲語　　C---丁寧語

1) これは 先生から いただいた ものです。
2) どちらへ お出かけですか。
3) 食堂は 会社の 隣に ございます。
4) どうぞ、召し上がってください。

Q4. 밑줄 친 표현 중 정중어 아닌 것을 모두 고르시오.

① 明日は 雨が 降る<u>でしょう</u>か。
② 明日 10時の 列車で <u>参り</u>ます。
③ 私が 中村<u>でございます</u>。
④ 先生が <u>来られた</u>。
⑤ 昨日は 雨が 降<u>ります</u>。
⑥ 教室まで 私が <u>ご案内いたし</u>ます。

Q5. 다음 각 동사를 보기와 같이 존경표현 「お/ご~になる」 형식으로 바꿔보시오.

待つ → お待ちになる

1) 出発する(출발하다) →
2) 執筆する(집필하다) →
3) 飲む(마시다) →
4) 嘆く(한탄하다) →

부록

- 「회화 및 독해연습」의 본문 해석
- Check-Up Test 의 해답

「회화 및 독해연습」의 본문 해석

Chapter 3   저는 데사카 나미코입니다.

데사카 : 저기, 실례합니다. 박 혜성 씨입니까?
혜성　 : 예, 그렇습니다. 박입니다.
데사카 : 처음뵙겠습니다. 저는 데사카 나미코입니다. 부디 잘 부탁합니다.
혜성　 : 저야말로 부디 잘 부탁합니다.
데사카 : 박 씨, 오늘은 정말 감사합니다.
혜성　 : 아니오, 천만의 말씀입니다.
　　　　 데사카 씨, 한국은 처음입니까?
데사카 : 아니오, 처음이 아닙니다.

　　　　(공항 밖으로 나와 물기 있는 땅을 보며)

데사카 : 박 씨, 한국은 어제 비였습니까(비 왔습니까)?
혜성　 : 아니오, 비가 아니었습니다. 눈이었습니다.
데사카 : 아아, 그랬습니까!

Chapter 4   이것은 무엇입니까?

데사카 : 박 씨, 이것은 무엇입니까?
박　　 : 그것은 필통입니다.
데사카 : 이것은 누구의 필통입니까?
박　　 : 그것은 김 씨 것입니다.
데사카 : 저것도 김 씨 것 입니까?

박　　　: 아니오, 저것은 김 씨 것이 아닙니다.
　　　　　제 것입니다.
데사카 : 그런데, 저 사람은 누구입니까?
박　　　: 경영학부의 오나라 씨입니다.

Chapter 5 몇 시부터 몇 시까지 입니까?

데사카 : 오늘은 무슨 요일입니까?
박　　　: 목요일입니다.
데사카 : 일본어 수업은 언제입니까?
박　　　: 매주 월요일과 수요일입니다.
데사카 : 몇 시부터 몇 시까지 입니까?
박　　　: 월요일은 오전 9시부터 10시 15분까지이고,
　　　　　수요일은 오후 1시 반부터 2시 45분까지입니다.
데사카 : 수업은 매일입니까?
박　　　: 아니오, 토요일과 일요일은 쉽니다.

Chapter 6 영어는 매우 재미있어요.

데사카 : 박 씨, 오늘은 그다지 춥지 않군요.
박　　　: 예, 어제보다는 따뜻하군요.
데사카 : 최근 영어 공부는 어떠세요?
박　　　: 조금 어렵습니다만, 매우 재미있어요.
　　　　　데사카씨, 한국어 공부는 어떠세요?
데사카 : 영어보다 재미있고 쉬워요.
박　　　: 그것은 잘 됐네요.
　　　　　아, 어제는 테스트였지요? 어땠어요?
데사카 : 테스트는 쉽지 않았어요.

Chapter 7 어느 것을 좋아하세요?

데사카 : 이 동네는 매우 번화하네요.
박　　 : 예, 하지만 전에는 이렇게 번화하지 않았습니다.
　　　　 좀 더 조용했습니다.
데사카 : 아, 그렇습니까?
박　　 : 데사카 씨는 코코아와 커피 중 어느 쪽을 좋아합니까?
데사카 : 나는 커피보다 코코아를 더 좋아합니다. 박 씨는요?
박　　 : 나는 커피를 더 좋아합니다.
데사카 : 그렇습니까? 코코아는 싫어합니까?
박　　 : 아니오, 싫어하지 않습니다만, 음료 중에서는 커피를
　　　　 가장 좋아합니다.

Chapter 8 몇 시에 끝납니까?

기요무라 : 안녕하세요? 오늘 수업, 몇 시에 끝납니까?
박　　　 : 이미 끝났습니다.
기요무라 : 내일 밤 가부키 공연이 있습니다만, 함께 가지 않겠습니까?
박　　　 : 그거 좋지요. 장소는 어디입니까?
기요무라 : 한국여자대학입니다.
박　　　 : 가부키는 몇 시부터 입니까?
기요무라 : 7시부터입니다.
박　　　 : 몇 시에 어디에서 만날까요?
기요무라 : 6시 45분에 교수회관 앞은 어떻습니까?
박　　　 : 예, 알겠습니다. 기대됩니다.

Chapter 9 TV를 보고 샤워를 합니다.

박　　　 : 스에히로 씨는 매일 아침 몇 시에 일어납니까?
스에히로 : 글쎄요. 대체로 6시경에 일어납니다.

박　　　　: 그렇게 빨리 일어나서 무엇을 합니까?
스에히로 : 먼저 세수를 하고, 1시간 정도 한국어 공부를 합니다. 그리고 나서 아침밥을 먹고, 화장을 하고, 집을 나옵니다.
박　　　　: 저기(저 ~), 학교는 몇 시부터 몇 시까지입니까?
스에히로 : 오전 9시부터 오후 4시 15분까지입니다.
박　　　　: 그럼, 밤에는 무엇을 합니까?
스에히로 : TV를 보고, 샤워를 합니다. 그리고 나서 인터넷을 하고 숙제를 하고 12시경에 잡니다.
박　　　　: 밤에도 많이 바쁘군요.

Chapter 10　　그것을 먹어 본 적이 없습니다.

스에히로 : 이 언덕길 언제나 힘들지요?
박　　　　: 그래요. 매일 피곤합니다.
스에히로 : 박 씨 오늘 점심은 무엇을 먹을까요?
박　　　　: 글쎄요. 닭볶음탕은 어떻습니까?
스에히로 : 닭볶음탕? 저 먹어 본 적이 없습니다.
　　　　　　그것은 무엇입니까?
박　　　　: 냄비에 닭고기랑 감자, 당근, 양파, 고추장 등을 넣고 조린 한국 가정요리입니다.
스에히로 : 아, 그거 먹어보고 싶네요.
박　　　　: 그럼, 오늘 점심은 그것으로 합시다.
스에히로 : 네~! 빨리 먹고 싶네요.

Chapter 11　　목욕은 하지 않는 것이 좋습니다.

의사　: 어디가 안 좋으세요?
환자　: 어제부터 식욕이 없고, 몸이 나른하네요. 그리고 목도 아파요.
의사　: 그럼, 열을 재 봅시다.
　　　　감기군요. 열이 38도나 됩니다.
환자　: 그렇습니까?
의사　: 약을 처방할 테니까, 하루 3번 식후에 드세요.
환자　: 선생님, 목욕은 해도 됩니까?

의사 : 아니오, 오늘은 목욕은 안 하는 것이 좋아요.
        감기 걸렸을 때는 그다지 무리하지 말고, 맛있는 것을 많이 먹고, 푹 쉬는 것이 좋습니다.
환자 : 예, 알겠습니다. 감사합니다.
의사 : 몸조리 잘하세요.

Chapter 12   워터파크에 가자

혜성 : 있잖아(저기), 아야코, 다음 주 시험 끝난 다음에 주말에는 뭐 할 생각이니?
아야코 : 특별히 예정은 없는데.
혜성 : 그럼, 함께 바다에 놀러 가지 않을래?
아야코 : 바다는 좀... 지금은 백색피부가 붐이고, 햇볕에 그을리고 싶지 않아.
혜성 : 그럼, 워터파크에 가자!
        실내에서 놀면 햇볕에 탈 걱정도 없어.
아야코 : 그것은 좋아.
        그런데, 워터파크에는 차로 갈까? 버스로 갈까?
혜성 : 주말에는 붐비니까 버스로 가자.
        셔틀버스를 이용하면 매우 편리해.
아야코 : 그렇구나!
혜성 : 내가 시간이랑 장소 등을 조사해 둘게.
아야코 : 그럼, 부탁해.

Chapter 13   남자 형제는 없군요.

스에히로 : 박 씨는 가족이 몇 명이에요?
박   : 5명입니다. 부모님과 형과 남동생이 있습니다.
스에히로 : 그럼, 여자 형제는 없군요.
박   : 예. 스에히로 씨는 가족이 몇 명이에요?
스에히로 : 4명이에요. 아버지와 어머니, 아래에 여동생이 한 명 있어요.
          아, 그리고 "다마짱"도 있어요.
박   : 다마짱은 누구에요?
스에히로 : 우리 집 애완동물로 고양이 이름이에요.

박　　　：아~, 그래요. 다마짱은 몇 살이에요?
스에히로 : 2살이에요. 우리 집어 온 지 1년 반이 됩니다.
박　　　：그러면, 이미 가족의 한 명이네요.
스에히로 : 예, 다마짱은 우리 집에 없어서는 안 되는 존재어요.

Chapter 14　점심 먹었니?

혜성　　：점심 먹었니?
아야코 : 아니, 아직.
혜성　　：그럼, 함께 먹지 않을래?
아야코 : 좋아.
혜성　　：이 근방에 맛있는 가게가 있니?
아야코 : 응, 있어. 여기 뒤쪽에 있어.

- 가게 앞에 도착해서 -

아야코 : 여기야.
혜성　　：사람이 많이 있구나.
아야코 : 응, 여기는 요리도 맛있고, 분위기도 좋고, 점원도 친절해서 매우 인기야.

Chapter 15　머리를 빗기만 해도 뚝뚝 끊어져 버려요

박　　　：기요무라 씨, 안녕하세요?
기요무라 : 안녕하세요? 어머, 박 씨, 머리(카락) 잘랐군요.
박　　　：예, 어제 잘랐어요.
기요무라 : 이전보다 훨씬 멋있어요. 어디서 잘랐어요?
박　　　：집 근처에 있는 미용실에서 잘랐어요.
기요무라 : 나도 그 미용실에서 머리(카락)를 자르고 싶네요.
박　　　：하지만 기요무라 씨는 지난주에 파마를 막 했잖아요?
기요무라 : 그렇지만, 그 탓인지 머리카락이 매우 상해서 머리끝이 갈라진 게 많아졌고,
　　　　　머리를 빗는 것만으로(빗기만 해도) 뚝뚝 끊어져 버려요.

박　　　： 그래요? 그럼 미용실에 가서 상담하는 게 좋겠군요.
　　　　　　내가 안내할게요.
기요무라 ： 정말이에요! 고마워요.

Chapter 16　　잡지랑 파우치 등이 들어 있어요.

나미코 : 저기 실례합니다. 어제 해질 무렵 여기 앞에 있는 공원에서 가방을 잃어버렸습니다만,
　　　　　신고 들어와 있지 않습니까?
경찰관 : 어떤 가방입니까?
나미코 : 가죽으로 만들어진 가방이고, 색은 밤색입니다.
경찰관 : 안에 무엇이 들어있습니까?
나미코 : 잡지랑 파우치 등이 들어있습니다.
경찰관 : 돈도 들어있습니까?
나미코 : 아니오, 들어있지 않습니다.
경찰관 : 잡지는 어떤 잡지입니까?
나미코 : 음악 잡지입니다. 표지에 「K-POP」이라고 씌어 있습니다.
경찰관 : 조사해보겠습니다. 잠깐 기다려주세요.

Chapter 17　　왜 이것을 저에게 주시는 겁니까?

손님　　： 잘 먹었어요. 맛있었어요.
종업원 ： 매번 감사합니다.
손님　　： 언제나 열심이군요.
　　　　　자, 이거 줄게요. 받아요.
종업원 ： 무엇입니까? 어, 복권입니까?
손님　　： 예. 당신에게 꿈을 선물할게요.
종업원 ： 왜 이것을 저에게 주시는 겁니까?
손님　　： 나는 꿈을 파는 남자니까요. 하하하
종업원 ： 정말로 받아도 됩니까?
손님　　： 네, 받아요
종업원 ： 대단히 감사합니다.
　　　　　또 오십시오.

Chapter 18 읽을 수 있는 것만으로도 대단해

유사쿠 : 오랜만이야! 최근에 전혀 보이지 않던데, 어떻게 지낸 거야?
요시노 : 한국에 1년간 유학했어(유학하고 있었던 거야).
유사쿠 : 어? 한국에?
　　　　그럼, 한국어를 읽을 수 있니?
요시노 : 응, 읽을 수는 있지만, 말하는 것은 별로 못해.
유사쿠 : 하지만 읽을 수 있는 것만으로도 대단하다.
　　　　김치라든가 매운 것도 먹을 수 있니?
요시노 : 응, 먹을 수 있어.
　　　　김치랑 매운탕 등은 정말 맛있어.
유사쿠 : 매운탕? 들어본 적이 없는데, 그것은 뭐니?
요시노 : 생선이랑 야채 등을 재료로 한 매운맛의 냄비요리야.
유사쿠 : 그렇구나. 본고장의 요리를 여러 가지 맛볼 수 있었다니 부럽구나.

Chapter 19 코트는 따뜻할 것 같군요.

박　　　 : 오늘 아침은 추웠지요?
데사카 : 그래요. 뉴스에서는 내일은 더 춥다고 하는 것 같아요.
박　　　 : 그래요? 아, 데사카씨 코트는 따뜻할 것 같군요.
데사카 : 네. 하지만 조금 무거워요.
　　　　박 씨, 어젯밤 별로 자지 않은 것 같군요.
박　　　 : 네. 어떻게 알았어요?
데사카 : 왜냐하면 토끼처럼 눈이 빨개요.
박　　　 : 그렇게 빨개요?
　　　　실은 어젯밤 늦게까지 인터넷 게임을 해버려서(해서)..
데사카 : 그래요? 남자는(남자들은) 정말로 게임을 좋아하는 것 같군요.
　　　　우리 남동생도 게임을 매우 좋아해서 쉬는 날 같은 경우에는 밤을 새워서라도 게임을 하고 있어요.
박　　　 : 남동생도 정말로 게임을 좋아하는 것 같군요
데사카 : 예. 하지만, 너무나 지나치게 해서(지나치니까) 걱정이에요.

Chapter 20   엄마한테 야단맞았어요.

데사카 : 박 씨, 안녕하세요!
박　　 : 아, 안녕하세요.
데사카 : 무슨 일이세요? 기운이 없어 보이네요.
박　　 : 어젯밤에 엄마한테 야단맞았어요(야단맞아버렸어요.)
데사카 : 왜 야단맞았어요?
박　　 : 평소보다 시험 점수가 나빴기 때문에요.
데사카 : 그랬어요? 그럼, 다음 시험에서 노력하면 되지 않나요?
박　　 : 그렇군요. ^^
　　　　 다음 시험에는 점수를 올려서 엄마께 칭찬받도록 노력할게요.
데사카 : 예, 열심히 하세요.
　　　　 그럼, 기운을 북돋우러 맛있는 것이라도 먹고 노래방에 가요.
　　　　 밥은 내가 살게요.
박　　 : 정말이에요? 그럼, 노래방은 제가 낼게요.
　　　　 자, 가요 !

Chapter 21   뭐든지 시키고 있어요

부장　 : 요시다 군, 집에 안가?
요시다 : 예, 아직 일이 끝나지 않아서…
부장　 : 엄격한 상사 때문에(상사가 시켜서) 언제나 어쩔 수 없이 잔업 하느라 고생하군.
요시다 : 아니오, 그렇지도 않습니다.
부장　 : 하지만, 당신은 아마 신혼이지? 너무 부인을 외로워하게 해서는 안 돼.
요시다 : ^^ 아아, 하지만 아내에게는 좋아하는 것을 뭐든지 시키고 있어서…
부장　 : 뭐, 어쨌든 오늘은 빨리 돌아가.
요시다 : 아아, 그게 실은… 어젯밤 화나게 해 버려서…
　　　　 친정에 가 버렸습니다.
부장　 : 허어!? 그것은 큰일이네.
　　　　 어쨌든 조금이라도 빨리 부인과 서로 얘기하는 게 좋아.
요시다 : 그렇군요. 나중에 전화라도 걸어보겠습니다.
　　　　 부장님, 고맙습니다.

Chapter 22 　　오사카에 도착하면 전화해.

아들　：아, 벌써 8시가 되어버렸다. 서두르지 않으면....
엄마　：너무 서두르면 다친다.
　　　　「급하면 돌아가라」라는 속담도 있지?
아들　：응, 알았어.
　　　　9시반 신칸센 시간에 대지 못하면, 다음 것으로 할 터 니까, 걱정 하지마.
엄마　：오사카에 도착하면 전화해.
아들　： 응, 선물로 뭔가 원하는 것 있어?
엄마　：글쎄..
　　　　아, 다코야키양갱이 맛있다고 하니까, 한번 먹어 보고 싶다.
　　　　그것 사와.
아들　：그밖에는 없어?
엄마　：만약에 돌아오는 길에 교토에 들른다면, 쓰케모노도 부탁해.
아들　： 응, 알았어. 그럼 다녀올게요.
엄마　：차 조심해. 잘 갔다 와라.

Chapter 23 　　3개쯤 물건을 봤어요.

데사카 : 박 씨, 기다리게 해서 미안해요.
박　　 : 아니오, 나도 지금 막 왔어요.
데사카 : 에에, 지난주 소개받은 부동산소개소에 즉시 가보았어요.
박　　 : 그래요? 그래서 어땠어요?
데사카 : 네, 그래서 3개쯤 물건을 보았는데요(보여 받았는데요), 원룸이고, 신축인 햇볕이 잘 드는
　　　　 아파트가 있었기 때문에 그것으로 결정했어요.
박　　 : 그래요? 그건 잘 됐네요. 장소는 어디에요?
데사카 : 학교 정문에서 걸어서 10분정도 걸리는 곳이에요.
박　　 : 그래요? 그 정도라면 운동하기에 딱 좋은 거리군요.
데사카 : 예, 매우 좋은 곳이에요. 정말로 친절한 부동산소개소(부동산중개인)을 소개해 주어서
　　　　 고마웠어요.
박　　 : 아니오, 천만에요. 좋은 아파트가 발견되어서 다행이네요.

Chapter 24 몇 시쯤 돌아오십니까?

朴　　: 여보세요, 나카무라교수님 댁입니까?
中村　: 예, 나카무라입니다.
朴　　: 저(는), 한국인 유학생이며, 박이라고 합니다만...
中村　: 아, 박 씨. 남편한테 성함은 들었습니다.
朴　　: 저어... 실은 교수님 휴대폰으로 전화를 걸어도 연결되지 않아서 자택 쪽으로 전화 드렸습니다.
　　　　폐를 끼칩니다만, 교수님은 계십니까?
中村　: 공교롭게도 지금 외출해 있습니다만...
朴　　: 몇 시쯤 돌아오실까요?
中村　: 7시경에는 돌아온다고 말했었습니다.
朴　　: 그럼, 그때(무렵) 다시 한 번 전화 드리겠습니다.
　　　　실례하겠습니다.
中村　: 예, 실례하겠습니다.

Check-Up Test의 해답

✎ Check-Up Test (§1)

Q1. 1) 히라가나, 가타카나, 한자　　2) あ.か.さ.た.な.は.ま.や.ら.わ
　　3) さ.し.す.せ.そ　　　　　　4) サ.シ.ス.セ.ソ
Q2. 1) にわ　　2) くるま　　3) はち　　4) あなた
Q3. 1) スマイル　2) タイム　　3) カステラ　4) アフリカ
Q4. 1) やま　　2) ねこ　　　3) しか
Q5. 1) トイレ　2) トマト　　3) テニス

✎ Check-Up Test (§2)

Q1. ③
Q2. ①
Q3. ④
Q4. ②
Q5. ④
Q6. ②
Q7. ④

✎ Check-Up Test (§3)

Q1. 1) は　　　2) か　　　3) で　　　4) が
Q2. 1) b　　　2) e　　　3) a　　　4) c　　　5) d
Q3. 1) ヘユンさんは 医者ではありません。
　　2) 周さんは 中国人ではありません。
　　3) プサンは 雨ではありません。
　　4) なみこさんは 公務員ではありませんでした。

Check-Up Test (§4)

Q1. ②

Q2. ④

Q3. 1) それは 私の 電子辞書です。
2) これは 手坂さんの カメラでは ありません。
3) あれは 先生の 筆箱では ありません。

Q4. 1) 公園は どちらですか。
2) 祖父は 銀行員でした。
3) 息子さんは 大学生ですか。
4) そのかさは 私のです。
5) ここは 郵便局では ありません。

Check-Up Test (§5)

Q1. 1) しちじ じゅうよんぷん   2) よじ さんじっぷん(さんじゅっぷん)
3) じゅういちじ じゅうろっぷん   4) さんじ よんじゅうきゅうふん
5) くじ にじゅうななふん

Q2. 1) しがつ ようか   2) くがつ にじゅうさんにち
3) しちがつ じゅうしちにち   4) ろくがつ はつか

Q3. 1) ふたつ, ななつ   2) さんびゃく, はっぴゃく
3) さんぜん

Q4. 1) じゅうにがつ にじゅうごにち   2) にがつ じゅうよっか

Q5. 1) さんぼん   2) なんじ   3) よにん

Q6. ④

Check-Up Test (§6)

Q1. 1) あつい 夏です。   2) すずしい 秋です。
3) さむい 冬です。

Q2. 1) 暑く ありません。   2) 新しく ありません。
3) 高く ありません。

Q3. 1) この車は 小さくて かわいいです。   2) 彼は 頭が よくて 優しいです。

Q4. 1) 旅行は 楽しかったです。　　　　2) 今日は 暑く ありませんでした。
　　 3) 天気は とても よかったです
Q5. 1) ②　　　2) ④　　　3) ④

✎ Check-Up Test　(§7)

Q1. ① 私は バナナより みかんのほうが 好きです。
　　 ② 私は りんごより なしのほうが おいしいです。
　　 ③ サッカーが いちばん 好きです。
Q2. ① 元気では ありません(元気じゃ ないです)
　　 ② 不便では ありません(不便じゃ ないです)
Q3. ① 新鮮では ありませんでした(新鮮じゃ なかったです)
　　 ② 簡単では ありませんでした(簡単じゃ なかったです)
Q4. ① な　　　② な　　　③ ×
Q5　① この町は きれいで 明るいです。
　　 ② 学校の図書館は 静かで きれいです。

✎ Check-Up Test　(§8)

Q1. ④
Q2. ③
Q3. ②
Q4. ④
Q5. ②
Q6. 1) きます　　2) うります　　3) まちます
　　 4) のります　5) こたえます　6) きります
Q7. 1) しました　　2) みませんでした
　　 3) おきました　4) あいました

✎ Check-Up Test　(§9)

Q1. 1) きいて　　2) ぬいで　　3) よんで　　4) さして　5) みて
　　 6) しらべて　7) すって　　8) もって　　9) おくって　10) のんで
　　 11) きて　　12) へって

Q2. 1) べんきょうし　2) たべて　　3) かえって
Q3. ④
Q4. 1) 弟は 毎朝 走って 学校へ 行きます。
　　2) 朝 早く 起きて シャワーを 浴びます。
Q5. ④
Q6. ③

✎ Check-Up Test　(§10)

Q1. 1) きいた　　　2) ぬいだ　　3) よんだ　　4) さした　　5) みた
　　6) しらべた　　7) すった　　8) もった　　9) おくった　10) のんだ
　　11) きた　　　12) へった
Q2. 1) べんきょうした　2) たべた　3) かえった
Q3. ④
Q4. 1) テレビを見たり 本を読んだりします。
　　2) 歌を歌ったり お茶を飲んだりします。
　　3) 勉強したり レポートを書いたりします。
Q5. ②
Q6. ①

✎ Check-Up Test　(§11)

Q1. 1) きかない　　2) ぬがない　　3) よばない　　4) ささない　　5) みない
　　6) しらべない　7) すわない　　8) もたない　　9) おくらない　10) のまない
　　11) こない　　12) へらない
Q2. 1) さんぽし　2) こたえ　3) しゃべら
Q3. 1) 授業を休まないほうがいいです。
　　2) 車を止めないほうがいいです。
　　3) お風呂に入らないほうがいいです。
Q4. 1) ③　　　2) ①

✎ Check-Up Test (§12)

Q1. 1) 行けば　　2) 来れば　　3) 降れば　　4) すれば
Q2. 1) 行け　　　2) 来い　　　3) 降れ　　　4) しろ/せよ
Q3. 1) ちょっと休もう 2) 呼ぼう 3) 話そう 4) 映画を見よう
Q4. 1) 今夜は早く寝ようと思います。
　　2) これから真面目に勉強しようと思います。
　　3) また来ようと思います。
Q5. 1) 飛ぼう 2) 出よう 3) 自殺しよう

✎ Check-Up Test (§13)

Q1. 1) います　　2) あります　　3) います。
Q2. 1) 車の上にいます。
　　2) 田中さんの隣にいます。
　　3) 病院の前にあります。
Q3. 1) の, が　　2) に　　3) も　　4) と　　5) や
Q4. 1) ○　　　2) ×　　　3) ×
Q5. ①

✎ Check-Up Test (§14)

Q1. 1) 買わない　　2) 重い　　3) 暇だ　　4) 雨だ
Q2. 1) たばこを 吸います。　　2) 私は 兄弟が いません。
　　3) 今日は 月曜日です。　　4) 彼はまじめです。
Q3. ④
Q4. ①
Q5. 1) 自転車は便利だと 思います。
　　2) 明日は 雨が 降らないと 思います。
　　3) 日本語の勉強は おもしろいと 思います。

Check-Up Test (§15)

Q1.　1) B　　2) A　　3) A　　4) B
Q2.　1) 人を 集める。
　　　2) 電気を つけました。
　　　3) テレビを 壊しました。
Q3.　③
Q4.　④
Q5.　④

Check-Up Test (§16)

Q1.　1) 계속　2) 계속　3) 계속　4) 순간　5) 계속　6) 순간
　　　7) 계속　8) 순간　9) 계속　10) 순간　11) 순간　12) 순간
Q2.　③
Q3.　1) 습관 및 반복　2) 결과 상태　3) 동작의 진행　4) 결과 상태　5) 경험
Q4.　1) ノートに名前が書いてあります。
　　　2) 机の上に本が置いてあります。
　　　3) 玄関のかぎがかけてあります。
Q5.　1) A　　2) B　　3) B　　4) A

Check-Up Test (§17)

Q1.　1) やる　2) あげました　3) もらった
Q2.　1) 私は 兄に レポートを 手伝ってもらいました。
　　　2) 私は 母に かき氷を 作ってもらいます。
　　　3) 息子は 田中さんに 絵本を 読んでもらいました。
Q3.　1) ③　　2) ②　　3) ①

Check-Up Test (§18)

Q1.　1) 歩ける　2) 走れる　3) 遊べる　4) 泳げる　5) 立てる
　　　6) できる　7) 来られる　8) 止められる　9) 借りられる　10) 行ける
Q2.　1) 作れ　2) 行け　3) でき　4) 起きられ

Q3. 1) キムチが 食べられません。
2) インターネットが 使えます。
3) 漢字が 読めます。
Q4. 1) 月曜日は 来ることができますか。
2) 明日までレポートを出すことができます。
3) 李さんは英語で話すことができます。
4) インターネットを利用することができます。
Q5. ③

✎ Check-Up Test (§19)

Q1. 1) 中村先生の試験はむずかしいらしいです。
2) 李さんはもういないらしいです。
3) 祭りはとてもにぎやからしいです。
Q2. 1) このハムは おいしそうです。
2) 荷物が落ちそうです。
3) あまりむずかしくなさそうです。
Q3. 1) そうです　　2) かもしれない　　3) ようです
Q4. ②
Q5. 1) A　2) B　3) B　4) B　5) A

✎ Check-Up Test (§20)

Q1. 1) 書かれる　2) 読まれる　3) 叱られる　4) 見られる　5) 食べられる
6) 死なれる　7) 禁止される　8) 盗まれる　9) 買われる　10) 殺される
11) 発見される　12) 守られる　13) 誉められる　14) キスされる
Q2. 1) 入学試験が 11月に 行われる。
2) 李さんは先生に叱られました。
3) 妹は泥棒に財布を盗まれました。
4) この雑誌は 若い人たちによって 作られています。
Q3. 1) 林さんが キムさんに 借金を 頼んだ。
2) スミスさんは アンさんに キスを する。
3) ネコが 飼い主に 飛びつく。
4) 林さんが 森さんに 文句を 言う。

Q4. 1) 山田さんに引っ越しの手伝いを頼まれました。
2) 4月に行われます。
3) 大切なウイスキーを息子に飲まれてしまいました。

Q5. ①

Check-Up Test (§21)

Q1. 1) 読ませる, 読ませられる　　2) 待たせる, 待たせられる
3) 会わせる, 会わせられる　　4) 来させる, 来させられる
5) 散歩させる, 散歩させられる　6) 着させる, 着させられる
7) 切らせる, 切らせられる

Q2. 1) 学生たちに日記を書かせました。　2) 子供に野菜を食べさせる。
3) 弟に掃除をさせました。

Q3. 1) 私たちは先生に走らせられました。
2) 兄は母に重い荷物を運ばせられました。
3) 僕は彼女に2時間も待たせられました。
4) 先輩にたばこを吸わせられました。

Q4. 1) 学生たちは先生に日記を書かせられました。
2) 子供は母に野菜を食べさせられる。
3) 弟に父に掃除をさせられました。
4) 子供は母に学校へ行かせられる。

Check-Up Test (§22)

Q1. 1) 登ると/登れば/登ったら/登るなら
2) 高いと/高ければ/高かったら/高いなら
3) 静かだと/静かならば/静かだったら/静かなら
4) 留学生だと/留学生ならば/留学生だったら/留学生なら

Q2. 1) あしたいい天気ならハイキングに行きます。
2) 海を見に行きたいなら沖縄はどうですか。
3) この方法がだめならあの方法でやりましょう。
4) 博物館に行くなら早く行ったほうがいいですよ。

Q3. ①

Q4. 1) (A) 2) (A) 3) (B) 4) (A)
Q5. 1) と 2) たら 3) ば 4) と 5) ば 6) なら

Check-Up Test (§23)

Q1. ①
Q2. 1) A 2) A 3) B 4) C 5) B
Q3. 1) 격조사 2) 접속조사 3) 격조사 4) 접속조사
Q4. 1) し 2) ば 3) と 4) から, まで 5) より 6) でも
Q5. ②

Check-Up Test (§24)

Q1. ①, ②, ④, ⑤
Q2. 1) おっしゃいます。 2) いらっしゃいますか。
    3) いらっしゃいます。 4) なさいましたか。
Q3. 1) B 2) A 3) C 4) A
Q4. ②④⑥
Q5. 1) ご出発になる 2) ご執筆になる
    3) お飲みになる 4) お嘆きになる

ようこそ 일본어문법

초판1쇄 2013년 3월 28일
초판2쇄 2014년 8월 25일
초판3쇄 2017년 3월 20일
초판4쇄 2022년 3월 02일

지은이 박선옥
펴낸이 구자선
펴낸곳 재팬리서치21
　　　　 등록번호 제251-2007-37호
　　　　 경기도 용인시 수지구 상현로 88, 284-902
　　　　 전화 070-7721-1055
　　　　 이메일 h-maker@naver.com
디자인편집 (주)이환디앤비 02)2254-4301
　　　　 아트디렉터　박정원
　　　　 표지디자인　여수정
　　　　 본문편집　　김현옥

ISBN 978-89-94646-15-2 03730　　　정가 18,000원

잘못된 책은 교환하여 드립니다.

불법복사는 지적재산을 훔치는 범죄행위입니다.

저작권법 제136조(권리의 침해죄)에 따라 위반자는 5년 이하의 징역 또는 5천만 원 이하의 벌금에 처하거나 이를 병과할 수 있습니다.